基层治理创新与社区和谐发展的理论和实践

杜漪　赖渝　蒋红兰　杨静◎编著

西南财经大学出版社

中国·成都

图书在版编目(CIP)数据

基层治理创新与社区和谐发展的理论和实践/杜漪等编著.—成都:西南
财经大学出版社,2024.2
ISBN 978-7-5504-6116-1

Ⅰ.①基…　Ⅱ.①杜…　Ⅲ.①社区管理—研究—中国　Ⅳ.①D669.3

中国国家版本馆 CIP 数据核字(2024)第 047791 号

基层治理创新与社区和谐发展的理论和实践

JICENG ZHILI CHUANGXIN YU SHEQU HEXIE FAZHAN DE LILUN HE SHIJIAN

杜漪　赖渝　蒋红兰　杨静　编著

策划编辑:李邓超
责任编辑:金欣蕾
责任校对:冯雪
封面设计:墨创文化
责任印制:朱曼丽

出版发行	西南财经大学出版社(四川省成都市光华村街55号)
网　　址	http://cbs.swufe.edu.cn
电子邮件	bookcj@ swufe.edu.cn
邮政编码	610074
电　　话	028-87353785
照　　排	四川胜翔数码印务设计有限公司
印　　刷	郫县犀浦印刷厂
成品尺寸	170 mm×240 mm
印　　张	13.25
字　　数	238 千字
版　　次	2024 年 2 月第 1 版
印　　次	2024 年 2 月第 1 次印刷
书　　号	ISBN 978-7-5504-6116-1
定　　价	88.00 元

前言

　　基层治理既是国家治理的"最后一公里"，也是人民群众感知公共服务质效和温度的"神经末梢"。习近平总书记强调，"基层强则国家强，基层安则天下安，必须抓好基层治理现代化这项基础性工作"。2023 年 3 月，作为党中央职能部门的中央社会工作部成立，其职能是负责统筹指导人民信访工作，指导人民建议征集工作等。社会工作部的成立，不仅对推进新时代社会治理现代化具有重要的意义，也更加凸显出了基层治理的重要性。

　　为全面贯彻落实党的二十大精神，助推新时代城乡基层治理现代化，2023 年 6 月 3 日至 5 日，由中国社会科学院社会发展战略研究院、绵阳师范学院共同主办的"2023 年科技城人才峰会——社区发展与基层治理创新论坛"在绵阳科技城召开。本次论坛围绕"社区发展与基层治理创新"主题，设主旨论坛以及"党建引领城乡社区治理创新理论与实践""中国式基层社会治理现代化理论与实践""社会工作参与社区治理实务经验分享"三个分论坛。来自政府相关部门的领导、全国各地的专家学者、社会工作服务机构以及基层社区的工作者代表齐聚一堂，围绕上述主题展开了热烈研讨。

　　为了集中呈现研讨会成果，我们精心选编了会议的优秀论文汇集成册。这些论文旨在深入探讨社区治理的现状与问题，为推动社区发展与基层治理的创新提供理论支撑和实践指导。本论文集探讨的主要内容包括党建治理的核心作用、基础设施的完善路径、老旧小区的微治理模式、社工与社工站的角色与职能，以及扶贫搬迁和拆迁中的挑战与机遇。期待通过本论文集的出版，促进学术交流与合作，为政策制定者和实践工作者提供有益的参考和启示，以期进一步推动社区发展与基层治理的创新与实践。

最后，真诚感谢为本论文集贡献优秀论文的作者、编辑及相关工作人员的辛勤付出！

编者

2023 年 12 月

目录

绵阳市城市社区治理模式创新研究

杜漪　赵坤阳

（绵阳师范学院）

摘要：城市社区是城市社会治理的基本单元，是人民群众安居乐业的家园，是创新社会治理的平台。随着经济社会结构加速转型，城市社区日益成为社会群体的交汇点、社会矛盾的集聚点和社会治理的着力点。面对新形势新任务，我们迫切需要从新的视角在城乡社区治理模式创新方面寻求新突破。本文通过较深入的调查和研究，在对绵阳市城市社区治理的现状与问题进行分析的基础上，借鉴其他城市社区治理的先进经验，对绵阳市城市社区治理模式创新进行了探析，提出了参考意见。

关键词：绵阳市；城市社区；治理模式创新

2023 年 11 月初，习近平总书记在上海考察时强调，"城市治理是推进国家治理体系和治理能力现代化的重要内容"。社区治理是城市治理的重要方面。面对城市形态和生产生活方式的深刻变化，如何通过社区发展治理促进城市经济社会发展、满足人民日益增长的美好生活需要，是新时代面临的重大课题。

城市社区是城市社会治理的基本单元，是人民群众安居乐业的家园，是创新社会治理的基础平台。随着经济社会结构加速转型，城市社区日益成为社会群体的交汇点、社会矛盾的集聚点和社会治理的着力点。面对新形势新任务，我们迫切需要以新的视角为切入口，探究城乡社区治理模式创新。2017 年6 月，《中共中央 国务院关于加强和完善城乡社区治理的意见》发布；2018 年4 月，四川省委、省政府印发了《关于进一步加强和完善城乡社区治理的实施意见》；2018 年 12 月，中共绵阳市委、绵阳市人民政府印发了《关于深入推进城乡社区治理的实施意见》，这说明社区治理成为党和政府关注的焦点和重点。

社区治理是指政府与社区组织、社区居民共同管理社区公共事务的活动，它体现为社区范围内的不同主体依托各自资源而进行的相互作用模式。所谓社区治理模式创新，就是对社区管理公共事务的理念、方式、体制、制度等进行重新设计的过程。

本文立足于新时代城市社区治理的新任务，在对绵阳市城市社区治理的现状与问题进行分析的基础上，借鉴其他城市社区治理的先进经验，为绵阳市城市社区治理模式创新提供有价值的参考意见。

1 绵阳市城市社区治理现状与问题分析

截至 2017 年年末，绵阳市共有 23 个街道办事处、531 个居民委员会（简称"居委会"）。其中，涪城区有 11 个街道办事处、113 个居委会；游仙区有 6 个街道办事处、70 个居委会；安州区有 27 个居委会。三区街道办事处数量约占全市的 73.9%，居委会数量约占全市的 39.5%。由此可见，以居委会为基本单元的绵阳市城市社区治理对绵阳市基层社会治理有重要意义。

为了更好地研判绵阳市城市社区治理的现状和问题，课题组于 2019 年 5 月到 10 月对绵阳市 13 个社区进行了实地走访调研。课题组采用问卷调查的形式调研了科创园区、高新区、经开区、游仙区和涪城区的 55 位社区居委会成员、279 户社区居民。课题组在调研时力争收集最真实有效的原始资料，并对其进行整理分析，从而分析绵阳市城市社区治理中存在的问题。

1.1 权责界限不明

在城市社区治理中，街道办事处和居委会之间应当是指导与被指导的关系。而现实中街道办事处与居委会实际上形成了双向依赖的关系，居委会实际上成了街道办事处的准下属机构，街道办事处在管理过程中存在越位现象。街道办事处与居委会之间的权责不清，造成居委会承担了大量行政工作，在为居民服务上缺乏主动性。

在课题组调研的 55 位社区居委会工作人员中，认为目前工作中主要困难是居委会承担的行政工作较多的占总量的 88%。在对开放性的调研问题"您理想中的居委会工作是怎样的？"这一问题的回答中，有居委会工作人员写道："理想中的居委会工作是为居民服务，而不是应付检查。"另一位受访者写道："一些问题的解决应由相关负责部门处理，而不是事事都需要居委会出面。现在，居委会压力大，人手短缺。"可见，居委会工作人员对居委会这一自治组织承担了大量行政工作并不十分赞同。在调研居委会工作人员对社区治理模式的认同率时，课题组得到的数据如图 1 所示。

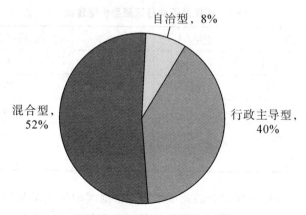

图1 居委会成员对社区治理模式的认同率

从图1中可以直观地看出：在受调研对象中，仅有8%的社区居委会工作人员认为所在社区的治理模式是自治型模式，这与社区居委会的居民自治组织定位明显不符。

1.2 社区自治能力欠缺

社区自治能力的欠缺体现在以下两个方面：

一方面，从居民的角度来看，要实现社区自治，社区成员须具有社区意识，这包括居民对社区的认同感、对社区的归属感等。街居制取代单位制以后，人们的"单位人"意识并没有根本转变，社区意识较弱，社区归属感较低，居民自治意识不强、自治能力不足。在居民对社区居委会地址知晓度的调查中，我们发现有29.1%的受访者不知道自己所在居委会的地址（见表1）。

表1 居民对社区居委会地址的知晓度

调查情况		数量/人	占比/%	占有效数据的百分比/%
有效数据	知道	124	69.3	70.9
	不知道	51	28.5	29.1
缺失数据		4	2.2	

注：部分数据四舍五入后保留至小数点后一位，下文同。

在对居民是否向社区居委会提过建议的调查中，有36.6%的受访者表示很少提建议，有36.0%的受访者从不提建议，经常提建议的受访者仅占4.0%（见表2）。

表 2　居民是否向社区居委会提建议

调查情况		数量/人	占比/%	占有效数据的百分比/%
有效数据	经常	7	3.9	4.0
	偶尔	41	22.9	23.4
	很少	64	35.8	36.6
	从不	63	35.2	36.0
缺失数据		4	2.2	

另一方面，从社区居委会的角度来看，根据《中华人民共和国城市居民委员会组织法》第二条，居民委员会是居民自我管理、自我教育、自我服务的基层群众性组织，而在实际工作中，居委会承担了较多行政事务。社区台账资料多、调查报表多、会议活动多、证明盖章多、检查考核多等导致社区居委会履行自治职能的精力不足。

1.3　社区社会组织发展滞后

绵阳市社区社会组织的发展总体来说，起步较晚，存在一些困难和问题。一是绵阳市社区社会组织登记少、备案多。截至 2018 年年底，绵阳市仍在运营的社工组织有 23 家，在职固定社工人员 300 余人。对比成都市，截至 2018 年年底，有 1 683 个社区配备了社会工作专业人员 1 890 人。对比德阳市，截至 2018 年年底，注册登记的社工组织有 31 家。二是绵阳市社区社会组织的专业性亟待加强，专业技术人员、专业社工、管理人员匮乏，队伍参差不齐。三是绵阳市社区社会组织缺乏独立性，资金、资源有限，整体实力不强，在提供社区服务时未能有效发挥服务主体的作用。

1.4　社区居民参与不足

作为社区服务对象的社区居民参与度不高的原因大致有以下几点：

一是原有的单位体制使居民对社区缺乏认同感。在原有的单位体制下，单位承担了为居民提供服务的职能。单位制被社区制代替以后，居民对社区缺乏认同感和归属感，参与社区治理的程度低。我们的调研显示：在居民对社区情况的了解程度上，有 15.9% 的受访者比较了解或非常了解社区开展的便民活动，有 43.0% 的受访者不太了解。在对社区居民每年参与社区公共事务的频率的调研数据中，有 36.6% 的社区居民从不参与社区公共事务，每年参与 5 次以上的仅占 4.1%（见表 3）。

表 3 居民每年参与社区公共事务的频率

调查情况		数量/人	占比/%	占有效数据的百分比/%
有效数据	5 次以上	7	3.9	4.1
	3~4 次	30	16.8	17.4
	1~2 次	72	40.2	41.9
	从不参与	63	35.2	36.6
缺失数据		7	3.9	

在课题组的调研中，居民参与各类社区活动情况如图 2 所示。在有效收回的 277 份调查数据中，未参加过任何活动的居民占调研总人数的 44.1%。

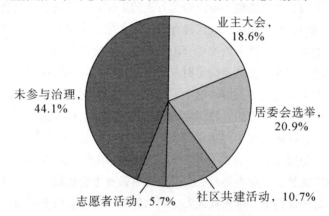

图 2 居民参与各类社区活动情况

一是社区为居民提供的服务有限，服务形式较为单一，不能满足居民的个性化、多元化需求，难以吸引居民参与。

2 其他城市社区治理模式经验借鉴

为了提出切合绵阳市实际又具有前瞻性的城市社区治理模式，课题组对目前国内比较典型的社区治理模式经验进行了梳理。

目前，我国城市社区治理模式大致可以概括为四种类型：政府主导型、自治型、政府推动与社区自治混合型和共建共治共享型。

2.1 政府主导型社区治理模式

上海模式是政府主导型社区治理模式的典型代表。上海市把社区建设与"两级政府、三级管理、四级网络"的城市管理体制相结合，注重政府在社区发展中的主导作用，强调依靠行政力量，通过街居联动发展社区各项事业。上海将社区定位在街道，形成了街道社区，强调街道办事处的综合协调地位。上海模式主要有以下几个特点：

一是街道办事处领导。在"两级政府、三级管理"的城市管理体制下，街道办事处作为末端管理机构，承接了上级政府的诸多社会管理职权，如部分城区规划的参与权、分级管理权、综合协调权、属地管理权等。街道办事处牵头辖区公安、环保等部门成立城区管理委员会，充分发挥行政协调作用，形成合力。

二是工作委员会执行。上海市在街道内设立了市政管理委员会、社区发展委员会、社会治安综合治理委员会和财政经济委员会四个工作委员会来负责街道社区治理日常事务。其中，市政管理委员会负责市容卫生、市政建设、环境保护、除害灭病、卫生防疫、城市绿化方面的工作。社区发展委员会负责社会保障、社区福利、社区服务、社区教育、社区文化、计划生育、劳动就业等与社区发展有关的工作。社会治安综合治理委员会负责社会治安与司法行政方面的工作。财政经济委员会负责街道财政预决算，扶持和引导街道经济发展等。

三是多方参与支持。上海市建立了社区治理的多元参与体系，治理主体主要有五个。一是社区党组织。社区党组织对社区工作实行全面领导，依靠社区党员代表会议、社区党建工作会议等载体，对社区内党的基层组织和党员进行分类指导。二是居委会。居委会作为群众自治性组织，引导居民参与社区建设。三是业主委员会。业主委员会主要负责维护业主合法权益、加强业主与物业管理公司之间的沟通、维护社区安定团结等。四是专业服务公司。这些公司包括物业管理公司、社区服务公司、家政服务公司、职业介绍所等。五是非政府组织。其主要包括社区的各类协会，如科普协会、老年协会、青少年服务中心等。

2.2 自治型社区治理模式

沈阳模式是自治型社区治理模式的典型代表。该模式的特点主要表现在以下几个方面：

一是社区划分更加科学。沈阳市借鉴国外社区划分经验，依据地缘关系、心理认同感等社区构成要素，按照有利于行政管理、有利于社区自治、有利于优化资源配置、有利于提高工作效能的原则，重新调整了社区规模，使社区结构更加合理、区域边界更加清晰、人员结构合理、定位更加准确。

二是组织体系更加优化。在社区组织体系上，沈阳模式改变了原有居委会的组织模式，在社区层面开创了以党组织为领导核心、以社区代表大会为权力机构、以社区管理委员会为执行机构、以社区协商议事委员会为议事监督机构的新体系，形成了权责明确、互相促进、互相制约的良性互动机制。

三是居民自治程度更高。在社区居民自治运行机制上，沈阳模式明确了社区居民和社区组织的自治性，社区治理的主体是社区自治组织与社会组织。政府通过与社会组织合作，逐渐提高了社区组织的自治能力，使社区组织真正成为承担社区公共事务管理与决策的自治性组织。

2.3 政府推动与社区自治混合型社区治理模式

江汉模式是政府推动与社区自治混合型社区治理模式的典型代表。该模式的特点主要表现在以下几个方面：

一是多元化的治理主体。在江汉模式下，社区治理的主体不仅包括政府，还包括社区组织、辖区单位、非政府组织以及社区居民。

二是合作式的运作模式。政府以转变职能为核心，按照"权责统一、费随事转"的原则，通过权力下放或政府购买服务的方式，把部分由政府承担的社区建设职能转移给社区内的社会组织来承担，从而促成政府与社会组织的制度化合作和良性互动。

三是"三位一体"的自治机制。武汉市江汉区构建了社区成员代表大会、社区居委会、社区协商议事会"三位一体"的社区自治机制。其中，社区成员代表大会为社区自治权力机构，社区居委会为社区自治工作机构，社区协商议事会为社区议事机构及经常性的监督机构。

2.4 共建共治共享型社区治理模式

党的十八大以来，有关城乡社区治理的顶层设计更加完善，各地城市社区治理的创新实践持续深化，涌现出一批共建共治共享型社区治理模式。比较典型的有重庆市南岸区的"三事分流"社区治理模式和成都模式。

重庆市南岸区以全国社区治理和服务创新实验区建设为契机，紧紧围绕"推进社区治理体系和治理能力现代化"工作目标，以探索"三事分流"工作机制为主题，以突出"多方参与、共同治理"为抓手，推进社区议事协商，深化社区居民自治，使居民群众参与率、获得感得到较大提升，有效促进了基层社会和谐稳定。

成都市在社区治理模式创新中先行先试，探索出党建引领社区治理的"成都模式"。成都市在商品房小区探索出"找党员、建组织、优机制、聚合力、植文化"五步工作法，让群众真切地感受到发展的热度、治理的力度、变化的深度、工作的温度。成都模式的亮点在于以下四个方面。一是着眼"三感"，以人为本，探索建立多元参与发展治理体系。成都市着眼于群众获得感，让党群服务中心成为社区发展治理的主体；着眼于群众归属感，让群众成为社区发展治理的主人；着眼于群众幸福感，让辖区单位成为社区发展治理的主角。二是立足"三强"，以党建引领实现社区多元协商共治。成都市立足"强组织"，发挥社区党委引领示范作用；立足"强基础"，发挥下属支部的战斗堡垒作用；立足"强细胞"，发挥社区党员的先锋模范作用。三是实现"三化"，形成多元参与的共驻共治共建共享局面。四是发展"三产"，整合各种社会资源，加强社区造血功能。

通过对国内几种典型的城市社区治理模式的梳理，我们可以对这些模式的特征做进一步归纳（见表4）。

表4　国内城市社区治理模式的特点

治理模式类型	代表模式	政府和社区的关系	居民自治程度
政府主导型	上海市	基本不分	低
自治型	沈阳市	完全分离	高
政府推动与社区自治混合型	武汉市江汉区	部分分开	中
共建共治共享型	重庆市、成都市	政府主导	中

以上四种城市社区治理模式的形成与发展，都基于其独特的经济、社会和历史文化传统，但是我们仍然可以从中找出可供借鉴的共同点。

一是都注重社区自治。社区是居民生活的场所，居民始终是社区治理的主体，社区自治是居民参与社区治理，实现自我管理、自我教育、自我服务、自我监督的重要途径。

二是都注重多元共治。上海模式中强调多方参与支持，沈阳模式中强调多元化的治理主体、合作式的运作模式，成都模式中突出党组织领导、政府主导、多元参与、共同治理、共促发展。社区治理本身就是一个将政府、社会组织以及社区居民有效地组织起来，发挥集体智慧、群策群力、共治共享的过程。

三是都注重社区社会组织的发展。上海市的社区治理模式虽然是政府占主导地位，但重视发挥社区内的专业服务公司和非政府组织的作用。社区社会组织是政府和居民沟通的桥梁，也是政府治理社区、推行公共服务社会化的重要载体。因此，政府应该大力支持社会组织的发展，既要为社会组织提供政策上的支持，又要为其提供财政上的帮助。

3　对策建议

本文从以下几个方面为绵阳市城市社区治理提出对策建议：

3.1 社区党建引领

推进社区发展治理，必须始终坚持党建引领。课题组在调研中注意到，凡是基层党建做得好的地方，党组织能够充分发挥战斗堡垒作用、党员能够充分发挥先锋模范作用，基层社区发展治理就会既有活力又有秩序，各类矛盾纠纷少、居民幸福指数高，人民群众的认可度、满意度也高。实践证明，把基层党建贯穿于社区发展治理全过程和各方面，加强党对社区发展治理工作的领导，不仅有利于统筹各方力量、切实提高城市治理现代化水平，而且能够充分发挥党的政治引领力、思想引领力、群众组织力和社会号召力，不断巩固党的执政基础。要发挥党建在社区的引领作用，需要从完善社区党组织体系、实现党组织工作全覆盖和建立社区党校或学堂三个方面着力。

3.1.1 完善社区党组织体系

课题组建议，绵阳市应完善社区党委—小区党支部—楼栋党小组三级党组织体系，将党组织建设拓展到小区和楼栋，实现党的基层组织在社区、小区、楼栋三级网格全覆盖。

为加强同一社区内不同小区党组织的横向联系，凝聚党的基层组织力量，课题组建议绵阳市可以推广南山街道南塔社区的"1+N"社区党建共同体经验，创建以社区党组织三级网格为核心，由共建单位、驻区单位、群团组织等多方力量共同参与的社区党建共同体；并建立共同体单位协商议事制度，以及工作例会、专题大会和定期走访等联络机制，实现组织共建、党员共管、资源共享、社区共治、服务共为。

针对流动党员，课题组建议绵阳市可以推广游仙经济试验区党工委在建立"流动党员服务中心"方面的经验，在区或者街道层面建立流动党员服务中心。游仙经济试验区党工委针对辖区内流动党员多的现状，为确保流动党员"流而不失、流而无忧、流而知责、流而有为"，于2018年12月成立了流动党员服务中心，于2019年6月6日成立了流动党员党支部。

3.1.2 实现社区党组织工作全覆盖

社区党组织工作全覆盖的重点是将社区党建工作覆盖到所辖的小区甚至楼栋。绵阳市已有部分社区和小区探索出了值得推广的经验。一是组织党员和居民开展小区志愿服务活动。绵阳市工区街道迎宾社区的做法值得推广。迎宾社区通过"组织找党员、党员找组织"找出流动党员，并对60岁以下的党员排出了党员值日表，对党员认岗领责及志愿服务活动开展情况每月进行公示。二是积极协调解决小区居民之间、居民与物业管理服务机构之间、居民与业主委员会之间的矛盾。绵阳市游仙区韩家脊社区三江首座小区党支部的经验值得推广。三江首座小区的党支部建立了由业委会代表、物业公司代表、业主代表、楼栋长、党员代表组成的联席会议制度，做到"大事紧急议、小事定期议"，有效化解了小区内部矛盾。三是建立小区群众、党员交流平台，共建共塑小区党建文化、道德文化、廉政文化，丰富小区文化生活。四是配合开展好"双报到"① 工作。

社区党建工作下沉到小区还要加强对小区党员的考核与监督。对此，课题组提出以下建议：一是由党员所在单位监督党员落实"双报到"情况；二是建立"在职党员参加小区党员志愿服务队制度"，每个小区组建一支以上党员志愿服务队，开展"党员认岗位"活动；三是建立"在职党员在小区党支部接受年度民主评议制度"，并将评议结果作为在职党员年度考核、评优评先和提拔任用的依据；四是建立"拟提拔党员干部征求小区党支部意见制度"，考核干部"8 小时外"在小区的表现情况。有关部门、单位党组织的积极介入，能够使党员参与社区（小区）服务的动力和干劲更足。

3.1.3 建立社区党校或学堂

为充分发挥社区、小区、楼栋党员的先锋模范作用，通过党员将党和政府的大政方针政策和党的声音精准传达到每一个小区、每一个楼栋、每一位居民，课题组认为有必要成立社区党校（学堂）。成立社区党校（学堂）一方面可以加强对社区流动党员、退休党员等骨干力量进行理论知识和管理能力等方面的培训；另一方面还可以丰富社区群众的业余文化生活，增进小区居民之间的感情，促进邻里和谐和小区和谐。课题组在铁牛街社区、迎宾路社区、南塔社区等社区和小区调研时，发现大多受访者有这一需求。

社区党校（学堂）建设可以探索"中央厨房"管理模式，充分整合社区内外教学资源，设立"大咖有约""名家在线""草根课堂"等板块，为社区党员、居民群众提供多元化的学习体验。每一个板块可以根据社区居民需求制定相应的课程菜单。比如"大咖有约"设置以"红色讲坛"为主题的课程菜单，主要对社区党委（党总支）书记、小区支部书记、楼栋党小组组长等进行培训，邀请社区内外高校、党校的知名教授统一授课。"名家在线"设置以"社区自治"为主题的课程菜单，主要对社区管理人员、小区物业公司经理、业委会主任、楼栋长等进行培训，邀请社区内外高校、党校、政府相关部门等专家学者统一授课。"草根课堂"设置以"文化养生"等为主题的课程菜单，

---

① "双报到"是指机关、企事业单位党组织到所在地社区报到，实行共驻共建；在职党员到居住地社区报到，组织党员开展服务。

主要对社区居民尤其是社区老年人等进行培训。

3.2 社区结构重组

推进社区治理发展，必须瞄准人民群众所思所想、所忧所盼，完善为民谋利、为民办事、为民解忧的体制机制，多为群众办实事、做好事、解难事。

社区结构重组的基本思路是：居站分设。"居"指的是社区居民委员会，"站"指的是社区工作站。居站分设最重要的目的是使居委会从繁杂的行政事务中解放出来，回归居民自治的主业上，原居委会承担的行政性事务由社区工作站承担。

居委会是政府组织、社会组织与居民之间的桥梁，其主要功能是调动社区资源进行社区建设，将居民的权利要求转达给政府组织和社会组织，并代表居民对政府组织、社区组织进行监督。同时，居委会通过下设的各类专业委员会，按照自助、互助的方式，开展社区公益事业和社区服务活动，为社区居民服务。虽然绵阳市已建立了社区工作准入制度，但是在实际工作中，居委会仍然承担了大量的行政性工作。课题组建议在衡量目前社区居委会的辖区居民数量和工作强度的基础上，每 3~5 个社区居委会辖区范围内设置一个社区工作站。

关于社区工作站的人员配备，课题组建议社区工作站根据面积、人口和工作量，配备专（兼）职工作人员。工作站设站长一名、副站长一名，实行站长负责制。

关于社区工作站的职责设定，课题组建议，政府可以根据实际工作需要从以下五个方面设定社区工作站职责：①承办政府有关部门委托交办的治安、卫生、民政、就业、文化、法律、环境、离退休人员管理等方面的工作；②积极支持、配合社区居委会和社区居民依法自治，支持社会力量开展便民利民社区服务；③对本社区公共事务进行日常管理，协助社区居委会处理各项居民公共事务；④协助上级党组织和社区党支部开展党建工作；⑤协助社区居民和辖区各类组织、单位办理上级政府及职能部门审批或备案的各项事务。

3.3 社区职能重塑

推进社区治理发展，必须坚持和完善共建共治共享的社会治理制度。实践证明，共建是社会治理的基础，共治是社会治理的关键，共享是社会治理的目标。坚持共建共治共享，有利于让广大人民群众实现自我管理、自我服务、自我教育、自我监督。结合绵阳市《关于深入推进城乡社区治理的实施意见》中提出的"三治协同型"治理模式，课题组对社区居民委员会特别是居民小区如何实现自治提出如下几点建议：

3.3.1　以小区党建为基点

一是小区党支部要协调好物业公司和业委会的关系。小区党支部要参与业委会筹备和换届、业委会议事规则和管理章程制定等。同时，小区党支部要对物业服务企业进行监督，将其履职情况和服务效果及时报告给社区党委、政府主管部门或者行业协会。在协调物业服务企业和业主关系方面，小区党组织的作用至关重要。在这方面，涪城区迎宾社区的经验值得推广。迎宾社区辖区内的商住小区"天籁一品"因物业公司的干扰，一直以来都无法成立业委会，社区摸排了该小区党员情况后建议他们先成立党支部，通过党组织引领业主走程序成立业委会。

二是小区党支部要协调好业委会与业主的关系。课题组建议，在小区设立业主监督委员会（简称"监委会"），以加强对业委会的监督。监委会可由3~7名常务委员和若干非常务委员组成，委员由全体业主无记名投票产生。监委会的主要职责是代表全体业主监督业委会对小区公共收益和维修资金的使用、小区物业公司选聘等业主议定的决议、决定的执行情况，维护广大业主合法权益，促进业主依法、有序、良好地进行自我管理。

小区治理需要多方合力，打造"小区治理共同体"。南山街道西河路社区推行的"四轮驱动"治理模式，就是多方合力治理小区的典型代表。"四轮驱动"即在小区成立党支部，在党支部的引领下，形成小区党支部、业委会、业主监委会、物业公司"四轮驱动"的治理格局，保障小区自治工作开展的流畅性、严密性和持续性，形成小区治理的合力。课题组在"四轮驱动"模式的基础上，提出在小区建立"小区党支部+业委会+业主监委会+物业公司+小区微组织"的五方联动体制。

3.3.2　以小区微治理为重点

课题组将小区微治理的实施路径总结为"五微工作法"，具体如下：

一是聚焦"微单元"。微治理以小区、网格、院落、楼栋等"微单元"为治理对象，可以缓解地域范围大、人口多且复杂带来的治理成本高、政策贯彻不彻底等问题。涪城区南塔路社区居委会建立三级微网格的做法值得推广。一级网格由社区支部书记直接管理、二级网格由社区干部管理、三级网格由小区各党支部书记管理。按照分工，社区工作组每两人组队，并与所辐射的三级网格员一起开展网格工作。

二是关注"微事务"。微治理关注于群众日常生活一类的"微事务"，将社会治理的任务分解，以提供更加精细化的服务，同时也将政府管理部门、社会组织等协调起来，调动组织中每一个成员的积极性，有利于提高群众对公共事务的参与度。

三是培育微组织。课题组充分挖掘小区居民骨干，成立一批微组织。组织建立后，社区要对负责人及成员开展培训，以提升组织的服务水平。

四是募集微基金。微基金的具体建立方式有两种：一是募集冠名基金，即由热心社区公益事业的社区居民、驻社区机构或者其他社会人士捐助并自主命名的微型基金；二是创立众筹基金，即通过小区居民、辖区企事业单位、慈善人士等各类群体众筹的方式建立社区微基金。

五是开展微项目。社区微基金建立以后，对其使用建议采取项目化的运作方式。项目可以由社区微组织根据本社区或者小区的居民需要，自行策划、设计项目，经过相关利益充分讨论、认同以后开展。当然，微项目的资金来源应该是多元化的，可以由社区微基金提供，也可以通过政府购买服务的方式解决。

微项目的实施包含项目征集、项目评审、项目实施、项目评估四个阶段。项目征集阶段的主要工作包括发布信息、宣传动员、项目征集，项目评审阶段的主要工作包括项目初选、项目评审、项目公示，项目实施阶段的主要工作包括项目优化、实施细则制定、项目具体实施，项目评估阶段的主要工作包括项目自评、项目第三方评估、项目总结与结项。

3.3.3 以社区社会组织为载体

绵阳市所有社区居委会应立足实际，以居民需求为导向，以居民骨干培育为前提，以开展社区服务为内容，培育发展各种类型的社区社会组织。铁牛街社区涪城路 47 号燃气小区发动党员、群众成立各类协会、组织，由党员担任会长，广泛动员辖区各方力量，积极探索"三微宜家"（开展微服务、设立微笑墙、搭建微平台、建设美好家园）的社区建设新思路，充分发挥了社区社会组织的力量。该小区的经验值得推广。

绵阳市政府应强化社区社会组织培育发展、登记管理、承接服务等方面的政策保障。其可通过建立扶持机制，以登记扶持、项目补贴、公益创投、购买服务等多种方式支持社区社会组织的建立和发展，充分发挥社区社会组织提供服务、反映诉求、规范行为的积极作用。

绵阳市可在街道层面成立社区社会组织孵化中心，为处于萌芽期、初创期、发展期的社区社会组织搭建一个交流互动、能力提升、资源共享的平台。

3.3.4 以精准化居民服务为内容

为满足社区居民个性化、差异化和多元化的需求，社区服务必须实现精准化。

一是精准识别居民需求。建议搭建"线上+线下"工作平台，通过这一平台对居民的需求进行收集、分析。线上全面推行"互联网+社区"服务，《关于深入推进城乡社区治理的实施意见》中提出推进"智慧社区"公共服务平台建设，但是从调研情况来看，大多数社区居委会仅建立了QQ群或者微信群，所能覆盖的居民数量有限。因此，我们建议建立社区软件（App），使居民可以在线参与居民会议，发表意见，反馈问题。线下，社区居委会可通过深入社区网格调查走访或者设置群众民情意见收集箱的方式，定时定点收集群众意见和建议，及时了解群众的需求，建立"社区需求清单"。迎宾路社区建立了"两代表一委员"之家"开门接访"制度，每月两名社区工作人员为一组，对不少于20户"上门必访"，每年暑假期间组织大学生志愿者进行不少于一个月的"全域普访"，摸清了社区群众"要什么"，建立了需求清单。同时，迎宾路社区居委会通过与上级机关、联系部门和企事业单位沟通协商，摸清政策要求做、政府需要做、部门必须做、单位能够做的事务，建立供给清单，实现供需对接。迎宾路社区的经验值得推广。

二是精细链接社区资源。居委会应通过问卷、走访的方式厘清社区资源。具体包括：能够提供知识、技能、经验或奉献自己的时间、体力的社区骨干、志愿者，以及居住在社区的知名人士等人力资源；社区内有助于开展社区服务的室内外活动场地、活动设备、器材等物力资源；政府购买服务的经费、辖区内的企事业单位赞助经费、各种社会捐赠，以及活动的经费等财力资源；社区的古迹、文物等文化遗产，以及民俗、艺术等文化资源；辖区内的企事业单位、社会团体、各类自助和互助的团队和小组等组织资源。我们建议居委会在摸清社区各类资源后建立"社区资源清单"，便于在提供服务时能精确快速链接资源。

三是精心设计服务方案。在社区党组织的领导下，居委会通过民主协商的方式，如召开居民议事会、社区居民代表大会、党群联席等，按照"精准匹配、便于实施、常态长效"的原则，将"社区需求清单"和"社区资源清单"内容进行有机衔接，聚焦基层最急需、群众最期盼解决的问题，建立"社区服务清单"。根据服务清单，居委会按照科学性、合理性、效益性的原则，精心设计服务方案。

四是精益提供具体服务。承担社区居民服务供给职责的相关主体，要围绕社区居民服务需求，坚持以质量为中心，以精益求精的态度做好居民服务生产和递送工作，从而提升服务水平。这是城市社区公共服务精准化的核心环节，也是多元主体相互协作的共同目标。

五是精确评价服务效果。建议引入社区党组织、社区居委会、社区居民及其他社会组织等多重评价主体，对社区居民服务项目的完成情况、社区居民的满意度及相关主体的职责履行情况进行精确评估，保证评估的专业性、科学性和规范性。居委会应将服务评价结果及时反馈给服务出资方、供给方及社区居民。

3.4 社区机制重建

推进社区治理发展，重点在于抓好社区机制建设。课题组建议从以下几个方面建立社区机制：

3.4.1 建立统筹协调机制

一是市一级设立城乡社区发展治理委员会。建议借鉴成都市的经验，由市委、市政府领导牵头成立城乡社区发展治理委员会。城乡社区发展治理委员会主要负责制订、审核全市范围的社区建设、规划和工作计划；研究制定社区建设的方针、政策和重大措施；督促、检查全市范围内社区建设的先进经验；协助市委、市政府推进基层行政管理体制改革，理顺基层条块关系；努力解决社区建设中的政策保证和财力保障等问题；协调有关部门和单位之间的关系，为全市开展社区建设创造条件。

二是市辖一级建立社区发展治理指导机构。该机构由区委、区政府主要领导牵头成立，有关部门负责人参加，负责制定全区性社区建设的措施，并协调有关部门和辖区内的各种社会力量积极参与社区建设活动。

三是街道一级建立健全社区治理协调组织。该组织由街道办事处党政主要负责人牵头成立，辖区内有关部门、企事业单位、社会中介组织和居民代表参加。其主要职责包括：贯彻落实上级党委、政府有关社区建设的决定、决议和工作部署；研究、制订街道范围社区建设规划和工作计划，并付诸实施；发动、组织辖区各种社会力量积极参与社区建设工作，探索实现社区共建的新机制；指导居民委员会和社会中介组织开展灵活多样的社区建设活动。

3.4.2 完善监督评价机制

建议建立与完善和社区居委会职能相适应的绩效考核机制。一是建立以社区居民群众满意度为主要评价标准，以社区自治工作开展情况及社区治理成效为内容的社区考核评价体系；二是引入多元的考核主体，推动绩效管理制度化、法规化、多元化，如引入第三方绩效评估机制，由第三方评估机构在充分采纳各方意见的基础上设立评估指标、建立评估标准、收集评估数据、完成评估报告；三是转变自上而下的单一考核评价方式，赋予社区居委会对街道、职能部门服务基层和居民工作业绩的考评参与权，把社区居委会满意度及居民满意度作为街道、职能部门考核的一项重要内容。

3.4.3 健全多重保障机制

一是健全制度保障。针对绵阳市社区组织，建议建立和进一步完善的制度包括社区工作站的管理运行制度、社区微基金管理运行制度、社区微项目管理运行制度、社区发展基金管理运行制度、社会企业评审认定制度等。

二是强化资金保障。建议建立"两会一企"。"两会"分别指的是社区发展基金会、社区微基金会，"一企"指的是社会企业。

首先，建议在区或者街道层面成立社区发展基金会。社区发展基金会的资金来源于政府部门的资金支持、企事业单位以及其他基金会和慈善团体的捐赠。其资金的用途包括：①投资于社会企业；②资助社区社会组织；③购买慈善服务组织的服务。

其次，建议在社区居委会层面成立社区微基金。微基金主要是由辖区单位、社区居民自发筹集，资金主要用于支持辖区内的社区社会组织在本社区内开展微项目，通过微项目解决所在社区居民特别是弱势群体的困难。

三是强化人才保障。社区治理的开展，离不开治理人才，必须不断完善社区工作站和社区居委会的人才队伍建设。

首先，建议通过优厚政策吸引人才。绵阳市有关部门通过发放人才补贴等方式，招录一批热爱基层工作、拥有专业知识的优秀高校毕业生到社区就业。

其次，建议通过激励措施留住人才。绵阳市有关部门须建立包括社区组织和工作者个人的社区工作激励机制，增强社区工作的吸引力，从而留住人才。

再次，建议通过专业培训助力人才发展。绵阳市有关部门可依托高校、社会组织孵化中心或者社会工作者协会对现有的社区工作人员进行定期的职业能力提升培训，鼓励社区工作人员参加社会工作师的职业水平考试，取得社会工作者职业资格证书，不断提升为居民服务的水平。

最后，建议通过科学配置用好人。绵阳市有关部门要科学配置和整合社区人才资源，最大限度地发挥人才作用，同时，注意采取梯次搭配的方式，储备符合专业化、技能化、本土化的要求的社区后备人才。

4 结束语

本文在分析了绵阳市城市社区治理存在的问题的基础上，借鉴其他城市社区治理的成功经验，从社区党建引领、社区结构重组、社区职能重塑等方面提出了相应的对策建议，以期通过社区治理创新助推绵阳科技城发展。

参考文献

［1］姜爱.社会工作与基层治理：第二届"行动研究下的城市社区治理论坛"综述［J］.社会科学动态，2018（4）：111-115.

［2］黄玮.国家与社会关系视域下的城市社区治理研究［D］.武汉：湖北大学，2017.

大数据时代智慧社区建设的创新与实践

蒋红兰

（绵阳师范学院）

摘要：我国已经进入大数据时代。在大数据时代，我国智慧社区建设工作也取得了一定的进展。智慧社区是新型信息技术在社区治理领域的一种具体应用，具有较高的科技含量。现阶段，我国智慧社区建设工作还存在一定的问题，因此，在大数据时代，必须对智慧社区建设进行不断创新与实践。本文主要对大数据时代智慧社区建设的创新与实践进行了探讨。

关键词：大数据；智慧社区；创新与实践

《中共中央关于制定国民经济和社会发展第十四个五年规划和二〇三五年远景目标的建议》明确提出，加强数字社会、数字政府建设，提升公共服务、社会治理等数字化智能水平。当前，我国正处在转变发展方式、优化经济结构、转换增长动力的攻关期，数字经济已成为引领经济发展的新引擎，为推动我国经济高质量发展提供了重要支撑。作为新一代信息技术在城市管理领域中的应用载体，智慧社区是社区治理创新的重要内容。智慧社区建设作为一项涉及多个领域和部门的系统工程，不仅需要社区居民积极参与，也需要政府、企业和社会组织等各方共同努力。基于大数据的智慧社区建设是指利用现代信息技术和互联网等手段，结合居民生活需求，对社区管理服务进行数字化、网络化、智能化的重构。其核心在于将传统社区管理向数字化、智能化转变，从而提升居民生活质量。

0　引言

大数据时代的到来，不仅给人类社会带来了巨大的冲击，同时也为各行各业带来了新的发展机遇。在大数据时代，社区建设工作需要充分利用大数据技术，将互联网、云计算以及物联网等技术进行有机结合，这样才能够构建起一个智能化的社区管理系统。在构建智慧社区过程中，有关机构可以借助互联网、大数据技术进行数据收集、数据分析，通过对社区居民的实际需求进行准确分析，为社区居民提供更加精准化、精细化的服务，从而提升居民的满意度。同时，在智慧社区建设过程中，有关机构也需要注重利用大数据技术构建智慧管理系统、智能安防系统以及智能卫生系统等。在大数据时代，对智慧社区建设进行不断创新与实践，有利于提高社区治理效率和水平，为居民提供更加优质的服务和体验，满足居民实际需求的同时推动我国社会建设水平的不断提升。

1 智慧社区的内涵

智慧社区是指利用云计算、物联网等技术构建智慧化的社区信息平台，并运用大数据分析方法，对社区公共服务、居民生活、社区管理等进行分析预测，实现智慧化的社区治理。它可以使居民享受到更便捷的生活和更完善的服务，成为政府提供公共服务和创新社会治理的重要载体。目前，智慧社区建设主要包括智慧物业管理、智慧养老服务、智慧交通出行等内容。随着智慧社区建设的不断推进，其内涵也在不断丰富，如以"互联网+"为核心的新业态出现在社区中，新型社区治理体系逐渐形成，智慧城市建设也对智慧社区提出了更高要求。

2 大数据推动智慧社区建设的基础和条件

随着信息技术的发展，大数据作为新一代信息技术的重要组成部分，其在各领域的应用日益广泛，已经成为社会各界关注的焦点。随着"互联网+"行动计划的深入实施，大数据在社区管理和服务中的应用也日益增多。大数据技术为社区管理与服务提供了新手段，推动了社区治理模式的创新和完善。大数据时代的到来给社区管理与服务带来了全新挑战，也给大数据技术提供了新机遇。

大数据技术能够从海量数据中发掘出更多有用信息，从而帮助社区管理者更好地了解社区居民需求和动态，增强社区管理和服务的针对性和实效性；大数据技术能够对各种类型的数据进行整合和挖掘分析，进而为居民提供更好的服务；大数据技术能够在一定程度上减少信息不对称带来的负面影响。由此可见，大数据技术为智慧社区建设提供了新手段、新方法，是实现智慧社区建设的重要支撑。

3 智慧社区建设面临的问题

3.1 缺乏统筹规划，重建设轻应用

社区治理工作具有较强的综合性和复杂性，涉及安防、环保、卫生等多个

领域。当前，社区治理工作存在缺乏统筹规划等问题。信息技术的发展为社区治理提供了新思路，社区治理的重心将逐步向"互联网+"转移。智慧社区的建设必须以整合现有资源为基础，以服务社区居民为导向，将政务信息资源与服务资源整合到一个平台上来。

3.2 资金投入不足，人才匮乏

目前，我国智慧社区建设还处于初级阶段，投入资金不足、人才匮乏等问题日益突出。此外，由于智慧社区建设涉及政府部门、行业企业等多个主体，涉及的相关人员较多且专业性较强，因此在开展智慧社区建设过程中需要具备专业知识和技能的人才作为支撑。

4 大数据时代智慧社区建设的实践路径

4.1 加强对社区居民的宣传教育工作，提高其信息素养

我国智慧社区建设工作仍然存在较多的问题，如智慧社区建设工作缺乏创新与实践、社区居民参与度不高等，因此，在大数据时代，必须加强对社区居民的宣传教育工作，提高其信息素养。首先，社区工作人员可以利用互联网进行宣传教育，通过开展网络知识竞赛等形式，增强社区居民对智慧社区建设的认识。其次，社区工作人员可以将智慧社区建设工作与宣传教育工作进行融合，通过线上知识培训、在线课程等形式，有效提升居民对智慧社区建设工作的认知度。最后，社区工作人员可以利用信息技术对居民进行教育引导，如在智慧社区建设过程中加入信息化元素，不仅可以使智慧社区建设工作更加完善，还能够提升居民的生活质量。

4.2 转变政府职能，加强政府与居民之间的互动

在智慧社区建设过程中，政府应该转变职能，积极促进社区居民与政府之间的互动，加强与居民之间的交流，提升社区居民参与智慧社区建设的积极性。在智慧社区建设过程中，政府应该加大对社区居民参与智慧社区建设工作的引导和支持力度，增强社区居民参与智慧社区建设的意识，同时加强对社区居民参与智慧社区建设的培训和指导。政府在智慧社区建设过程中要鼓励和引导社区居民积极参与智慧社区建设过程中。在大数据时代，政府要加强对大数据技术的研究与应用，促进信息技术与政府治理深度融合，通过构建智慧城市来提升社会治理能力和社会治理水平。

4.3 政府应加强对社会组织的指导与监管工作

随着智慧社区建设工作的不断推进，社会组织的数量在不断增加。社会组织虽然在智慧社区建设过程中发挥着重要的作用，但是还存在着较多的问题，

因此，在大数据时代，政府必须加强对社会组织的指导与监管工作。首先，社区工作人员要加强对社会组织的了解与认识，明确社会组织是社区治理工作中的重要力量，同时也是智慧社区建设工作中不可缺少的一部分。其次，要建立健全社会组织监管制度，将智慧社区建设工作的开展情况纳入对社会组织的监管范围内。政府应引导和鼓励社会组织参与智慧社区建设。

4.4 做好社区数智治理工作

在大数据时代，社区数智治理工作是智慧社区建设的重要内容之一。社区数治治理需要以社区居民为主体，不断提高社区居民的数据素养，进而促进社区居民形成良好的数据意识，最终提高智慧社区建设的效率。因此，在大数据时代，必须做好社区数智治理工作。

一是社区工作人员要坚持以人民为中心的发展思想，立足社区实际情况，围绕基层社会治理体系和治理能力现代化的要求，积极运用大数据、云计算、物联网等新一代信息技术手段，构建"平台+服务+应用"的智慧社区管理模式。

二是社区工作人员要以大数据分析为支撑，针对社区居民的现实需求开展个性化服务，实现社区管理与居民需求无缝对接，提高社区管理效能；同时通过智慧化手段提升社区公共服务质量和效率，不断提高居民的幸福感、获得感和安全感。

三是社区要强化数据管理人员的责任意识。社区通过构建完善的数据治理组织架构，可以有效增强数据管理人员的工作积极性与主动性，进而不断提升数据治理效果。

四是社区要加大对相关工作人员的培训力度。在培训过程中，社区可以采用理论与实践相结合的方式开展培训工作。在培训结束后，社区要将相关培训内容及时运用到实际工作中，确保各项工作顺利开展。

4.5 构建完善的社区信息平台，加快社区智慧化进程

首先，社区要积极建设智慧社区信息平台，通过构建完善的智慧社区信息平台，可以为居民提供更加便利的服务，同时也可以满足居民日常生活中的各种需求。其次，社区要通过构建完善的智慧社区信息平台，加快社区智慧化进程。例如，在智慧社区信息平台中，可以对社会保障、医疗服务、公共教育等服务资源进行整合，同时还可以将各个部门的数据进行整合，这样既可以为居民提供更加便捷的服务，同时也可以提高社区治理的效率。最后，社区要鼓励有关机构、组织积极利用大数据技术进行智慧化改造。例如，物业公司可利用大数据技术对小区内部进行智能化管理。

5 结束语

智慧社区建设能够进一步提升社区的服务水平与居民的幸福感。智慧社区建设是一项具有较强专业性与复杂性的工作，因此有关机构应该从实际出发，不断创新和实践智慧社区建设工作，为居民提供更加便捷、优质、高效的服务。

参考文献

［1］朱启臻，曾宪斌，陈金霞，等．大数据时代背景下智慧社区建设的创新与实践：以中国电信"天翼云"为例［J］．中国电信，2017（9）：55-57.

［2］朱慧萍．大数据时代背景下智慧社区建设中的风险与挑战［J］．中国社会科学院研究生院学报，2018（6）：97-103.

［3］赵松君．大数据在智慧社区中的应用及发展［J］．科技前沿，2018（2）：154-156.

［4］舒慧欣．大数据技术下的智慧社区建设与运行［J］．电子技术与软件工程，2018（23）：142.

"五社联动"机制下社区互助的实践探索

——以"义仓小站"项目为例

闵雄① 周燚② 廖珂莹③

(①成都市爱有戏社区发展中心；②厦门大学；③四川大学)

摘要："五社联动"概念的提出使中国社区治理和社区互助的探索有了新的方向和路径。"义仓"是中国优秀传统文化的代表之一。本文以成都市爱有戏社区发展中心的"义仓小站"项目为例，探讨"五社联动"机制下的社区互助实践，旨在为社区互助和社区发展提供案例经验和支持。

关键词：五社联动；义仓；社区互助；社区治理

1 项目背景

1.1 "五社联动"的政策背景

城市社区治理创新是基层社会治理创新的核心单元，是实现国家治理体系和治理能力现代化的重要保证[1]。"三社联动"即社区、社会组织、社会工作者三者的联动，有利于多元主体参与社区治理。但"三社联动"也在实践中暴露出一些缺陷，导致该模式对社区治理发展需求的回应性和效用性有所减弱。因此，为解决现有问题并促进社区的发展，有的地区通过融入"社区志愿者"和"社会慈善资源"的理念，对"三社联动"进行了提升，产生了新的社区治理模式"五社联动"[2]。

2021 年 7 月，《中共中央 国务院关于加强基层治理体系和治理能力现代化建设的意见》提出，完善社会力量参与基层治理激励政策，创新社区与社会组织、社会工作者、社区志愿者、社会慈善资源的联动机制。2021 年 9 月，在武汉召开的"五社联动"社会工作理论与实务研讨会上，对"五社联动"探索和发展等问题进行了探讨，参会学者认为"五社联动"是对已有"三社联动"机制的提升和进一步发展。

"五社联动"是一种在社区党组织领导下动员社区、社会组织、社会工作者、社区志愿者、社会慈善资源的社区治理模式。它是集以落实社区自治为目标、以社区居民需求为切入点、以社区为服务平台、以社会组织为载体、以社会工作者为支撑、以社区志愿者为动力、以社会公益慈善为资源合理调配的保障为一体的创新治理模式。这一模式实现了五大社区治理力量之间的并联，使各个主体能够在社区的发展中发挥各自的优势，促进多元参与、协同合力、共治共享的良性循环的社区治理局面的形成[3]。

从"三社联动"发展到"五社联动"，服务主体更多，各主体之间的功能和角色也更清晰，各主体各司其职的同时，更重视多元主体协调治理的有效性。而且，社会慈善资源的投入能够平衡短期可获资源与长期可持续供给资源之间的供应，在资源充足情况下实现社会治理可持续发展，更好地满足社区居民的需求，增强居民的社区认同感、社区生活幸福感，以更为持久的情感性基础维护社区共同体意识的存在[4]。

1.2 "五社联动"模式存在的问题

"五社联动"对参与社区治理的社会组织增能、赋权，通过引进专业社会工作者来吸引更多社区志愿者参与其中，积极利用社区层面的公益慈善资源，形成多元主体之间的正向互动。其中，社会工作者运用专业知识，协同社区志愿者，为唤起社区居民对社区的认同感和幸福感提供帮助。社区居民通过参与社区社会组织增强参与意识、提升自主能力，有利于实现自我管理、自我服务、自我教育和自我监督[2]。尽管"五社联动"更加重视治理过程中社区居民的获得感和满足感的提升，参与主体更多、资源也更加丰富，但是"五社联动"仍处在探索期，还存在一些问题。

首先，各主体之间的关系不够明确。有些地区的"五社联动"依然非常依赖政府，社会主体的能动性不足，各主体之间的定位和权责也不够分明[5]，社会工作者和社会慈善资源能够发挥的作用较小。

其次，专业人员的服务能力有限。基层社区的人口数量多、服务对象的类型多样、居民需求多样，存在的问题复杂；但社会工作者队伍规模有限，加上薪酬水平、福利保障、社会认知等因素限制，社会工作者的专业水平参差不齐，无法保障服务的成效能够落到实处[2]。

最后，居民的参与热情不够，主体意识薄弱[6]。很多居民更关注自己的生活，没有社区共同体的意识。因此，"五社联动"如何才能更好地推动基层治理，社会工作者在其中到底如何发挥作用，还有待进一步探索。

1.3 社区存在的主要社会问题

1.3.1 社区邻里互助意识淡薄

开展"义仓"项目的社区多属于城市老旧院落类型，这些坐落于城市"老城区"的老旧院落多是 20 世纪末甚至更早时期的遗留品。长期居住于其中的居民大多是本地居民，他们有着相似的人生经历，人与人之间的同质性较强，人际交往有一定的基础；被低廉租金以及便利交通吸引而新搬进社区的居民之间缺乏对社区的原生认同感，认为自己只是社区的"过客"。前者多为老年人，后者则以年轻人为主，他们在人生经历、生活习惯以及交往方式方面的差异，使得社区渐渐形成了"各人自扫门前雪"的局面[7]。有些居民对于社区内的公共生活缺乏了解，认为自己参不参与社区公共生活都可以；有些居民认为邻里之间的关系越来越陌生，即使有需要也不会去找邻居帮忙；等等。

1.3.2 社区居民缺乏参与社区治理的自觉性

在当前社会环境下，已经疲于工作、学习等的居民，需要自己的私人生活空间是可以理解的，但他们依然需要关注到在自己生活的社区中还存在很多与自己的生活息息相关的问题。如果仅希望依靠有"看不下去"的人来主动解决这些问题，是不够的，每个人都有自己的需求和问题，社区又是人们共同生活的空间，因此，需要居民们发挥主人公意识，自觉主动地加入社区治理的活动中。

1.3.3 服务主体之间责任不明确

根据当前社区实际情况来看，社区管理以社区居委会为主，但居委会工作人员精力有限，很多时候难以做到面面俱到。尽管很多社区都有共建单位，但是仅靠居委会的力量很难做到高效整合各方力量和资源，这就导致社区内资源网络不够畅通，很多服务无法输送到有需要的居民那里。

2 "义仓"概述

2.1 "义仓"的文化内涵

义仓源起隋朝，是旧时地方上为了防备灾荒年而设置的公益粮仓。有关"义仓"的记载最早见于《隋书·长孙平传》："开皇三年，征拜度支尚书。平见天下州县，多罹水旱，百姓不给。奏令民间，每秋家出粟麦一石以下，贫富差等，储之间巷，以备凶年，名曰义仓。"但到了清朝，才有了关于义仓更为明确的记载。长安县的仓廒制度始建于雍正年间，后又于光绪三十三年（1907年）故地重建。以仓廒代替乡镇建制，实际上将义仓作为基层治理和行政单位，更有助于发挥义仓在纳粮、积储、赈济、互助方面的作用。

2.2 "义仓小站"项目定义

现代"义仓"是一系列"重塑邻里关系,推动社区互助"社区工作方法的总称,该方法又称"参与式社区互助体系"。

"义仓小站"是义仓发展网络领域邻里互助品牌项目,重点服务于社区老弱人群,推动建立"困难帮扶、志愿服务、社群培育、资源共享、项目示范"的标准化、生活化、社群化的社区互助空间。

3 "义仓"社区互助模式的建立逻辑

"义仓"社区互助治理模式是"义仓小站"规范化实践的结果,是一种以邻里互助活动为载体,通过搭建社区资源平台带动社区公众参与来实现邻里互助和居民自治的社区治理模式。

3.1 以提供社会服务为主的行动逻辑

"义仓"中的"义"字蕴含着其救灾纾困的公益目的[7],故其首先要求协助做好社区内最困难人群的帮扶服务,着眼于解决他们在生活上的困难。"一勺米""一个观众的剧场"等子项目,能够让服务者在进入社区的第一时间,快速识别服务对象与服务需求,利用已有的活动技术包,点对点地深入服务对象的家中提供有针对性的帮扶服务。在这一阶段,社会工作者借助"义仓"社区互助模式得以更快速的熟悉社区、明确资源与诉求,并迅速开展行动以切实为社区困难人群提供有效的服务。随后,社区内部的志愿者向困难群众或其他社区居民提供物质资源帮扶,收获内心的充盈;困难群众为社区发展做一些力所能及的事,并收获来自他人的善意。"义仓"为居民间的这种互助提供了一个平台以及资源。在"义仓"社区互助模式下,没有绝对的帮助者与被帮助者,人们相互帮助、扶持,逐渐树立邻里互助意识。

3.2 以整合社区为主的规划逻辑

社会工作者参与基层服务时不仅要有过硬的专业知识与技术,更要有项目规划的思维。项目制的购买形式,使得社会工作者在进入社区时不仅要满足困难人群的需求,更要有一个大社区的思维,考虑如何让社区内部更有生命力。义仓小站首先对社区居民的基本情况进行调研,了解其实际需求;随后,引导社区居民感知社区困难户的存在,意识到自身贡献的价值,从而实现最终调动社区内部的人力资源的目的,促使社区成员间相互帮助。在调动社区内部物质资源方面,义仓小站借助义集活动,充分利用居民家中闲置物品,通过市场交换的方式筹集资金;同时为社区文体娱乐队提供表演平台和创作场所,既合理规划了公共空间,又促使社区文化发展,还通过活动将居民们聚集在一起。

3.3 以培育组织为主的专业逻辑

行动和规划的逻辑让社会工作者不仅能够快速带着项目进入社区，也能够运用专业的方法和服务让义仓社区互助模式在社区中发挥最大的作用。但是，人是在不断变化的、社区的发展情况也是不断变化的。如果服务项目缺乏一个强有力的专业支持，是很难有持续的生命力的。要想让"义仓"社区互助模式能适应这些变化，就需要社会工作者有过硬的专业能力，更需要他们不断提升自我。"友邻学社"子项目通过一系列专业培训将参与社区的基本知识和技能递送给社区自组织的骨干，从而指导骨干自主创立社区自组织。"义仓学苑"子项目则为社区互助人才队伍能力提升提供优质课程，以促使他们与社区发展共同成长。

4 "义仓"社区互助模式的特点

4.1 文化性

"义仓"作为中国公益事业的文化符号，对于普通人而言是一种具象的生活场景的缩影：人们将富余的粮食存入仓中，派发给穷困潦倒的族人或用于赈灾。随着时间的更迭，人们对义仓虽不再熟悉，但义仓背后的"义"的精神内涵一直延续至今，中国人骨子里的那种"赠人玫瑰手有余香"的利他性仍始终影响着我们的生活。"义仓"通过一些"一勺米""一个观众的剧场"等微小公益的形式，唤醒社区居民对他人的关心与友善，也唤醒社区内隐藏的文化内核，让大家能够走出家门，关心自己之余，为他人传递自己的爱和友善，让整个社区的氛围更加融洽，人与人之间充满爱和温暖。

4.2 人文性

首先，关注困难人群的需求。在"义仓"社区互助模式中，居民走进社区内的困难人群的家中为他们提供帮助，社区中的困难人群也走出家门，获得改善生活的机会。一进一出，使得社区内的人与人之间产生联系，从而有了自己改变自己的机会。

其次，关注全体社区居民的连接。"义仓"社区互助模式以帮扶困难群众为切口，让原本较为陌生的人群产生了一定的交集，既为社区居民提供了实现其自身价值的途径，也有益于营造社区的人文氛围，从而强化居民间的互助意识，共同推进社区治理和发展。

4.3 综合性

首先，"义仓"的综合性体现在主体的多元性上。其要求聚合政府、社区、公益组织、企业等多方面的资源和力量，通过提供一个平台来实现上述主体的交流沟通，并将各类资源有效整合以支持社区的发展。其次，"义仓"将专业化技术融入居民的日常生活之中，进而从更多方面满足社区居民的需求。最后，"义仓"项目在实际落地时往往涉及多个领域，如社区治理、社区服务、社区营造、社区慈善、社区策划等，以解决当前"邻里关系疏离、社区公共生活匮乏"的社区痛点问题。这就使得"义仓"社区互助模式能够适应各种各样的情况，也可以根据各地情况的不同灵活做出调整与优化。

5 "义仓小站"对"五社联动"主体的实践支撑

社区从全局视角出发对其内部资源进行统筹规划、分配；社会组织注重培育本地骨干，促进各主体分工；社会工作者以人为本提供专业支持，陪伴居民成长；社区志愿者联动社区内部资源，提高社区互助活力；社区慈善资源助力搭建主体间的沟通平台，促进各主体的相互协作。"义仓小站"项目作为对社区互助实践和社区发展治理的新的探索，为"五社联动"的五个主体提供了重要支撑。

5.1 社区

社区作为"五社联动"中的自治主体，具有统筹、协调各方的功能。首先，"义仓"项目协助社区建立贴合当地实际情况的互助机制，将讲互助嵌入社区的日常治理过程之中。其次，"义仓"项目切实为社区居民的互助活动搭建了一个平台。如，"爱心仓库"子项目通过组织爱心家庭每月捐赠物资等方式，落实对社区内困难人群的帮扶，同时也满足捐赠者自我实现的价值，从而有效推动社区互助资源的流动。再次，"义仓"项目为社区发展治理提供了内容支撑与专业工具，有助于社区梳理现有问题并提出社区发展的计划和目标，以更为清晰的治理和发展思路取代过去"头痛医头"的思维惯性。最后，"义仓小站"进驻社区时会对社区的实际情况与需求进行调研，从而了解社区并形成社区的多层次居民需求清单、社区工作清单、项目活动清单以及社区组织清单，搭建社区互助体系与社会服务供需对接平台，以实现居民参与、社会协同、基层自治。"义仓小站"项目对社区的支持，使得社区内外的资源充分流动，进一步提高了社区对资源的保障能力。

5.2 社会组织

社会组织在一定程度上承担了向上连接政府，向下与社区乃至个人沟通的桥梁作用。"义仓学苑"子项目为社会组织中的专业社会工作者提供了一系列培训和指导，促进了社会组织的社会整合与组织培育能力的提升，使其在搭建社区互助体系时不仅着眼于具体社区服务，也能站在社区发展角度推动社区服务的可持续,最终实现社区中人的成长与完善。"友邻学社"子项目则注重在当地挖掘居民骨干,并提供专业化的辅导与支持,从而提升其参与社区治理的能力和自主性,进而促进对社区内居民自组织的孵化工作。除此之外,"义仓"项目为社会组织提供了参与社区治理的新思路。在参与式社区互助体系的指导和辅助下,社会组织能够在政府、企业、媒体等多元主体之间搭建一个互动的平台,从而实现各个主体对社区发展和治理的协同参与。

5.3　社会工作者

在"义仓小站"项目的支持下,社会工作者可以通过利用一些有效的工具和工作方法,实现对社区居民的赋能,即提高其参与社区治理和生活的能力。随后,社会工作者作为居民社区生活的陪伴者,以陪伴的方式支持和引导居民自主开展社区活动。社会工作者能够借用"义仓"项目的较为成熟的产品,如"一勺米""一个观众的剧场"等,为居民提供互助服务,促使社区间互助文化的形成。

5.4　社区志愿者

在"五社联动"的框架下,社区志愿者作为独立的主体被区分出来,其对于社区发展与建设的重要性可见一斑。顾名思义,社区志愿者多直接来自其所处的社区,他们扎根于社区,知晓社区的风土人情,且作为社区中的一员对居民的需求有更深的了解。"义仓小站"项目将社区志愿者纳入社区发展治理之中,他们在项目的引导和社会工作者的陪伴下投入互助活动之中,不断提高自身对社区的认同感。随着越来越多的居民自发参与社区互助行动,形成了新的社区互助文化。

此外,"义仓小站"项目对许多社区志愿者而言是一个"相当好用"的工具包,既有专业理论又有现成的工具,且配备了一定的操作指南,使得志愿者即使是"门外汉"也能轻易上手其中的一部分工作。另外,"友邻学社"子项目注重挖掘社区骨干,并以其为领袖,利用领袖效应,吸引更多的社区居民参与互助志愿者行动,从而形成一支更为专业的队伍。

5.5　社会慈善资源

随着经济社会的快速发展和居民个人财富的日益积累,公益慈善事业的发展具备了一定的物质条件。"义仓小站"通过动员社会组织与社会工作者,展现社区居民之间的互助场景与社区发展的美好愿景,唤醒了居民内心深处的"互助基因",并逐渐营造出属于当地居民的独特的互助文化。在这种文化氛围下,社会慈善资源在社区内充分流转。"义集"子项目为资源的交换提供了一个平台:志愿者和困难家庭通过售卖手工或闲置物品来换取资金,爱心企业则通过提供优势服务或捐赠款项的方式"做公益"。义集上的这些社会资源又能反过来继续支持社区互助的可持续发展。"爱心仓库"子项目则是鼓励普通居民捐出物资以帮助困难群体；困难群体则捐出自己的时间服务于社区建设，充分促进了社区自身资源的流动。这些项目都有助于社区实现"用自己的资源解决社区问题"。

6　小结

"义仓"项目重视社区、社会组织、社会工作者、社区志愿者、社区慈善资源多主体的参与。从规划的角度而言，其明确将多主体纳入模式运行和项目服务当中，而这种规划意识，也为各主体的合作奠定了良好的基础，使他们能够在服务前期就根据自身的工作、能力、资源等情况及时沟通。从人的发展的角度来看，"友邻学社""义仓学苑"等子项目重视提升各主体尤其是社区志愿者的自主服务能力。从社区文化传承的角度来看，"义仓"项目有助于互助文化与当地文化充分融合，形成了适应于社区的新文化，持续为推进社区居民互助提供源源不竭的精神动力。综上所述，"义仓"项目重视基层治理过程中各主体之间关系的培育，利用内外部的资源不断为基层治理的各主体提供支持。

参考文献

［1］兰萌萌. 多中心治理理论视野下新型城市社区治理模式构建：基于三个社区治理案例的分析［J］. 改革与开放，2017（11）：29-31.

［2］田舒，迪丽孜巴·图尔苏. 社区治理"五社联动"：内涵、机制与困境［J］. 湖南行政学院学报，2022（4）：101-108.

［3］任敏，胡鹏辉，郑先令."五社联动"的背景、内涵及优势探析［J］. 中国社会工作，2021（3）：15-17.

［4］任小倩. 我国城市社区治理中存在的问题与对策研究［J］. 兰州教育学院学报，2018（4）：46-47，49.

［5］陈红军，朱宇轩."五社联动"在社区治理中的运行及改进策略［J］. 经济研究导刊，2022（35）：148-150.

［6］卢腾，涂敏. 探究"五社联动"视角下构建社区治理共同体［J］. 就业与保障，2022（4）：61-65.

［7］张惠. 关于老旧院落的社区治理探索［J］. 社会与公益，2020（8）：38-40.

绵阳市老旧小区微治理路径研究①

李梅梅　赖渝　王朝富

（绵阳师范学院）

摘要：完善社会治理体系，推动社会治理现代化，建立共建共治共享的社会治理新格局是党和国家围绕国家安全、社会稳定与人民幸福所提出的重大任务。老旧小区是社会治理的重要实践领域，其治理与改造对满足人民群众美好生活需要、推动惠民生扩内需、推进城市更新和开发建设方式转型、促进经济高质量发展具有十分重要的意义。本文基于老旧小区治理在社会治理中的重要地位，聚焦绵阳市老旧小区的改造与治理，就老旧小区微治理模式的运行问题进行探索。在绵阳市的老旧小区中，勇拓洋楼小区的改造与治理极具代表性。在该小区微治理的过程中，形成了"党建引领、全民共治"的勇拓模式，带动老旧小区治理走向有序稳定，获得了优异的成绩和显著的效果，值得学习与借鉴。本文以勇拓模式的形成路径为主要研究内容，探索其创新实践过程，旨在全方位展现勇拓模式及其小区微治理的实践路径与特点，为今后绵阳市的老旧小区治理提供变革经验，助推绵阳市的基层治理体系更加完善。

关键词：基层社区治理；老旧小区；微治理；发展路径

0　引言

基层治理是国家治理的基石，社区是基层治理的基本单元，统筹推进乡镇和城乡社区治理，是实现国家治理体系和治理能力现代化的基础工程。社区是城市治理的"最后一公里"，是基本的社会生活单元与平台，也是党和政府联系群众、服务群众的"神经末梢"。党的十八大以来，习近平总书记高度重视城乡社区治理工作，并多次作出重要论述，围绕社会治理的定位、目标、格局、重心和实现途径等方面提出了一系列富有创见性的新论断、新要求、新举

---

①　本文系绵阳市社科联"校地共建专项课题"项目"绵阳城市社区微治理研究"（项目编号：MYSY2019YB02）的阶段性成果。

措。实现城乡社区的有效治理关乎党和国家大政方针的贯彻落实，与人民群众的切身利益息息相关，与城乡基层的和谐稳定密不可分，有助于提升人民群众的获得感、幸福感、安全感，对于建设中国特色社会主义事业具有重要意义。

社区虽小，但连着千家万户。据中国民政部 2022 年第三季度民政统计数据和第七次全国人口普查公报，我国共有 11.7 万个社区，全国人口中，居住在城镇的人口为 901 991 162 人，占 63.89%（2020 年我国户籍人口城镇化率为 45.4%）；居住在乡村的人口为 509 787 562 人，占 36.11%[1]。与第六次全国人口普查相比，城镇人口比重上升 14.21 个百分点。我国城市人口越来越多、占比越来越大，做好城市社区工作具有重要意义。

一个社区由多个小区构成，千千万万个小区组成了千千万万个社区，形成了基层治理的基本单元。据住房和城乡建设部 2019 年初步统计，全国共有老旧小区近 17 万个，涉及居民超过 4 200 万户。老旧小区普遍存在基础设施薄弱、卫生环境差、居住人员构成复杂、基本没有市场化物业管理公司和居民自治委员会管理以及居民参与社区治理意愿较低的情况，这使老旧小区的治理成为社会治理中的重要内容和难点问题。

本文运用了问卷调查与半结构式访谈法，针对城市老旧小区的微治理模式进行研究，以绵阳市涪城区城厢街道铁牛街社区的勇拓洋楼小区为例，对其治理模式的实践路径进行剖析，为我国尤其是西南地区的老旧小区治理提供借鉴。本文将老旧小区的治理模式的运行过程与思路清晰地呈现出来，对于当前社区治理模式的凝练有指导意义，且有助于传播勇拓模式的成效，助推勇拓模式在各地进行因地制宜的运用，解决众多老旧小区普遍存在的人际矛盾、环境问题等，增强老旧小区居民的获得感、幸福感与安全感，促进基层社区治理水平的提升。

1 绵阳市老旧小区治理现状

2020 年四川省人民政府办公厅发布的《四川省人民政府办公厅关于全面推进城镇老旧小区改造工作的实施意见》提出，将城镇老旧小区改造纳入保障性安居工程，统筹中央和省级资金，重点支持基础类改造。

根据绵阳市住房和城乡建设委员会发布的《绵阳市"十四五"城镇住房发展规划》（以下简称《规划》），绵阳市全市 2000 年城镇老旧小区存量 1 643 个，涉及居民 137 065 户。《规划》明确指出，"十四五"时期是绵阳市塑造区域发展新优势，壮大经济总量，全面提升发展质量，巩固成渝地区第三大经济体地位，创建 I 型大城市的关键时期。要在这个时期攻坚住房保障工作、坚持改善民生工作，助推住房管理迈入新阶段，进一步提升社区基层管理能力，通过加强党建引领作用，在中心城区尤其是老旧小区中切实提升居住单元的治理能力与管理水平，提升居民的生活质量，增强居民的幸福感。《绵阳市人民政府办公室关于印发全面推进城镇老旧小区改造工作实施方案的通知》明确规划：从2020年起，到"十四五"期末，力争基本完成绵阳市2000年年底前建成的需改造城镇老旧小区的改造任务。其中，2021年、2022年每年完成改造任务25%，2023年完成改造任务20%，2024年完成改造任务15%，2025年完成改造任务15%。

政府对老旧小区改造的重视，使老旧小区的治理与改造获得了政策与资金支持，一定程度上减少了老旧小区的改造阻力，推动了老旧小区改造工作的顺利进行。

绵阳市涪城区城厢街道铁牛街社区的勇拓洋楼小区地处绵阳市中心城区，建成时间超过20年，小区的基础设施如电梯、墙体等损耗严重。自2017年起，小区老党员带头进行小区微治理，较大程度解决了小区难题，并在微治理过程中逐步形成了独特的小区治理组织架构，创新探索出了"一核三化两公开"的业主自治管理办法，实现小区由"乱"到"治"的蜕变，其治理成效在绵阳市甚至在四川地区都是较为突出的。小区具有大部分老旧小区的特点，有较强的典型性，其显著的治理成果有一定研究价值与意义，故笔者选择将勇拓洋楼小区的治理情况作为研究绵阳市老旧小区的微治理模式的重点。

2 勇拓洋楼小区治理

2.1 小区概况

2.1.1 小区基本情况与微治理发展脉络

勇拓洋楼小区建于2002年，地处绵阳市涪城区城厢街道铁牛街社区，毗邻铁牛广场，地理位置优越，是绵阳市较早修建的一批高档电梯公寓。小区内含4栋商住楼，现有业主427户，常住人口1 256人，现有党员79人［其中，组织关系在小区党支部的党员有19人，约占24.05%；流动党员（含离退休老同志）60人，约占75.95%］。小区居民不同年龄人员分布如图1所示。年龄在25岁以下的居民有316人，约占25.16%；26～50岁的居民460人，约占36.62%；51～60岁的居民326人，约占25.96%；61岁以上的居民199人，约占15.84%。相较于其他小区，该小区中老年人所占比重较大。

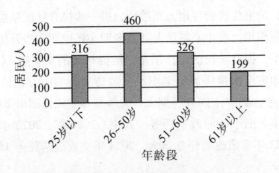

图1 勇拓洋楼小区居民不同年龄人员分布

小区在 2002 年建成时，还属于较为高档的电梯住房，但随着时间的推移，电梯设备年久失修，出现了许多安全隐患。2017 年，勇拓洋楼小区电梯频繁出现下坠故障，仅一年内就发生了 11 次下坠事故。2017 年 6 月 11 日，随着又一次电梯事故的发生，有着 31 年党龄的小区居民王某决定要让小区做出改变，他几次与物业公司、业委会商议修缮小区电梯，但始终没有得到满意的答复，于是他来到了小区所属社区——铁牛街社区的"党群连心室"，将问题汇报给了社区党委书记刘某，在与刘书记商议并了解了小区的更多情况后，王某决定发挥党员的先锋模范带头作用，以解决危及群众生命安全的电梯问题为主要目的，带动更多党员同志形成核心团队进行小区电梯的更换工作。因为年轻党员大多有繁忙的工作任务，电梯改造团队在最初只有以老党员、老同志为主的 6 名同志。他们的第一步工作就是建立一个新的微信群，将小区业主尽可能多地添加进来，商讨小区问题。随着时间的推移，越来越多有见解、有想法的同志加入电梯改造的团队，团队成员壮大到了 69 人。在社区的助力下，团队成员四处奔走，做居民的思想工作，建立了"电梯改造经费公示制度""电梯改造监督制度"等制度，以消除居民疑虑，让大家能够放心、安心地支持团队的工作。团队短短三个月内就筹集了 90 余万元经费，在 2017 年 11 月就完成了第一部电梯的更换。

这场自下而上、自发更换电梯的"自救"，使得以老党员王某为首的改造团队取得了小区居民的信任与一致认可，在 2018 年的党支部换届中，王某成功当选支部书记；同年的业主大会上，小区居民一致同意不再聘请物业公司，而是走上业主自治的道路，并投票选举出了新的业主委员会成员。该小区成为绵阳市第一个没有物管公司的电梯公寓，党建引领小区微治理之路就此启程（如图 2 所示）。

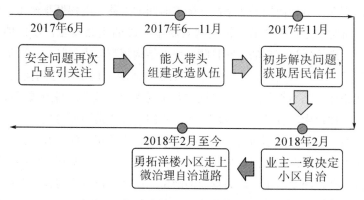

图 2　勇拓洋楼小区微治理发展脉络

2.1.2　小区治理前存在的问题

勇拓洋楼小区建成 20 余年，针对小区的治理一直采用"业主委员会+物业管理公司"的二元治理结构，物业管理公司在小区治理中占据了十分重要的地位。随着时间的推移，小区各种设施设备的功能都在退化，各种矛盾不断涌现，但物业管理公司对许多问题都不予以解决，矛盾逐渐激化，严重影响了居民的生活质量，造成了小区居民和物业之间矛盾明显、居民与居民之间关系淡薄等问题。

一是治理结构存在缺陷，责任主体模糊。在小区业主决定进行微自治以前，小区一直是聘请的专业的物业管理公司对各项事务进行管理。前期问题还不明显时，物业管理公司尚能对小区较好地进行管理，但随着时间推移，各种问题开始出现，而物业管理公司的能力不足，对小区的管理责任也越来越不明晰，使小区责任主体模糊。

二是治理方式随意敷衍，服务提供不到位。勇拓洋楼小区以前缺少公开的管理制度、准则等，小区的治理往往是随意且不公开不透明的，这样的治理方式不能有效地对小区进行管理，使得小区居民对物业管理感到失望；物业管理公司得不到小区居民的信任，又不利于治理工作开展，形成恶性循环，造成了管理混乱无序、问题丛生、机制缺失等。

三是治理问题层层凸显，缺位逃避不解决。勇拓洋楼小区建成时间较长，二十几年的生活痕迹使得建筑物本身、楼栋配套设施等都出现了一些破损，而物业管理公司没有针对这些损坏问题及时进行修缮和维护。久而久之，这些基础设施出现故障，加之环境问题日益凸显，严重影响居民的居住、出行等正常生活，甚至产生安全隐患，危及居民的生命财产安全。具体来说，问题如下：勇拓洋楼小区属于较早建成的电梯公寓，楼层高，每一栋的居民数量相比于普通的楼房更多，电梯使用的频率高。随着时间的推移，电梯磨损严重，功能有所退化，常常发生下坠事故，极大地威胁了居民的生命安全。小区墙体、楼顶、户外过道等经过多年的风吹日晒，墙面结构都有较大损坏。小区地处城中心繁华地带，来往人员多，小区内某些地方的混凝土地面在达到使用年限后，也出现了路面下陷不平问题，对居民尤其是老人和儿童的出行造成了极大的安全隐患。在楼道中，各种杂物堆放，无人管制，造成消防通道堵塞，消防通风排烟系统控制器线路、消防火灾报警控制系统和水泵房瘫痪，存在巨大安全隐患。小区生活供水设备陈旧老化，经常停水维修，严重影响居民生活质量。此外，小区脏乱差问题严重，因为物业的缺位，小区内没有人也没有制度条例等能够对大家的行为进行约束，居民的日常需求得不到满足，对小区的归属感不高，主人翁意识不强，对小区的环境更加没有主动维护的意识。

2.2 微治理过程

在决定走上微治理的道路之后，勇拓洋楼小区的居民明白要想做好有效的自我管理，还得依靠强大有力的组织领导机构制定全面合理清晰的管理办法。因此，小区在自治道路上逐步形成了特有的治理组织架构，在治理中完善微治理模式，用制度与办法规范治理，形成了"一核三化两公开"的业主自治管理办法，让自治有据可依、科学合理，事务办理公开透明，居民安心放心。

2.2.1 党建引领建队伍

勇拓洋楼小区的微治理之路始于老党员王某想要为小区居民解决电梯问题的举动。但事情的发展并不是一帆风顺的，一个人的力量过于弱小，王某就寻求社区党委的帮助。在社区党委的推动下，王某联合了小区内的老党员、退休老干部等，组建了第一批改造队伍，在小区内进行宣传，拉近居民间的距离，为小区居民齐心协力共同推动小区发展奠定基础。

改造队伍的成功组建使得电梯改造工作取得了初步成功。在业主大会上，居民们一致认可取缔物业管理公司的做法，决定小区居民自己当家作主，并投票选举出了小区党支部成员与新的业主委员会成员进行小区微自治。除了聘请部分专业人员外，微自治团队还吸纳小区内低收入人群参与，最大限度维护居民利益。在勇拓洋楼小区搭建队伍的过程中，党组织和党员同志起到了至关重要的作用，党组织的引领和党员同志的表率与带头，使得小区微治理的第一步走得稳健有力。小区微治理队伍搭建逻辑如图3所示。

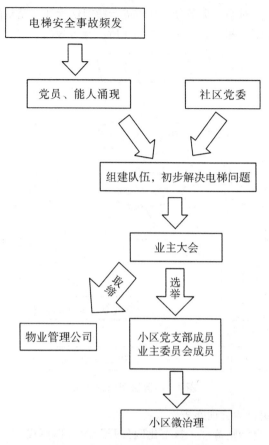

图3　小区微治理队伍搭建逻辑

2.2.2　搭建治理组织框架

勇拓洋楼小区的微治理将小区划分成不同板块进行精细化管理，小区党支部在社区党组织带领下，以小区楼栋为基础单位针对服务内容设立了和谐家园、邻里互助、环境卫生、护楼守院、康养服务五个党小组，确立党员中心户（能人示范户）8户，形成了"小区党支部—楼栋党小组—党员中心户"三级党建组织体系，将党的组织建到楼栋里，精细到户，实现党建全覆盖。针对小区发展与治理板块，小区成立监督委员会，与业主委员会并立，人员互不交叉，均受小区党支部领导和监督。业主委员会负责对小区事务的研究、讨论、决定和执行；监督委员会负责对全过程进行监督。同时，在业主委员会下成立物业管理委员会和发展委员会。物业管理委员会负责小区的物业管理工作，下设物业服务中心，负责物业服务具体实施；发展委员会负责研究小区的规划与发展，整合与开拓小区资源，对外联系，吸纳资金、商户等。各委员会在小区党支部的带领下，对小区事务分门别类进行精细化管理。完整的治理组织架构推动小区治理稳定、和谐、有序（如图4所示）开展。

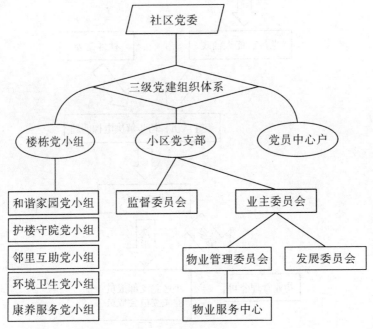

图4 小区治理组织框架

2.2.3 制定自治管理办法

小区的业主自治坚持"一核三化两公开"的管理模式。"一核"即坚持以党建引领为核心。"三化"即小区治理规范化、物业服务精准化、邻里关系亲情化。"两公开"即小区的财务账目与各种事务细节做到绝对公开。

2.3 微治理成效

2.3.1 基础设施得以修缮，居住更安全

在硬件设施改造上，小区业主自筹资金130余万元，成功更换小区电梯5部，排除了小区内的电梯安全隐患，解决了小区业主出行难的问题。社区党委、小区党支部、业委会与绵阳供电公司多次协商，针对小区电路设施老化、供电不稳、时常停电等问题更新小区变压器两台。针对小区楼房屋顶漏水问题，小区共830平方米做了防水处理，总投资42 000元。频繁的停水维修使得小区存在用水难的问题。对此，小区更换供水泵7台。针对小区消防通道堵塞、消防设施设备老化等问题，小区业委会公开招投标，对小区消防设施设备进行全面改造，消除消防安全隐患，总投资748 766.71元。针对老旧小区普遍存在的安全隐患，小区筹资172 260元，安装摄像头125个，将小区的各个公共区域都纳入监控范围，保障居民生活安全。此外，小区筹集资金20余万

元，完成小区天然气管网改造，升级硬件设施设备；业主自筹资金修缮小区无障碍通道3处，解决小区道路因年代久远而出现的路面腐蚀、下沉问题，保障居民出行安全。治理前后对比如图5、图6所示。

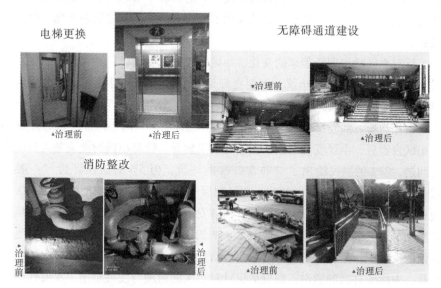

图5　治理前后对比（一）

图6　治理前后对比（二）

2.3.2　小区环境得到改善，居民生活更舒适

在生活环境的改造与服务提供上，小区组织清理废物杂物垃圾 200 多吨，美化小区环境卫生；安装便民智能系统，打造快递丰巢、蔬菜外卖爱心便民服务点，在小区大厅提供爱心伞、共享图书架，为小区业主提供多元化、全方面服务。

针对小区微治理所带来的变化，小区发放满意度调研问卷，摸清小区居民对小区微治理的意见与建议，以便更好地开展工作。该调研共收集有效问卷 277 份。其中，一期业主 127 人，占比约 46%；二期业主 150 人，占比约 54%。人员占比均衡，问卷结果参考性强。如图 7 所示，99% 的小区业主认为自 2018 年小区自治后，小区变化巨大，微治理成果显著。针对小区物业服务人员的态度问题，94% 的居民给出了"非常好"的评价，但 5% 的居民评价"一般"，甚至有 2 位居民评价"不友好"，也说明服务水平还有提升空间。针对小区设施设备、制度体系、保安保洁服务、消防安全等问题，80% 以上的居民给出了满意评价，其中设施设备改造收到了 94% 的好评。在主观部分的问题、意见与建议的反馈中，大部分居民认为业主自治带头人工作出色，为小区带来了巨大变化，表达了自己的感谢；部分居民针对小区的治理与发展给出了实质性的建议——"如果小区能有乒乓球活动室就更好了""希望小区能治理一下铁牛广场的噪音问题"等等，为小区的自治提供了未来的努力方向。

调研结果表明，小区居民对小区微治理所带来的变化满意度较高，基础设施的修缮、小区环境的美化为小区居民带来了更舒适的生活体验。

2.3.3　人人参与小区治理，关系更和谐

精细化的小区治理，将小区居民的需求放在首位，居民们对小区的归属感和主人翁意识越来越强。小区有志之士组成志愿团队，时常开展志愿服务活动，让小区居民感受到邻里间的真情实意。在疫情防控期间，志愿团队开展志愿活动 6 次，惠及居民群众 400 余户、1 200 余人；开展邻里活动 4 次，参与群众 600 余人次，慰问帮扶困难群众 13 人。2022 年，小区成立勇拓福万家社会工作服务中心，可以更专业、高效、有针对性地为小区居民提供服务。该中心成立以来，先后开展"以老助老，邻里守望"、元宵送汤圆、上门看望困难党员群众、共庆集体生日、环境卫生大清理、帮助困难群众做家务等系列志愿服务活动 30 余次。

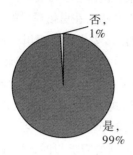

（a）2018年小区自治以来，变化是否显著

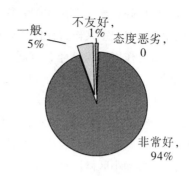

（b）小区物业服务人员的态度评价

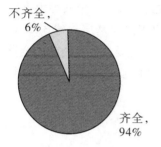

（c）小区设施设备是否齐全

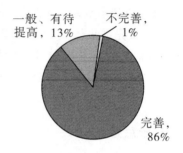

（d）物业管理等制度体系是否完善

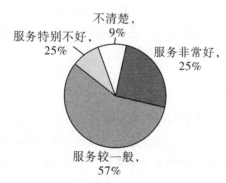

（e）小区保安保洁服务评价

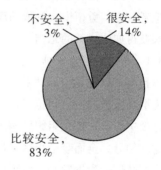

（f）小区消防安全评价

图7　问卷调研结果汇总

2.3.4　治理成效突出，社会效应显著

勇拓模式不仅收获了本小区居民的满意与好评，还受到了上级党组织、领导干部以及社会各界的高度评价。中共绵阳市委组织部对其做出专项发文，评价其为党建引领基层治理的先进典型，助力其好做法好经验在全市进行推广。绵阳市原市委书记刘超对勇拓基层微治理新模式做出积极评价。2018年至今，

小区共接待省内外各界人士共 3 000 多人前来视察、调研、学习交流。

小区党支部书记王某作为首批带头人，其理念与想法在勇拓模式的形成过程中起到了重要作用。2022 年，该同志先后在绵阳市委党校、四川"两弹一星"干部学院、涪城区委党校、高新区普明街道、永兴镇党校、城厢街道、石塘街道、工区街道、北川县永昌镇、盐亭县凤灵街道等地讲授"党建引领小区治理"、老旧小区微治理"六自六化"勇拓模式等相关主题课程共 20 余次，传递勇拓模式的成果与经验，以供其他基层治理单位借鉴与学习。

勇拓模式推动小区微治理以来，小区将居民群众的需求与问题摆在首位，受到了有关部门的表彰与居民群众的认可。自 2018 年至今，小区先后荣获中共涪城区委"党建示范人才团队""先进基层党组织"、中共绵阳市委市政府"全国文明城市先进集体"、中共绵阳市委组织部"基层党建 3+2 书记项目 AAA 级示范党组织"、中共四川省委城乡基层治理委员会办公室"全省基层治理示范小区"等荣誉称号；收到来自业主们的 13 面感谢锦旗、10 余封表扬感谢信。

3　经验总结

勇拓模式抓住小区特点，攥牢小区改革痛难点，创新出独特的治理模式。勇拓洋楼小区微治理案例的成功离不开与小区需求完美契合的勇拓模式的运行。笔者认为，勇拓模式的成功离不开以下要点，这些要点也是笔者对勇拓模式能够获得如此成就的总结。

3.1　党建引领为基础

勇拓模式以党建引领为核心，展现了基层党组织、党员同志为群众办实事、为群众服务的决心与担当，在治理中将目标凝聚在解决居民需求、为人民服务这个中心上，优化组织结构配置，为基层微治理做了组织保障。小区始终坚持党的领导，全面吸纳小区党员同志，包括离退休党员、流动党员，壮大小区党支部队伍，凝聚党心，紧跟社区党委的步伐，做好小区微治理。小区围绕小区党支部，建立业主委员会、监督委员会等"四委一中心"，形成完善有力的领导组织机构，推进小区微治理工作的有序进行。小区党支部充分发挥其在党员、群众中的主心骨作用，依法履行支部条例赋予的工作职责，加强小区各类自治组织、社会组织（团体）的政治领导，保障和监督各类组织依法依规履职，保障小区居民群众合法权益不受侵害。

3.2　居民服务为核心

勇拓模式重视小区发展，挖掘小区潜在资源，利用专业眼光盘活资源，以便民利民为中心，对内整合利用资源，对外不断与企业、机构互惠合作，将小区发展放在高位，将服务居民置于工作中心。小区党员同志坚定服务决心，提升服务能力与水平，在工作中用自己的行动感染居民群众，发挥先锋模范作用，在人的层面推动勇拓模式成功运行。

勇拓小区创新建立发展委员会，聚力解决居民生活生产问题，为居民提供便利、舒适的生活环境，提升人民群众的生活质量；坚持工作内容具体化、透明化、公开化，让居民知道小区的各项事务情况，明晰小区发展状态。

3.3 制度建设为手段

勇拓洋楼小区利益诉求多元，矛盾频发。基于这种情况，勇拓洋楼小区创新治理模式，突破传统的"业主委员会+物业管理公司"二元治理结构，搭建新的组织管理架构，并将制度建设作为手段，严格制定规章制度、条款条例，规范工作方法，确保服务的质量。

4 结束语

勇拓洋楼小区独创的治理模式，是党建引领基层治理的创新举措，密切贴合小区的发展需求，以问题为导向，在解决长年无人处理的小区问题中摸索出一条新路径。但勇拓模式又不仅仅适合于勇拓洋楼小区，在我国尤其是西南地区有很多情况雷同的老旧小区，都可以尝试借鉴勇拓洋楼的微治理路径，形成适合自己、独具特色的治理模式。

任何事物的发展都不是一帆风顺的，小区自治作为新生事物，在发展过程中必定会面临困难阻碍，这需要我们在工作中持之以恒、坚定初心。

参考文献

［1］国家统计局国务院第七次全国人口普查领导小组办公室.第七次全国人口普查公报（第七号）：城乡人口和流动人口情况［J］.中国统计，2021（5）：13.

［2］查璐璐.党建引领"六自六化"小区治理模式研究：以绵阳市涪城区勇拓洋楼小区创新治理模式为例［J］.新西部，2023（2）：52-54.

［3］胡娟，彭武运."五进小区"社区治理创新模式探究［J］.大众标准化，2021（6）：205-207.

公益微创投促进城市社区治理现代化的实践研究

——以"为幸福迎春'家'点凝聚力"项目为例

冯秋月　叶家璨

（西南民族大学）

摘要：公益微创投通过资金、管理和技术支持，培育充满活力的社区公益性社会组织，化解了政府功能的分散化和社区结构的碎片化而产生的社区治理危机。本文以成都市迎春桥社区微创投大赛中的项目为研究对象，探究公益微创投促进城市社区治理现代化的困境及方式。

关键词：公益微创投；社区治理；实践研究

社区是社会的组成单元，社区治理是社会治理的微观层面。伴随着经济的快速发展与社会的逐步转型，我国原有的单位制、街居管理制被逐渐打破，以血缘关系为纽带的熟人社区逐步转为以地缘关系为纽带的城市社区。公益微创投的起点是社区社会组织。其不仅能分担政府社区治理压力，弥补市场失灵，还能为居民提供多样化服务，进一步激发居民参与社区治理的内生动力。本文主要以成都市迎春桥社区为例，探讨了第一届社区微公益创投大赛中"为幸福迎春'家'点凝聚力"项目开展的情况及居民参与社区治理的困境及路径。

1　相关理论概念

1.1　公益微创投

公益微创投是指以项目制为切入点，引导社区人才参与社区治理过程的一种方式。"公益微创投"可以拆分来看。"创投"是指风险投资或创业投资，风险投资是指专业投资者对创新高科技公司的融资，通常是未公开上市的公司。在"创投"二字前加上"微"，其实表达的是规模小、数量少、从无到有、充满希望的状态。"公益"一词将经济领域的"创投"概念延伸到公益性社会组织的培育和发展中，即以公益的方式进行创业或投资。在面临自上而下和自下而上治理方式的困境时，为了解决政府功能分散化和社区结构碎片化的问题，公益微创投应运而生。在我国，公益微创投是一种以社会资本为基础的新型合作型社区治理模式。公益微创投通过明确行政资源与居民自治的边界，最终实现社区内部组织从"自娱自乐"到"参与治理"、从"单一活动"到"项目运作"、从"各自为政"到"抱团取暖"的转变[1]。

1.2 社区治理

社区是指聚居在一定地域范围内的人们所组成的社会共同体。社区治理是指在一定区域范围内政府与社区组织、社区公民共同管理社区公共事务的活动。我国城市社区治理受两种力量推动。一是社区自身的推动。随着我国社会经济、政治体制改革的深入，社区治理的主体开始由政府单一的主体向多元主体发展，社区自治组织、社区非政府组织以及社区居民成为参与社区事务治理的主要力量。社区民众参与意识和民主意识的逐步增强是推动社区建设与发展的主要力量。二是政府的推动。政府在城市社区建设中起到了不可忽视的推动作用，政府通过社区建设发挥自身的组织与资源优势，在社区居民的广泛参与下共同推进社区的建设与发展，从而达到了有效治理社区的目的，这是社区治理的外部推动力量[2]。

1.3 公益微创投与社区治理

在社区开展公益微创投的社会组织主要包括社区内部组织与外来提供服务的社会组织两类。社会内部组织是开展社区公益微创投的主要力量。它可以从居民最感兴趣的、成本付出更少而生活收益更高的地方开始，调动社区居民参与社区治理的热情与积极性；在专业社工队伍的带领下，挖掘社区能人，通过街道层面的新型平台，申请微型项目，满足居民多样化的需求。公益微创投的最终目的在于培养社区自我治理能力，同时为社区居委会减负。公益微创投所运用的项目指导型"三社联动"机制，有利于发挥专业社工启发社区内部组织自我意识的作用。结合我国台湾地区社区改革经验，专业社工不仅可以引导社区内部组织确定组织发展目标，启发社区内部组织解决社区难题，而且可以长期陪伴社区内部组织，逐步培养其自治能力。在这个过程中，社区内部组织逐步建立自我意识，独立解决问题，开展工作。治理责任随着治理能力的提升而加强，社区内部组织开始为居委会分担工作，为居委会减负。

经过公益微创投，居民需求导向的社区内部组织纷纷建立，并在专业社工的引领下独立承担风险与服务责任，在治理能力提升后承接政府购买服务项目，成为与专业社会组织相竞争、相补充的社会组织，不断为基层政府减负，解决居民关心的社区难题，并通过公益微创投平台吸引越来越多的社区居民参与社区治理，形成社会治理网络。

2 案例分析

2.1 项目背景

党的二十大报告提到，增进民生福祉，提高人民生活品质。习近平总书记指出，幸福都是奋斗出来的。这是开展最具幸福感城市评选的意义所在，也是成都市双流区的成功密码。2022 年，成都市双流区再次获评"中国最具幸福感城市（城区）"荣誉。至此，成都市双流区已连续 3 年获此殊荣。

迎春桥社区居委会位于成都市双流区东升街道商都路 265 号，辖 3 个安置小区、9 个商品房小区、1 个自建小区，有常住人口 38 223 人、党员 209 人。辖区教育资源、企业资源丰富。迎春桥社区正处于转型提升期，拆迁安置居民、工厂职工相互交织，居民层次多元、矛盾多元、需求多元、互不联动。邻里之间存在交往较少、邻里互动不足，以及在社区事务中参与意愿较低等问题。为建立健全迎春桥社区居民自治体系，增强居民参与意识，满足群众社会需求，充分调动自治组织、社区社会组织、社区居民及其他社会力量参与社区建设的主动性、积极性和创造性，形成多元主体共同参与的社会治理格局，2022 年 12 月，迎春桥社区引入专业社会组织——成都市金牛区社会组织促进会运营迎春桥社区首届微公益创投项目。经过项目发布、动员征集、项目初审、立项评估、项目优化等各项工作，辖区居民和自治团队聚焦便民服务和社区治理，共积极开发和实施了 6 个以满足社区居民具体需求为主要目标的微公益创投项目。

微公益创投项目实施周期均为 2022 年 12 月 31 日—2023 年 3 月 30 日。项目签约后，将通过服务和活动带动更多志愿者参与，大家共商社区事、共议治理题，助推社区互助和"熟人社区"建设。这是 2022 年度迎春桥社区党建引领社区社会组织参与公益微创投项目的首次尝试，也是迎春桥社区鼓励社区志愿骨干积极参与社区治理的创新尝试。通过这些项目，一方面，社区可以把一些公共事务职能交给社会组织承担，有利于社区在更大范围内广泛动员各种社会力量参与社区治理，保证公共服务的实效性，促进社区治理现代化；另一方面，打破墙壁的阻碍，让居民走进邻里圈子，增进人与人之间的交流，不仅有助于拉近居民与社区之间的关系，增强居民对社区的认同感，还可以增强居民间的凝聚力、幸福感。

2.2　项目内容

2.2.1　"居民邻里友好情况调研"活动

2023 年 1 月 7 日，项目成员在辖区内进行走访。志愿者分别在迎春桥辖区内的燕楠国际、迎龙花园、迎春小区、星空花园等小区发放调查问卷 300 份，调研活动持续 4 个小时，最终得到有效数据 295 份。通过数据分析，项目成员发现此次参与调研的男性为 163 名、女性为 132 名，年纪主要集中在 19～35 岁，青年居民偏多，且学历为大专及以上占到约 72%。这主要是因为大多数参与调研的对象是青年上班居民，他们是社区建设的中坚力量。调研结果显示，居民遇到自己的邻居，只有少部分选择视而不见，77% 的居民还是选择打招呼寒暄；噪声太大是邻里矛盾的主要来源，这也是睦邻友好社区建设中的一个重要方向，即如何去引导居民尊重彼此的生活习惯，比如夜晚尽量减少电视音量、不拖拽桌椅等。参与调研的社区居民中，近 97% 的居民表示是愿意参加社区活动的，也有居民建议开展丰富多样的社区活动。开展丰富多样的社区活动，拉近居民之间的关系，增强居民的共同体意识与幸福感，是今后项目活动的主要方向。

2.2.2　"幸福邻里，与您有约"活动

项目组成员在社区人流量较为集中的地方开展了宣传活动，推广"邻里友好相处守则卡"，宣扬邻里互助的精神；动员家长带着孩子积极参与到"睦邻卡"的制作中。该活动将平时疏于交流互动的社区居民聚集在一起。活动结束时，社区居民纷纷表示，现在社区的活动越来越多，给他们的幸福生活锦上添花。社区通过形式多样的活动增强了居民邻里的互助意识，营造了与邻为善、与邻为伴的友好邻里氛围。

2.3　项目特点

2.3.1　加强志愿者的队伍建设，科学管理，竭诚服务

志愿者是活动中的主力。该项目在活动过程中吸纳志愿者数十名，主要是小区的热心退休人员。他们拥有一定的号召力、影响力，也有时间参与社区治理事务。

2.3.2　吸纳社会组织、企业来开展项目活动，提升项目的社会影响力

"为幸福迎春'家'点凝聚力"以项目的形式吸纳社会资金，一方面免去了在资金方面的后顾之忧，另一方面也极大地锻炼了志愿者队伍。迎春桥社区按照社会项目管理方法对该项目实施监督，涉及项目招标、评审、项目管理和绩效评估等各个方面。这有利于打造一支专业素质过硬、具有社会责任感和奉献精神的志愿者队伍。

2.4 项目影响

活动总覆盖人数达到 564 人，得到了迎春桥社区的重视和大力支持。该活动也在迎春桥社区的微信公众号平台进行了宣传。项目所产生的影响力体现在以下几个方面：

2.4.1 居民社区事务参与感提升

项目组成员通过调研居民邻里友好情况，了解不同年龄层对邻里关系的态度和看法，收集居民对邻里关系的诉求。该项目通过开展社区活动，邀请居民参与社区活动中，社区居民从原先的"旁观者"转变为"参与者"，有利于增进邻里间的沟通和交流，缩短邻里间的距离，形成睦邻友好社区，营造良好的社区氛围。

2.4.2 吸纳了团队参与

该项目把个体力量组织起来，让他们以公益团队的形式参与社区服务，使社区服务不断发展、形式内容更加丰富，更好地满足社区居民的需求。团队成员有迎春桥小区的居民、志愿者、社会工作者，能够从不同的角度出发，将社区居民切实的需求和理论研究相结合，提出更加切实可行的行动策略。各个团队和组织在工作开展中，能够相互配合，共同探讨组织内部的发展与外部资源的链接。

2.4.3 营造温馨和谐社区大家庭氛围

一个社区发展最重要的是人，人与人之间、个体与群体之间彼此信任、互助合作，助于提升凝聚力，促进社区的发展。该项目推动社区内部组织开展社区活动，能够有效提高社区居民幸福感、社区信任感和文化认同感，更重要的是能够通过这样的活动，呼吁多主体参与社区建设。迎春桥社区居民在活动中产生共鸣，有利于提升社区凝聚力，形成共建共治共享的社区格局。

3 总结与启示

当前，我国的公益微创投仍处于初级阶段，存在公益微创投平台的年度项目制、退出机制不健全等问题，这制约着社区公益组织向更高治理层次的转变[3]。从公益微创投走向社区自我治理依旧还有漫长的道路，需要政府的配套改革、社会工作体系的完善与居民自我治理意识的增强等。

3.1 赋权于民，激发社区内生动力

社区治理的关键是充分发挥居民自治组织在社区自治中的主导作用，促进社区公益组织发展，鼓励群众集体行动。按照赋能的技术过程，居民在参与过程中强化自治能力，最终普遍掌握治理参与的理念和技能，这有利于夯实社区

治理现代化和社区公共政策制定和执行的核心价值观。社会风险投资关注当地居民的需求。为化解社区服务供给需求单一化与多元化的矛盾，我们聚焦社区内微社区需求，介入专业社工建设"微项目"，发展微社区。在实现微社区自治的过程中，居民将成为规划者、实施者和评价者，社区工作者、社区精英、普通居民等利益相关者平等参与、相互合作、提高知识和技能。

3.2 拓展项目，链接多方资源

参与治理的社区社会组织需要稳定的经费支持。拓展社会资金，形成多元化的资金投入模式成为社区社会组织可持续发展的重要方面。社区基金会是吸引社会捐赠、引导社会资金投入社区治理的重要平台。国外的社区发展往往通过设立社区发展基金来为社区社会组织提供持续的财力支持。完善社区社会组织的经费保障制度，需要大力发展社区基金会，以构建社会化投入模式。第一，降低社区基金会注册门槛，激发社区基金会发展动力，推动社区基金会在基层建立，与慈善工作站相互支撑，激发基层慈善活力。第二，要充分发挥社区基金会贴近基层、能够快速回应社区需求、服务居民的优势，为本地居民、企业"回报"社区提供便利化的捐赠渠道，吸引社会捐赠，汇集社会资源，支持社会治理共同体建设。第三，社区基金会明确组织定位，将工作重心放在社区层面，将社区社会组织作为重点资助对象。其通过直接的小额资助、微公益和公益创投等多种方式，为社区社会组织开展公益活动、参与社会治理共同体建设、满足居民需求提供稳定的资金支持，以促进社区融合、居民自治，在社区发展公益慈善价值链，构建治理共同体[4]。

参考文献

[1] 董航宇，周艳玲. 嵌入与合作：社会组织承接政府购买服务的行动路径：基于"社区助残微创投项目"的个案分析 [J]. 北京化工大学学报（社会科学版），2021（2）：29-33.

[2] 魏娜. 我国城市社区治理模式：发展演变与制度创新 [J]. 中国人民大学学报，2003（1）：135-140.

[3] 李杏果. 社区社会组织参与社会治理共同体建设：内在逻辑与实现路径 [J]. 河南社会科学，2023（1）：70-78.

[4] 李志强，原珂. 类共同体模式：社区公益创投组织分类治理及推进路径 [J]. 湖湘论坛，2021（6）：96-108.

党建引领基层网格化治理研究

——基于 X 区网格化治理实践

丁唯高

（西华师范大学）

摘要： 社区是基层建设的基本组成单位，发挥着连接党和政府、服务群众的桥梁作用，更是推动社会稳定发展的重要力量。基层党组织是党的执政基础，社区治理也离不开基层党组织的领导。加强党对基层网格化治理的领导，创新基层治理工作机制，为基层党建与社区网格化治理的融合提供了新的选择。

关键词： 基层党建；网格化；基层治理

社区是社会组成的基本单元，更是国家实现高效治理的重要基础。党的二十大报告提出："完善网格化管理、精细化服务、信息化支撑的基层治理平台，健全城乡社区治理体系，及时把矛盾纠纷化解在基层、化解在萌芽状态。加快推进市域社会治理现代化，提高市域社会治理能力。"基层治理的现代化关系人民生活的方方面面，更是国家治理体系和治理能力现代化的重要体现。随着服务型政府理念的树立，网格化治理越来越朝着提供和完善社会公共服务的方向发展。

1 X 区党建引领基层网格化治理的实践探索

X 区位于南充市核心区域，下辖 5 个街道、17 个镇、2 个乡。截至 2021 年年底，全区户籍人口 67.6 万人，比上年减少 0.29 个百分点，其中城镇户籍人口 20.1 万人，农村户籍人口 47.5 万人。近年来，为提升网格化服务治理效能，X 区认真贯彻落实党建引领城市基层治理的工作要求，坚持党建引领基层网格化治理，通过系统优化网格设置、整合配强网格骨干、做优做实网格服务，全面推进基层网格化治理工作。

1.1 "三级联动"系统优化网格设置

X区党委建立起"区—街道—社区—网格—网格小组—方格"六级治理架构，坚持区党委挂帅、基层党组织执行的原则，每月召开联席会议商讨研判，实现上下联动、齐抓共管。区政府各部门协同，成立网格治理联席工作组，定期研究解决网格化治理过程中出现的具体问题，共谋思路、共解难题、共抓落实。街道与社区实施精细化管理与精准化服务策略，各个街道与社区按照"便于服务、便于管理、便于党组织发挥作用"原则，将107个党建网格、200个综合治理网格、65个综合执法街区整合为180个网格，平均每个网格覆盖居民400余户。同时，基层党组织依托居民小组，对应设置网格小组以及党员帮扶小组，以10户左右为基本单元搭建方格，共搭建了8 000余个方格，全面推行网格党支部书记、网格长"一肩挑"。党支部书记由社区党组织成员或社区党员骨干担任。X区坚持系统化谋划的原则，合理设置网格区域，形成全方位、立体化、多层次的网格化治理体系，对全区网格化社会治理和公共服务事项进行综合协调、指挥调度和分拨处置，为实现基层治理新格局奠定了坚实的基础。

1.2 "三化并举"整合配强网格骨干

X区目前的网格员的配备已经实现了"标准化"，每一个网格都有一个网格的党支部书记兼任网格长。X区将网格党支部委员、网格员、业委会成员、物业管理员、"双报到"党员、城市协管员、辖区片警、志愿者等都分配到各个网格；推动网格治理实现"差异化"，针对部分特殊的商业与工业网格区域，重新选调专业网格员进入特殊网格区域进行工作，提升网格治理专业化水平；推行"集成化"管理，即专职网格员履行日常管理、服务大众等职责，兼职网格员则分布于其他岗位，对街道和社区的资源进行整合分配，为网格化治理提供坚实的后勤保障。

1.3 "三张清单"做优做实网格服务

X区党委建立工作准入清单，建立健全工作运行规范机制。X区通过梳理，明确11个部门需要纳入网格管理的44个事项，构建问题处置全链条机制，利用信息数据技术和网格管理平台动态采集信息，自下而上地按照职能权限分级处置；通过召开党建联席会、部门联席会，协商解决问题，实现网格事项上报及时、处理规范。X区还建立网格队伍考核清单，制定专（兼）职网格员工作规范，健全网格、社区、街道、区级部门的"双向"考核评价机制，对专（兼）职网格员实施相应的奖惩考核；建立服务事项清单，在网格区域长期开展党群服务、居民互助服务、社团志愿服务等公共服务事务，坚持将为民服务落到实处，持续提升辖区居民生活幸福感，为基层网格化治理提供源源不断的内在活力。

2　X区网格化治理运行的现实困境

X区在党委领导下，对党建引领基层网格化治理进行了许多探索。这些实践探索极大地丰富了党建引领基层治理相关理论，也促进了其他地区对党建引领基层网格化治理的探索进程。经过调研分析发现，X区的基层党组织在基层网格化治理中并未发挥其本应具有的引领作用。在实际运行中，X区网格化治理面临以下困扰：

2.1　党建引领机制不完善

第一，基层党组织与驻区单位之间权责模糊。党建引领基层网格化治理要求基层党组织发挥引领作用，带领辖区内驻区单位和社会组织共同参与到基层网格化治理工作中，提升基层网格化治理的效能。长期以来，受到传统的管理方法的制约，一些基层党组织在工作观念上仍然沿用着传统的工作方式，导致为社区提供的服务内容陈旧、形式单一，不能满足社区群众多样化的需要，也不能对社区组织进行合理科学的系统管理与建设，从而间接地制约了基层党建在社区治理中的作用。在现实的社区治理工作中，基层党建过多的工作覆盖和组织嵌入，可能导致基层党建与社区治理之间的边界模糊不清，造成基层治理责任不明确的问题。虽然推动党建引领基层网格化治理的工作中已经有了初步的协同工作架构，但是缺少基层党组织与驻区单位之间的双向交流沟通机制。基层治理的实施需要依托基层的党政社群多方协调完成，社区治理的效能很大程度上取决于该区域的治理机制的覆盖度，社区党组织与驻区单位之间边界的模糊不仅会影响双方工作的交流与沟通，而且会影响辖区居民对治理工作的理解与认知，这给党建引领基层网格化治理工作带来消极的影响。

第二，党建引领基层网格化治理出现行政化趋势。单向的行政管理会导致成本的提高和效率的低下，无法应对越来越多的问题和危机。基层治理由党委主导，而驻区单位、社会组织和辖区居民等治理主体很难发挥出应有的作用。街道和社区的治理主体本应在法律规定之下，合理解决辖区内的各种诉求，统筹利用辖区内的各种资源，实现共建共治共享的治理局面。由于基层治理结构的"行政一元化"属性较强，街道或社区存在"行政性"高于"自治性"的现状，街道或社区自治组织没有实现居民自治，更多的资源被用于辖区内的行政事务，这使得基层治理难以满足辖区居民的真实诉求。

2.2　参与主体合力匮乏，资源整合不足

第一，党建引领基层网格化治理主体参与规范机制匮乏，推动治理的合力不足。从基层网格化治理的实际情况来看，推动党建引领基层治理的主要推力仍然来自基层的党组织，网格化治理中街道或社区的驻区单位、社会组织、辖区居民等主体的治理效果并不明显。基层治理与国家或者政府治理最根本的不同点在于多个治理主体共同参与治理，由此实现绝大多数群体的利益诉求。在街道或社区在推行党建引领基层治理的过程中，参与主体越多，利益诉求越多元化，那么街道或社区的自治程度就越高，推动党建引领基层网格化治理工作的合力也就越强。但是从现有的党建引领基层网格化治理现状来看，基层党组织在党建引领网格化治理的工作中负责绝大多数事务，这就导致街道或社区的其他主体被弱化，这些主体的利益诉求不能够很好地实现。没有利益诉求的推动，这些主体自然没有参与治理的积极性，从长远来看，这不利于基层治理的发展。

第二，街道或社区的资源整合力度不足，资源利用率低下。街道或社区治理的实质是在党和政府的领导下，辖区组织、居民、社会组织等治理主体在法律法规和体制机制的规范下解决诉求和满足利益的过程。对社区的治理资源进行整合和利用，可以有效地推动以基层党建为核心的社区治理体制和机制创新。街道或社区党组织和驻区单位、辖区居民、社会组织等治理主体之间是共驻共建、协同治理的关系，但是这种工作关系常常流于表面，并没有发挥其应有的作用。在基层党组织推动党建引领基层网格化治理的过程中，如果其他治理主体并未积极响应基层党组织的号召参与网格化治理，那么就无法整合利用其他治理主体的社会资源，而社会资源供给不足会严重影响网格化治理的效能。同时，街道或社区党组织与其他的治理主体之间没有构建灵活的资源交流机制，难以对区域内部的资源进行普查，在网格化治理过程中往往会忽视部分社会资源，造成资源的浪费。

3　提升 X 区党建引领基层网格化治理效能的路径研究

X 区在党建引领基层网格化治理工作中，面临着基层党组织政治优势、组织优势难以发挥，街道或社区党组织引领工作机制不明确，社会治理主体对党建引领工作的参与性较差等问题，这些问题制约着 X 区基层治理的发展。基层治理是我国国家治理体系与治理能力现代化的重要组成部分，破除基层治理的发展困境与现实难题，不仅能提升基层社会治理水平、构建基层社会治理发

展新格局，也是推动国家治理体系和治理能力现代化的要求。

3.1 突出政治优势，以巩固执政基础

第一，发挥基层党组织的核心作用。通过组织提质增效和技术赋能实现党建对基层社会治理的重塑，是党引领社会治理现代化的有效路径。基层党组织是引导基层治理的主要力量，因此一定要充分认识到它在治理工作中的领导地位，加强党对基层治理工作的引导。这是一个漫长的过程，要将基层党组织的政治优势和组织优势充分发挥出来。街道或社区党组织应当转变工作方式，以新的"服务"治理来代替老旧的"管控"管理，在党建引领基层治理的工作中适当放权，让驻区单位和社会组织能够实现自主治理，满足辖区居民的利益需求。

第二，提升基层党员干部的服务能力。基层党组织推动党建引领基层治理必然离不开党员干部，提高党员干部的服务能力，既是党建工作顺利开展的基础，也是基层网格化治理的要求。在街道或社区党组织内部，党员应提高参与基层网格化治理的积极性与主动性，发挥模范带头作用。基层党组织和党员干部是推动基层社会治理工作的中流砥柱。然而，基层纷繁复杂的工作局面使得部分党员干部对于党建工作无从下手，因此基层党组织和党员干部在工作中应当以服务诉求为导向替代以结果为导向，创新网格化治理工作机制，为其他治理主体参与基层网格化治理提供更好的公共服务。

3.2 完善体制机制，以规范党建引领

第一，健全党建引领基层网格化治理体制。面对党建引领基层网格化治理中的制度不完善与机制不健全问题，X 区不仅要构建法规制度和健全工作机制，也要将实现广大辖区居民的根本利益诉求作为工作准则。X 区应完善社区治理工作的考核机制，明确基层党组织与党员干部在基层网格化治理过程中的职能，并形成公开书面文件。上一级党委在对基层党组织进行考核时，可以把辖区居民诉求满意程度作为重要的考核指标。

第二，构建协同监督体系机制。在党建引领基层网格化治理的过程中，基层党组织能否切实履行监督责任是影响治理工作成效高低的重要因素。为避免基层党组织出现管控式的工作方式，构建协同监督体系是必然要求。同时，X 区还需要完善基层党组织内部监督与驻区单位监督之间的协同机制，通过各个治理主体之间的协同交流，实现对社区网格化治理工作的有效监督。基层党组织也可以推动建立基层街道社区监督组织，尤其是对基层党员干部的监督，积极发挥辖区居民的监督作用。

3.3 推行服务引领，以优化资源供给

第一，规范多元主体参与网格化治理。社区的治理主体随着社会的发展和

变化呈现多元化的态势。多元治理主体参与社区治理是实现治理体系和治理能力现代化的必然要求。治理理论认为，在一定范围内，治理主体的行为选择与行为导向，都是基于共同的治理目的与价值导向，是对现实生活中存在的问题做出的共同回答。基层治理是社会治理的一个重要组成部分。X区在引入更多的治理力量、整合社区内的资源的前提下，应以基层党组织为枢纽，以街道社区党建为统领，通过党组织、辖区居民、社会组织、驻区单位等多方面的共同努力，来推动治理创新。基层党组织必须加强思想政治建设，引导驻区单位、社会组织、辖区居民等多元治理主体共同参与基层网格化治理工作。同时，其他治理主体也应充分发挥各自的作用，履行应尽的职责。

第二，构建灵活的资源交流机制。在社区治理过程中，构建灵活的资源交流机制是资源整合利用的前提。因此，X区在社区网格化治理中应构建灵活的资源交流机制，从而保证资源整合利用的合理性与科学性，避免资源的浪费。构建灵活的资源交流机制，可以从以下两个方面发力：一是节流。X区可以对本地所拥有的资源进行普查，并且为这些资源制定明确的使用规划。在社区网格化治理中，多元治理主体使用和配置资源应当坚持互惠互利原则。二是开源。X区可根据国家政策和战略方针，结合当地实际情况，激发资源开发的内生动力。

参考文献

［1］习近平.高举中国特色社会主义伟大旗帜 为全面建设社会主义现代化国家而团结奋斗［N］.人民日报，2022-10-26（1）

［2］唐皇凤，吴昌杰.构建网络化治理模式：新时代我国基本公共服务供给机制的优化路径［J］.河南社会科学，2018，26（9）：7-14.

［3］陈万灵."社区参与"的微观机制研究［J］.学术研究，2004（4）：77-81.

［4］孙柏瑛.城市社区居委会"去行政化"何以可能？［J］.南京社会科学，2016（7）：51-58.

［5］黄晓春.党建引领下的当代中国社会治理创新［J］.中国社会科学，2021（6）：116-135，206-207.

［6］刘新跃.制度治党重在执行［J］.红旗文稿，2017（6）：37-38.

［7］侯恩宾.从社会管理到共建共治共享社会治理：内涵、逻辑及其方式的转换［J］.理论导刊，2018（7）：60-67.

社会工作介入城市社区环境微治理的实践研究

——以绵阳市 W 社区为例

李佳虹

（西南石油大学）

摘要：近年来，随着我国现代化水平不断提高、城市化速度不断加快，环境问题也越来越成为人们讨论的重点。对于环境问题，不同学科讨论的侧重点也各不相同。实践经验发现，社会工作从社区层面介入环境问题是可行的。本文以绵阳市 W 社区环境微治理项目为例，通过分析社会工作介入城市社区环境治理的实践过程，研究如何在微观视角下解决城市社区环境治理中存在的问题。

关键词：城市社区；社会工作介入；社区环境治理

1 问题的提出

随着社会经济的快速发展，我国的环境问题日益突出，成为人们生活中亟待解决的难题。我国目前面临着经济发展与环境保护等方面的挑战。尽管近年来党中央、国务院对环境保护的重视程度不断提高，并做出了一系列重要部署，但我国环境保护工作仍然有待提升。在此背景下，有学者提出了"环境社会治理"的概念，即强调保护生态环境需要综合运用各方社会力量和各种社会方法[1]。而社会工作者作为社会力量之一，能够有效介入环境治理工作。

城市社区作为居民生活的主要场所，是人们开展交流活动、相互学习和获得社会支持的重要平台。因此，解决城市社区环境问题，是我国社会治理的重要内容。目前，我国主要有两种城市社区环境治理模式：一种是占主流地位的"宏治理"模式，这种模式是由政府主导，通过自上而下的方式运行，政府及相关部门在社区环境治理中扮演着主要角色[2]。"宏治理"模式在我国一定时期内发挥了较大的作用，但随着社会的发展，人们逐渐发现将单一的政府力量视作治理的途径是有局限性的，它只能在表面上取得一定的成果，并不能深入、持久地解决环境问题。另一种是"微治理"模式，它与"宏治理"模式有所不同，这种模式从微观角度出发，强调多元主体参与社区环境治理，以微项目为依托，通过构建社区共同参与的微平台，在社区内开展微服务，动员社区多元主体参与，从而更精准地解决社区环境中存在的问题，提升社区环境自治能力。解决城市社区环境问题不仅要完善"宏治理"模式，更要创新"微治理"模式。本文以绵阳市 W 社区环境微治理项目为切入点，从微观角度出发去探索社区环境微治理的新方法、新途径。社会工作的专业方法、理论与社区环境微治理是契合的，可以成为微治理的主体之一参与其中。基于此，本文对社会工作介入城市社区环境微治理的实践过程进行研究，并从中总结经验，不仅对解决城市社区环境问题有着重要的作用，而且有利于创新社区环境微治理的研究。

2　相关研究综述

目前，学界关于社会工作介入城市社区环境微治理的研究主要集中在以下两个方面。

一是关于城市社区环境治理的研究。社区环境治理一直是大众普遍关注的问题之一。随着近年来我国城市化的不断推进，关于城市社区环境治理的研究也较为丰富。目前，国内学者的相关研究主要集中在以下几个方面。首先，对于城市社区环境问题产生的原因，郑杭生认为，当前的城市环境问题主要因为社会流动性和市场化等，即城市原有的自然生态环境难以适应城市规模的快速扩张，从而破坏了城市内部系统与自然环境之间的平衡[3]。其次，关于城市社区环境治理主体，臧其胜在其研究中认为环境保护的主体应当包括政府、企业、社会公众以及第三方组织，并且不同主体一起合作才是环境保护成功的关键[4]。张振洋等认为社区治理应当向多元共治和自治转变，要充分发挥社会性力量，形成新的社区治理局面[5]。最后，对于城市社区环境治理模式，魏娜对我国城市社区治理模式的发展进行了总结，指出我国城市社区治理模式主要包括政府主导型模式、合作型治理模式、自治型治理模式[6]。

二是关于社会工作介入城市社区环境微治理的研究。国内学者们普遍认为社会工作在介入社区环境治理方面有着独特的优势，也做出了一些研究。杨小军等在研究社会工作介入社区垃圾分类的优势时指出，社会工作者能够运用专业方法和技巧帮助社区居民解决垃圾分类问题[7]。彭小兵等指出社会工作组织在参与环境群体性事件防治时具有独特的优势[8]。对于社会工作介入社区环境治理的途径，徐选国指出"三社联动"是社区治理体制的创新，因此也是社区环境治理的有效途径[9]。邵雪莲等在对忠实里社区进行社会工作介入中，注重运用社区工作方法解决社区环境问题，强调动员社区内外资源[10]。

总结国内相关文献可以发现，各学者主要从城市社区环境治理的主体以及模式等方面进行研究，探索了社会工作介入社区环境治理的可行性以及作用，形成了不少系统性的理论研究。但这些研究大多聚焦于社会工作参与环境治理的重要性以及可行性方面，对实践过程的研究较少。并且纵观国内研究，从"微治理"角度出发对社区环境治理进行研究的文献较少，且较为零散。因此，本文基于笔者实习期间的经历，以社会工作介入 W 社区环境微治理项目为例，从微观视角出发，对社会工作介入社区环境治理的新模式进行探究，从而丰富社会工作介入社区环境治理的本土化研究。

3　研究设计

3.1　研究对象的选择

W 社区成立于 2017 年 2 月，辖区面积约 0.8 平方千米。社区居民委员会下设 9 个居民小组。W 社区的环境问题主要包括楼内杂物乱堆乱放、绿地无人打理、绿化率低、公共设施缺乏等。这些问题的产生不仅与社区治理模式单一、社区资源缺乏等客观因素有关，也与社区居民自治能力低、参与性不强等主观因素有关。

3.2　研究方法的说明

本文所做研究为质性研究。笔者主要采用了半结构式访谈法以及参与观察法来收集资料，以社会工作介入社区环境治理为主题，围绕主题相关问题开展了调查研究。调查对象包括社区居民、社区工作人员等。笔者通过访谈了解到参与社区环境治理活动的居民对社区环境治理方面的需求、对参加社区环境治理活动的态度，以及对治理实务的态度、看法。与社区工作人员进行访谈主要是了解社区基本情况，确保实务活动顺利开展，并针对活动过程中可能发生的问题进行协调沟通等。笔者通过对社区内相关活动对象的调查，收集了大量有效的资料，然后再对根据不同研究方法所得的研究资料进行整理和分析。分析过程分主题展开，如居民参与社区环境治理的方式、居民参与社区环境治理的态度、社区居民参与渠道等。在此基础上，笔者整理得出居民在参与社区环境治理过程中出现的问题、这些问题出现的可能成因，并根据这些问题制定具体的社会工作实务介入策略，以期通过社会工作实务的介入解决居民在参与社区环境治理的过程中所遇到的困难。

4 需求评估、服务目标与介入策略

4.1 需求评估

本文主要从以下三个方面对 W 社区进行需求评估：

4.1.1 改善社区环境

在介入前期，社会工作者通过实地调研的方式进行调查，了解到 W 社区存在着卫生状况差、环境治理模式单一、居民参与环境治理的意识薄弱以及社区内外资源缺乏等问题。同时，社会工作者也采用入户访谈以及社区座谈会的方式收集相关资料，并了解到有六成以上的居民对社区环境现状感到不满，这说明 W 社区还有诸多环境问题需要解决。因此，社会工作介入 W 社区进行环境微治理是必要的。

4.1.2 转变居民社区参与意识

居民是社区中的活跃力量，实践经验告诉我们，多元主体参与环境治理才能有效解决社区环境问题。社会工作者通过居民访谈以及实地观察的方式，了解到 W 社区居民对参与社区事务的热情并不高。社区工作人员表示，社区一直有改变社区环境的想法，但是仅靠居委会的力量是远远不够的，社区曾经开展过环境治理方面的活动，但居民的参与热情不高，因此治理的效果也不明显。而对于居民来说，在访谈过程中，有超过五成的居民表示社区环境治理的主体应当是政府和居委会，自己并不能发挥作用。这也意味着居民并没有意识到自身也是社区环境治理中的主体，而是更多地依赖于政府和居委会。因此，社会工作者在介入社区环境微治理的过程中，帮助居民转变参与意识，发挥其主体作用是必要的。

4.1.3 提升自治能力

目前，W 社区的环境治理还处于"自上而下"具有行政色彩的治理模式，提供的服务相对固定且单一。因此，就目前 W 社区的环境现状来看，仍存在自治能力差、成效并不显著的问题。究其原因，主要有两个方面，一是社区居民参与环境治理的意识薄弱，没有发挥自身的主体作用；二是因为社区内没有形成有效的自组织来管理环境问题。社区工作者在前期访谈的过程中也了解到，六成以上的居民认为已有的针对改善环境的措施没有发挥太大作用，或者根本就不了解社区采取过哪些措施改善环境。这也从另一个方面反映出 W 社区自治能力不高。

4.2 服务目标与介入策略

4.2.1 服务目标

针对 W 社区在环境治理过程中出现的问题，相关工作人员应结合社区需求，将项目目标分为两种：一是任务目标，二是过程目标。

任务目标主要是用来解决一些特定的社会问题[11]。以绵阳市 W 社区的实际情况为例，此次介入的任务目标包括解决 W 社区卫生环境、绿化环境、公共设施环境中所存在的问题，例如开垦社区荒地、增设垃圾桶和停车位等，同时，还要加强对社区居民环保意识的培养。

过程目标是指在社会工作介入的过程中着眼于对社区内部力量的挖掘，通过提升居民的自治能力来解决问题。在 W 社区解决环境问题的过程中，社会工作者通过各种方式，提高社区居民的社区事务参与度、增强居民的环境保护意识。

4.2.2 介入策略

在介入 W 社区的过程中，社会工作者决定以社区环境保护活动为切入点，通过挖掘社区内外可以运用的资源，动员社区居民骨干，号召社区多方力量共同参与；同时充分利用社会工作的专业知识和方法，促进居民环保意识的转变，增强居民自治能力，以此来达到解决社区环境问题的目的。根据社会工作介入的过程，介入工作分为前期、中期和后期三个阶段。前期的工作是指社会工作者通过在社区调研与走访，了解社区现状以及需要解决的问题，分析社区现存的可用资源，尤其是人力资源，从而挖掘社区居民骨干。中期的工作是指在前期工作的基础上，在社区居民骨干的带领下，号召社区居民积极参与社区环保活动，增强居民环保意识。后期的工作主要聚焦于社区环保志愿组织的建成，通过志愿组织的形成，实现持久、有效的治理，提升社区居民的自治能力。

5 介入过程与效果评估

5.1 介入过程

5.1.1 前期：挖掘社区居民骨干

在介入前期，由于社会工作者与居民之间不熟悉，并且社区也存在着居民对社区认同感不足、环保意识较弱，以及居民之间关系淡薄等问题，因此社会工作者最主要的任务是和居民初步建立专业关系，帮助居民对社区环境现状有一个大致的认识。社会工作者通过参与 W 社区重要会议以及开座谈会的方式与社区居民建立了专业关系，并进一步了解了 W 社区环境现状，收集了居民的需求，同时挖掘出社区居民骨干，成立了 W 社区"自主管理委员会"。

5.1.2 中期：增强居民环保意识

在介入中期，社会工作者的主要任务是发挥居民骨干的带头作用，号召居民参与社区环境活动，培养居民的环保意识，改善社区环境现状。具体包括以下几个方面的内容：第一，整治社区环境，改善社区面貌。社会工作者号召居民对 W 社区进行环境卫生整治，主要侧重于对树木进行修剪，对小区垃圾堆、杂草堆进行清理，以及对社区路面进行填改，同时在社区内新增了垃圾桶，满足居民的需要。第二，开展环保活动，形成共治意识。社会工作者在居民骨干的协助下开展了有针对性的社区环保活动，如"美丽家园，义务植树"和"开心农场"等。经过几次环保活动，W 社区的环境面貌已经得到了很大的改善，并且社区居民参与社区事务的积极性得到了提升，居民的环境保护意识也得到了增强。同时，在活动过程中，居民对社区的认同感以及居民彼此之间的感情也加深了。

5.1.3 后期：提升居民自治能力

在介入后期，社会工作者要淡化自身的角色，培养居民自治的能力。具体来说，这主要包括两个方面的内容：第一，实地体验，增强居民的环保意识。做好社区环境治理工作，仅靠在社区行动是不够的，还应当走出社区，去实地参观。社会工作者通过组织居民参观其他社区环境治理案例，提升居民环境治理的热情与信心。第二，成立社区环保自组织。自组织既是提升居民自治能力的重要手段，也是社区环境治理的长久之策。社会工作者通过发掘社区人才，主动寻找有意愿并且有能力进行自组织建立的人才，发动周边资源，带动其他居民参与社区自组织，从而形成社区环保自组织。与此同时，社会工作者还应淡化自身角色，逐渐让自组织自主策划活动。

5.2 效果评估

5.2.1 目标达成情况评估

在本次介入过程中，社会工作者确立了两种目标，一种是任务目标，另一种是过程目标。

第一，在任务目标上，社会工作者通过实地调查与走访观察的方式，对比社会工作介入前后社区环境改善情况。首先是在卫生环境方面的改变，社会工作介入后，社区居民主动对楼道杂物进行了清理，并且社区聘请了专门人员定期打扫社区卫生，社区卫生环境得到了改善；其次是在绿化环境的改善，社会工作者通过环境治理活动，增加了社区绿化面积；最后是在公共设施环境方面的变化，完善了社区基础设施，增加了垃圾桶等设施。

第二，在过程目标上，社会工作者通过实地调查和居民访谈的方式，对比社会工作介入前后居民转变情况。首先是环境活动所带来的影响方面，开展了环境活动后，居民对环境保护的意识不断增强，已经形成了一种主人翁意识，愿意积极参加社区活动。其次是居民座谈会的召开方面，项目结束以后，居民在座谈会上的态度发生了极大的改变，能够积极建言献策。最后是社区环保自组织的成立方面，介入前期，社区环境治理主要是靠社会工作者的带领；介入活动后期，居民的积极性不断增加，成立了社区环保自组织，使得社区环境治理有了长久的保障。

总体来说，社会工作介入 W 社区的过程中，既实现了任务目标，也实现了过程目标；既解决了社区的环境问题，改变了社区的环境状况，也增强了社区居民的共同治理环境的意识，激发了居民参与公共事务的积极性。

5.2.2 目标差距评估

社会工作在介入 W 社区环境微治理的过程中也存在着一些不足，主要表现在以下几个方面：

第一，活动内容涉及面相对单一。本次介入过程，社会工作者带领社区居民开展了多次活动，但活动内容涉及面相对单一，基本是围绕绿植的建设，对环境保护其他方面的内容涉及较少。而 W 社区环境仍存在其他问题，如环境脏乱差以及公共设施缺乏等。

第二，参与人员固定化。在本项目中，社会工作者期望充分调动社区居民参与，但是基于很多现实因素，每次活动参与的人员比较固定，大多是社区成立的社团组织的成员。参与人员比较固定的原因可能是社区宣传的方式比较固定以及一些年轻人忙于工作也较少来参与。

6 总结与反思

近年来，随着城市化进程的加快，社区环境与居民生活的关联度也越来越高，社区环境治理需要社区多元主体的参与。本文立足于社会工作介入城市社区环境微治理的实务过程，结合社会工作者在 W 社区开展的环境微治理项目，展现了社会工作解决社区环境问题的可行路径。

6.1 以居民需求为导向

居民是社区中最活跃的要素。要解决社区环境问题，需要首先考虑社区居民的需要，满足居民需求才能实现社区可持续发展。由本文的研究可知，要解决社区环境存在的问题，第一步就是了解居民的需求，这既有利于从不同的视角了解社区的状况，也有利于拉近与居民的距离。

6.2 内外资源相结合

社区环境治理是复杂的，只有内外资源相结合才能有效地对社区环境进行治理。在外部方面，社会工作者要链接更多的资源为社区环境治理的工作提供支持。在内部资源的挖掘上，社区应当动员居民参与，运用居民骨干的力量，利用社区自组织的作用，激发社区环境治理的内部力量。

6.3 多元主体参与

有效的社区环境治理需要多元主体参与。传统观点认为，社区环境治理应当由政府及相关部门来完成。而这种将单一的政府力量视为治理的有效途径是有局限的，这种方式并不能深入、持久地解决问题。只有社区多元主体参与环境治理才能有效地解决问题。本文所做研究也表明只有多元主体才能发挥环境治理的最大效用，而社会工作者是协调多元主体共同参与的关键力量。

6.4 发挥社区自组织的作用

社区自组织是由社区居民组成的，能够在社区中发挥独特的作用。由于社会工作介入社区环境治理是有时效性的，因此发挥社区自组织的作用，依靠社区内部力量解决环境问题尤其重要。在本研究中，社会工作者致力于发挥社区自组织的作用，让社区居民作为自组织的成员去策划、组织、参与社区活动，不断增强其环境保护意识，并通过实践提升社区的自治能力。

总体来看，通过社会工作介入城市社区环境治理的实践过程，探索社会工作者在其中发挥的作用，研究具有一定的应用价值，同时对于我国城市社区环境微治理也具有借鉴意义。需要说明的是，本文是对某一社区的介入服务的探索和工作经验总结。由于每一个社区具有自身的独特性，因此本文的结论并不适用于所有城市社区环境治理的情况，还需要在实践中不断进行检验。这也是本研究的局限之处。

参考文献

［1］王华，郭红燕. 国家环境社会治理工作存在的问题与对策建议［J］. 环境保护，2015（21）：38-42.

［2］王艺筱，罗贤宇. 城市社区生态环境"微治理"的运行机制与展开路径研究［J］. 陕西行政学院学报，2022（3）：79-83.

［3］郑杭生. 跨世纪中国社会学：回顾与瞻望［M］. 北京：中国人民大学出版社，2001.

［4］张振洋，王哲. 有领导的合作治理：中国特色的社区合作治理及其转型：以上海市 G 社区环境综合整治工作为例［J］. 社会主义研究，2016（3）：

75-84.

[5] 魏娜. 我国城市社区治理模式：发展演变与制度创新 [J]. 中国人民大学学报，2003（1）：27-32.

[6] 杨小军，李海艳. 生态文明视域下的社区垃圾分类社会工作方法的介入探讨 [J]. 黄河科技大学学报，2016（4）：92-96.

[7] 徐选国. 社会理性与城市基层治理社会化的视角转换：基于上海梅村的"三社联动"实践 [J]. 社会建设，2017（6）：5-15.

[8] 邵雪莲，严云鹤. 社会工作介入环境保护社会服务研究：以北京市忠实里社区为例 [J]. 环境与发展，2020（1）：1-6.

[9] 王思斌. 社会工作概论 [M]. 2版. 北京：高等教育出版社，2006.

社会工作者在社区治理中的角色困境及对策研究

——以 C 机构为例

郑岭丽

（西南石油大学）

摘要： 社会工作者作为社区治理的主体之一，也是社会建设可靠、活跃的因素之一。但在"嵌入型"发展的背景下，社会工作者在介入社区治理的过程中，面临诸多困境。本文通过参与式观察和半结构式访谈法收集资料，基于社会角色理论阐述 C 机构社会工作者在社区治理中应然角色与现实角色存在的差距，从多角度分析社区社会工作者角色困境产生的原因，并进一步提出社会工作者角色困境的应对策略。

关键词： 社会工作者；社区治理；角色困境

1 选题背景

党的十九大报告中明确提出，要加强社区治理体系建设，推动社会治理重心向基层下移，发挥社会组织作用，实现政府治理和社会调节、居民自治良性互动。社会工作越来越深入地参与社区治理，并逐渐成为推动社区治理创新发展的一支重要力量。社会工作在帮助解决社区问题、满足社区需求、协调社区各方关系以及促进社区和谐健康发展方面起着举足轻重的作用。但是在社会工作"嵌入型"发展的背景下，社会工作者也面临环境适应不良、角色扮演困难、服务开展不顺等问题。社会工作在以政府购买服务、机构驻点的模式进入社区时，仍面临多重角色困境和挑战。这些困境制约着社区治理中社会工作者功能的有效发挥。因此，分析社区治理系统中社会工作者面临的角色困境，并提出应对策略，对促进社会工作者角色的有效扮演和功能的充分发挥有着十分重要的意义。

2 文献综述

2.1 国外研究现状

2.1.1 关于社区治理的研究

国外关于社区治理的研究由来已久,城市社区一直是西方国家政府和社会非营利组织持续关注的焦点。有关研究主要包含社区治理保障、社区治理能力、社区治理模式三个方面。一是社区治理保障研究,包含社区治理的合法性和社区治理的政策参与两部分。Molden 指出社区治理合法性与有效性的前提是社区居民对治理组织的认同,而影响社区居民对治理组织的信任度的重要因素是治理组织工作者的专业背景。此外,政策和社区的复杂性是政策参与社区治理的重要影响因素之一,Rolfe 根据社会学理论阐释了社区政策的核心目标是"建设强大且活跃的社区",并基于变革理论确定了政策参与社区治理的三个关键要素,即资源、组织能力和"社区联系"[1]。二是社区治理能力研究。Goodman 等学者把社区治理能力建设概括为领导能力、资源、问题评估、联系与网络以及社区态度几个方面。也有一些学者认为可以从达到目标的人群、资源利用的情况、地方政府的能力、社区居民的行为和社区应对问题的能力等六大标准来测量。此外,还有学者还提出了"七测量维度"[2]。三是社区治理模式研究。国外学者根据社区治理体系中政府与社区的地位以及两者联系的紧密程度,将社区治理划分为政府干预较强的行政模式、政府与居民共同治理的混合模式和社区居民自治模式[3]。

2.1.2 关于社会工作者角色的研究

关于社会工作者角色的研究,国外学者的研究主要聚焦于通才社会工作者、学校社会工作者、社区社会工作者、医务社会工作者角色等方面。贝克认为一位通才社会工作者应该扮演照顾者、劝告者、治疗者和支持者、研究者、行政者、咨询者、教育者、协调者、调解者、倡导者、经济人和增进能力者十三种角色[4]。Alvarez 认为学校社会工作者主要扮演合作对象、鼓励者、个案管理者、教师、过渡规划者和决策者等八类角色。Dominelli 将社区社会工作者的角色概括为对话者、说服者、发起者、社会政策制定者以及倡导者[5]。Peterson 等认为在医务社会工作领域,社会工作者主要充当顾问、患者倡导者、沟通者和协调者的角色。

2.2 国内研究现状

2.2.1 关于社区治理的研究

在我国,关于社区治理的研究已经十分丰富,学者从不同的切入角度,运用不同的理论视角对我国的社区治理进行了较为充分的研究。陈友华等通过研究发现，社区治理面临基层治理社会协同困难、自治组织偏行政化与社区服务内容扩展、社区治理系统的高成本运营和可持续性脆弱、居民自治意识不强等问题[6]。徐选国等指出，社会工作在介入社区治理时，面临决策上缺乏话语权、资源上依附街居权力主体、行动上自主性不足以及边缘化等问题。提出社会工作要坚持以实证为基础的实践逻辑和以反思为基础的行动能力，在实践中形成以社区为基础的反思行动[7]。闫臻指出，社会工作在介入社区治理的过程中面临容易被纳入行政化和路径依赖的轨道中、社区管理的内容界限模糊以及社会工作方式的行政化，以及社会工作者被视为一般的社区工作人员等问题[8]。

2.2.2 关于社会工作者角色定位的研究

国内关于社会工作者角色定位的研究主要集中在医务、学校、社区等领域。李红飞等通过研究发现，社会工作者过去在精准扶贫的过程中的主要作用是反贫意识激励者、需求与问题评估者、资源链接者和解决问题能力建设者[9]。在医务社会工作领域，彭雁楠等通过研究发现，在新型冠状病毒感染疫情防控中，医务社会工作者扮演着人际关系协调者、心理疏导者、防治知识和社会服务培训者、医疗物资链接者和行政管理者等角色[10]。在学校社会工作领域，时怡雯等认为学校社会工作者扮演着培训顾问、合作伙伴、沟通协调员、中介和资源集成者，以及个案辅导者和倡导者等角色[11]。

2.2.3 社会工作者角色困境的研究

我国对社会工作者角色困境有较为丰富的研究成果，但大多集中在医务和学校社会工作两个领域。郑嘉玲认为，学校社会工作者面临知心者与合作者、联系人与调解人、知心者与顾问之间的角色冲突伦理困境，以及角色内合作与竞争、有限资源的分配困境、职业道德的遵守等冲突，并对此从社会层面、学校层面、社会工作机构层面和学校社工层面提出了相应的解决方法[12]。王丹等通过访谈研究发现，在医务社会工作领域，医务社会工作者容易面临协调者范围有限、支持者支持力度不足、资源链接者功能弱化、行政管理者和政策影响者角色缺失等困境[13]。李米焕等指出，社会工作者扮演着专业社会工作者和机构工作人员双重角色，社会工作者容易陷入个人、机构、服务对象利益冲突的伦理困境。他们认为，通过学习监督机制的建立、社工双重身份的明确、社工伦理教育的加强、机构行政事务的减少、重视双重身份伦理研究等方法，可以有效解决社会工作者双重角色的困境[14]。

综合上述研究可以发现，社会工作已经成为促进社区治理发展的一支重要力量。在学校社会工作和医务社会工作领域，国内已经有较为丰富的关于社会工作者角色困境的研究，但对于社区治理中社会工作者的角色困境研究相对较少。而从社会工作在社区治理中的发展趋势来看，分析在社区治理中，社会工作者面临的角色困境及其原因，并探求应对策略，对促进社区治理中社会工作者角色功能的有效发挥有积极意义。

3 C机构社会工作者在社区治理中应然角色和现实角色差距

社会工作者在社区治理中需要扮演多重角色而非单个角色，角色扮演成功与否关系着社会工作者提供服务的质量高低和社会工作目标能否实现。笔者通过对C机构9名社会工作者的半结构式访谈了解到社会工作者在为社区提供服务的过程中，面临的角色困境是应然角色与现实角色之间的差距，具体表现为角色专业性缺乏、角色主体性缺失、资源链接不到位和角色功能难发挥。

3.1 角色专业性缺乏

与普通社区工作人员和社区志愿者有着明显的区别，社会工作者是以科学理念为指导，以专业方法为支撑，为服务对象提供专业服务的专业人员。

社会工作者在介入社区治理的过程中更多扮演着普惠服务提供者的角色，难以体现出角色的专业性。一是C机构社会工作者主要以社区整体或大多数居民为服务对象，提供满足社区大众需要、促进社区整体发展的普惠服务，较少关注到社区中特殊个体的特殊需要。二是C机构社会工作专业人才短缺和社会工作服务机构本身规范程度不高，以及受社会环境限制，很难体现出社会工作者及其提供服务的专业性，难以与社区居委会等组织开展的社区日常活动区分开来。

在访谈中，我们收集到以下意见：

A1：社会工作者需要针对社区存在的问题提供一些专业服务。比如针对特殊人群的服务。

A2：在介入社区治理中，我们的服务内容更多是针对社区全体居民而设计的，当然也有关于某些特殊群体的服务，但是很少。我们提供的服务大多是针对如何提高社区居民参与积极性、凝聚力以及对社区的归属感，或者与丰富社区居民文化精神生活、建立志愿服务体系有关。

3.2 角色主体性缺失

社会工作者在社区治理中的使命是构建合作网络，整合社区内外资源，协调各社区主体间的关系，为服务对象提供社会支持，以最优方案解决社区面临的问题[15]。社会工作者在社区治理中，除了提供专业服务，还担任着协调各方主体关系的角色。当社区与社区居民之间沟通不畅或发生矛盾，社区居民参与度低、归属感不强时，就需要社会工作者及时进行调节和引导。

但在实际介入过程中，社会工作者更像社区基层政府和社区居委会的编外人员。由于 C 机构是通过向社区派驻社会工作者的方式进入社区并开展服务的、日常办公地点就在社区党群服务中心内，所以机构的社会工作者在平时工作中受社区居委会影响较大，承担了较多社区行政事务，社会工作者的角色主体性发挥受到限制。社区居民对社会工作者与社区工作人员区分不清。

在访谈中，就有社会工作者这样说：

A7：就目前我们在不同的社区开展服务的情况来看，我感觉我们部分社会工作者成了社区助理，既需要做一些专业性的社会服务工作，还需要做一些社区的日常行政工作。另外，部分社区也把社会工作者当成社区工作者对待，这使得社会大众对社会工作者和社区工作者分不清。

3.3 资源链接不到位

服务对象问题的产生有时不是因为自身能力和技术的欠缺，而是缺少链接个人与社会的网络[16]。社区问题的产生某些时候并不是因为社区主体没有解决的能力或没有解决问题的积极性，而是因为对资源的挖掘和利用不到位或资源短缺。当社区内在资源无法满足社区需要时，社会工作者需要挖掘、整合社区内潜在资源和外在资源，以满足社区需求、促进社区良性发展。充足的资源是社会工作者顺利开展社区服务工作的重要支撑，为服务的顺利开展整合资源是社会工作者的重要责任，因此社区资源链接者是社会工作者介入社区治理的重要角色之一。

在实际角色扮演中，C 机构社会工作者虽然发挥了一些资源经纪人的作用，但是在资源链接时仍存在一定局限。C 机构社会工作者为社区提供服务时链接的资源更多是现有的并且被社会工作者掌握的资源或是容易链接的资源，在对社区内的潜在资源的挖掘和整合以及帮助社区培育能够满足其需要的资源等方面还存在欠缺。此外，由于社会工作者链接能力有限等，社会工作者在对社区特殊人群的需要或社区的特殊需要的满足方面存在资源链接不及时、难以链接到合适资源等问题。

访谈时，有社会工作者这样说：

A4：在撰写社区项目申报书时，我们会结合现有资源来设计项目内容。虽然这增强了项目实施的可行性，但同时也限制了我们去充分挖掘社区潜在资源以满足社区需要的可能性。另外，因为社会工作者对社区资源掌握不透彻、沟通不及时或者能力有限等，并不能够很好地满足社区的需要，特别是一些特殊需要。

3.4 角色功能难发挥

社会工作在社会福利体系中占有重要地位，对提高社会服务质量、推动国家社会政策的实施和完善起着重要的作用[4]。社会工作者在开展社区服务、落实社会政策时，应明确社区居民的需求，了解社会政策和制度在落实过程中的不足与短板，并从专业的角度向政策制定者给予反馈和专业建议，以促进社会政策的进一步完善，减少政策性问题的发生。

但在实际社区服务开展中，社会工作者只扮演了政策传递者的角色。虽然社会工作者为社区居民、社区组织宣传、解释了国家新出台的政策法规，宣传了社区优惠政策等，但是在开展社区服务、解决社区问题的过程中，容易忽略社会政策或制度也有可能是造成社区问题的因素之一，存在社会政策影响者角色缺失和角色功能难发挥等问题，无法发挥社会政策影响者的功能。

访谈时，有社会工作者这样说：

A3：在社区治理过程当中，我们社会工作者应该从专业的角度去发现社区存在哪些问题，社会政策还存在哪些短板，哪些民生短板需要及时地补齐。

A8：在社会政策方面，我们主要通过制作宣传海报、开展普法活动等方式向社区居民传递有关政策；开展日常社区服务为社区居民宣传社区的优惠政策或便民福利政策。但在这一过程中，我们常常缺少承担政策影响者角色的意识或较少涉及这一层面。

4 C 机构社会工作者在社区治理中的角色困境成因分析

4.1 政府层面

社会工作介入社区治理主要依靠政府购买服务的方式进行，即通过承接政府的项目来开展社区服务，并接受政府的领导与监督。所以，政府对社会工作者在社区治理中的角色扮演有着十分重要的影响。社会工作者角色规范缺乏和项目制下评估体系固化是造成社会工作者在社区治理中角色困境的重要原因之一。

4.1.1 社会工作者角色规范缺乏

近年来，政府陆续出台了一些关于规范社会工作的政策，但是这些政策更多是从宏观角度出发，在宏观的层面对社会工作介入社会治理进行了规范，缺少对社会工作者具体角色的规范。这使得社区居委会、社区居民、社会工作者不清楚自己在社区治理中应该扮演哪些具体角色，从而导致角色模糊。

访谈时，有社会工作者这样说：

A2：我们社会工作者不像其他职业有非常明确的工作职责规定，这就导致很多人对我们社会工作者的角色定位不清楚，不知道我们是干什么的。

4.1.2　项目制下评估体系固化

"政府出资购买、社会组织承办、全程跟踪评估"是社会工作介入社区治理的基本模式，监管评估是整个模式中重要的一环[7]。然而，在这种模式下，项目监管评估指标的僵化和固定，容易导致社会工作者在项目实施的过程中，更注重项目指标的完成而忽略社区真实的需要，更注重服务的数量而忽略服务的质量。

访谈时，有社会工作者这样说：

A5：项目制下项目验收比较注重社会工作者提供的结项申报材料，项目是否达到目标成效。所以，当社区承接项目多，但是工作人员又不够时，我们就想着怎样才能在项目时间内完成考核的指标、准备结项文字材料而忽略了开展服务的质量。

4.2　社区层面

社区居民对社会工作者的认同度不高以及社区居委会的行政干涉是造成社会工作者角色冲突和角色不清的重要原因之一。

4.2.1　社区居民认同度不高

国内的社会工作和社会工作者被大众接受和认识还有很长的路要走[8]。许多社区居民常常把社会工作者看成社区工作人员或社区志愿者。因为很多居民根本不知道社会工作是什么、社会工作者是干什么的，跟他们有什么关系，能够发挥什么作用。社会工作者在社区居民中的认同度远不及社区居委会和社区工作人员。这就导致社会工作者在角色扮演及工作开展的过程中很难得到社区居民的支持，不利于服务目标的实现。

访谈时，有社会工作者这样说：

A9：很多时候，我们都是以社区工作人员的身份来开展工作的，因为一些社区的居民根本就不知道社会工作是什么，也不知道我们机构是干什么的，所以如果我们以社会工作者的身份去邀请社区居民参与活动很难实现。如果以社区的名义去邀请居民们参与活动就容易得多。

4.2.2　社区居委会干预过度

社区居委会对社区社会工作是大力支持还是过度干预，是高度重视还是不理不睬，对社会工作者能否顺利入驻社区开展专业服务工作起着至关重要的作用。对于社会工作介入社区治理，并非所有社区居委会都能做好充足的准备，都能对社会工作者有适当的角色期望和明晰的角色认识。部分社区居委会甚至会把驻点在社区的社会工作者当作社区事务助手来使用。这使得社会工作者除了提供专业的社区服务外，还需要承担大量的社区行政事务，从而不利于社会工作者作用的发挥。

访谈时，有社会工作者这样说：

A6：因为社区事务性的工作很多，然后我们又驻点在社区，所以不可避免会发生社区工作人员经常叫我们帮忙干一些行政性事务。例如，做一些安全检查、文明劝导工作。社区的很多行政性事务会占用较多的时间，所以很影响我们自己工作的开展。

4.3　机构层面

社会工作者既是专业社会工作者，也是社会工作服务机构的专职工作人员。这样的"双重身份"使得社会工作者在介入社区治理的过程中不仅要充分考虑社区治理各主体，还要考虑社工机构的立场。另外，社会工作服务机构作为社会工作者的大后方，是社会工作者工作及精神支持的重要来源，所以社工机构专业督导和培训的缺乏，以及晋升机制不完善都是造成社会工作者在社区治理中角色困境的因素。

4.3.1　缺少专业督导和培训

对社会工作进行专业督导不仅能促进社会工作者的成长，还能促进社工机构规范、高效运行，保障社会工作服务质量[19]。但是目前在社会工作机构工作的人员还有部分是没有社会工作专业背景的，所以需要社工机构定期开展专业督导和专业培训。但是通过访谈可知，C机构并没有配备专业的督导，也没有条件开展定期的专业培训，这就导致C机构的部分社会工作者在介入社区治理的工作时，只能靠自己的不断摸索和经验总结，以及与同事之间相互进行经验交流，来应对工作中的问题。这不利于社会工作者开展社区社会工作。

访谈时，有社会工作者这样说：

A1：我们机构有部分非社会工作专业背景的成员，但是我们没有专门的督导，也没有定期的培训，在开展社区服务时，遇到问题除了向经验相对丰富的社工咨询外，就只有靠自己一点一点摸索，积累经验教训，有时候真的感觉压力很大。所以我觉得还是很需要有一些专业督导为我们提供一些中肯的建议。

4.3.2　缺乏完善的晋升机制

如果社会工作者在社工机构看不到前景和希望，就会降低对该行业的期望和工作的积极性，从而导致社会工作人才的流失。在C机构中，由于没有较为健全的晋升机制，且社会工作者的薪资待遇比较低，每个人承担的工作量又比较大，使得员工没有工作积极性，看不到前途。这导致 C 机构的社会工作者干不长久，流失率大，人员更换频繁。

访谈时，有社会工作者这样说：

A3：我们机构是一个相对较小规模的社工机构，工作人员也不是很多，没有很全面的组织结构，所以除了机构的总负责人，其他的工作人员的职务和工作内容都差不多，没有什么上升的空间。再加上待遇低和工作任务多，一些社工在社会工作领域干不长久。

4.4 社工层面

除了上述外界因素的影响，社会工作者对自身角色认知不清、自身专业能力不足等也是限制社区治理中社会工作者角色有效扮演的重要因素。

4.4.1 角色认知不清

社会工作者作为专业服务提供者，是能够运用专业方法和技术，为社区居民提供高质量服务的职业化服务人员[5]。在实际的社区服务中，部分社会工作者缺乏专业社会工作者应有的专业理念和价值观，容易出现角色认知不清、过于依赖社区居委会的情况。部分社会工作者甚至在提供社区服务时，只单纯地把自己当成活动的参与者或协助者，而忽略了自己也是社区治理的主体之一，没有展现出自己的专业优势。这种对社工角色认识的偏差，不仅导致社区其他主体对社会工作者能力的怀疑和对社会工作的不认同，还限制了社会工作者应然角色的扮演。

访谈时，有社会工作者这样说：

A5：刚到社区时，不知道自己能干什么，自己的作用在哪里，感觉我们做的事情，人家社区居委会也可以做，看不到自己的价值。而且社区居民们对社区居委会的认同感也更高。

4.4.2 专业能力不足

社会工作者专业能力不足主要体现在以下两个方面：一是社会工作服务机构中一些人员没有社会工作专业背景，没有接受过社会工作专业理论知识的学习，对专业知识的掌握和储备不够，所以在介入社区治理的过程中，缺乏对自身角色的清晰认识。二是一些刚毕业的社会工作专业的学生，虽然有较为扎实、丰富的专业理论知识储备，但是他们刚离开校园不久，缺少工作经验，在提供服务时容易用学生思维去考虑问题。

访谈时，有社会工作者这样说：

A8：我们机构除了有专业背景的社工还有没有专业背景的工作人员，所以在开展服务时，容易出现社工专业性欠缺问题。我是社工专业毕业的，但是刚毕业到社区开展社区社会工作时，经常会面临理论与实际不能相结合的困境，很多时候还是在用学生的思维去思考问题，而忽略了社区以及服务对象的实际情况。

5　社会工作者角色困境的应对策略

5.1　政府层面

针对上述影响因素分析，笔者认为政府层面的应对策略应围绕健全社工角色规范和健全服务评估体系两个方面来开展。

5.1.1　健全社工角色规范

政府应当自上而下加大对社会工作的规范力度，建立健全社会工作者在社区治理中的角色规范，从多方入手构建良好的制度环境，让社会工作者在扮演社区治理中的各类角色时，有清晰的规范规则遵从、有明确的政策指导；让社区居委会对社区治理中社会工作者的定位有更清晰的认识，能够与社会工作者一起促进社区发展；让社区居民对社会工作和社会工作者有更清晰的认识，从而加强社会工作者与社区居民之间的有效沟通，促进社会工作服务目标的有效达成。

首先，可以从社会工作者职业资格认证和社区中专业岗位的开发着手，逐步建立健全社会工作相关的职业规范、角色规范[20]。有关部门通过加快社会工作者职业资格认证工作，规范和提高社会工作入行门槛，提升社会工作持证上岗率，促进社会工作职业规范的建立与发展。其次，在社区内增设社会工作相关岗位，比如加快社会工作站的建设等。最后，我国应建立健全社会工作介入社区治理相关的法律法规，明确社会工作者与社区治理其他主体间的区别，各自拥有的权力和承担的义务，以及服务内容。

5.1.2　健全服务评估体系

在社区治理中，政府评估社会工作服务成效时，应该明确评估什么、由谁来评估和怎样评估这三个方面的内容，然后再进一步建立健全合适的、有效的评估标准和评估体系。要从多个角度对社会工作服务进行评估，增强社会工作评估工作的规范性、灵活性和有效性，充分发挥专业评估对社会工作介入社区治理工作的积极作用。

5.2　社区层面

社区层面主要通过加大对社会工作的宣传力度、厘清社区各方职责等方式，来提升社区居民对社会工作者的认同度，减少社区居委会对社会工作者的行政干预，保障社会工作者作为社区关系协调者角色的主体性，从而促进社会工作者在社区治理中角色的有效扮演和角色功能的充分发挥。

5.2.1 加大对社会工作的宣传力度

基层政府和社区居委会应帮助社会工作者利用社区中的各种宣传渠道进行宣传，提升社区居民对社工的认识和接纳程度。一是运用社区公众号、社区视频号、社区微博号、社区公示栏、社区宣传栏等社区官方媒体宣传社会工作相关知识和社会工作者在本社区所开展的活动，多渠道对社会工作进行宣传。二是通过开展活动，让社区居民在参与活动的过程中增加与社会工作者的交流沟通，从而增强社区居民对社会工作者的了解和认同。

5.2.2 厘清各方职责

社区居委会作为社区主要的基层组织，应明白社会工作者与社区居委会在社区治理工作中是一种身份、资源与技术的互惠[21]。社会工作者与社区居委会在促进社区治理中是相辅相成的。社区居委会要形成对社会工作者的正确认识，系统地从理论上加强学习，提高社区对社会工作者角色职能、职责的定位的认识，避免将社会工作者视为单纯的行政事务、社会政策的执行者，从意识层面将社会工作者与社区工作人员区分开来。

在工作上，社区居委会和社会工作者应给予彼此更多的尊重和理解，加强彼此之间的沟通和交流，减轻社会工作者额外的社区行政事务负担，给予社会工作者更大的自主发挥空间，从而提高社会工作服务质量。同时，社区居委会要积极配合和支持社会工作者的工作，为其提供简洁方便的办公环境，以促进社会工作者在社区治理中功能的充分发挥。

5.3 机构层面

社工机构作为社会工作者工作的支持来源之一，要充分认识到专业督导和晋升机制对社会工作者的重要影响，完善机构专业督导制度和运营管理机制，提高社会工作者的专业能力和工作积极性，从而增强社会工作者的角色专业性和角色认同感。

5.3.1 完善专业督导机制

社会工作者在社区工作中，容易遇到不信任、缺乏支持和理解的情况，从而造成角色定位的困境[23]。社会工作机构作为社会工作者的后方力量，应建立和不断完善专业督导机制。首先，社会工作机构可安排机构内资深社会工作者或机构外高校社会工作老师为新入职的社会工作者和实习生提供行政支持、教育支持和心理支持，如为在面临服务问题时缺乏经验或理论知识的社会工作者提供专业指导，关注机构中每位成员的心理状态，帮助其缓解工作中的压力，增强抗压能力，使他们以更积极向上的心态投入社区社会工作。其次，社会工作机构应为社会工作者提供定期的专业培训，通过邀请资深社会工作者开展专业培训、开展社工经验交流座谈会等活动，不断丰富社会工作者理论知识的储备，促进社会工作者实践能力的提升。

5.3.2 完善运营管理机制

成就感是人们保持工作积极性的重要因素之一，社会工作者的成就感除了来自服务对象、服务成效，还来自职位的晋升和机构对社会工作者的激励。因此，完善社会工作服务机构的运营管理机制，制定合适的激励机制和员工晋升机制，是增强员工成就感，使其保持工作热情的重要手段。完善的晋升机制也是留住社会工作人才的重要手段。社会工作者长期投身于社会工作事业，为社会弱势群体、困难群体提供职业化服务，仅凭一腔热血是远远不够的，适宜的薪资待遇和完善的晋升机制是增强社会工作者对本行业信念感的另一重要因素。所以，社会工作机构要不断改进自身的运营管理机制，为经验丰富、能力出众的优秀社会工作者提供更多的晋升渠道。

5.4 社会工作者层面

社会工作者应当从建立正确角色认知和增强自身综合能力两个方面，不断提升自身的专业能力，从而减少社区治理中社会工作者角色差距和角色不清等困境的出现。

5.4.1 建立正确的角色认知

社会工作者要建立正确的角色认知，明白自己在社区治理中的角色定位。首先，社会工作者要掌握自己在社区治理中所扮演角色的规范，清楚自己的职责和权利。其次，社会工作者要对社区已有资源、社区面临的问题、社区各方关系等进行充分调研，明确自己在社区中的定位，厘清与其他主体间的关系，为顺利开展服务，保障社区服务的质量奠定基础。最后，社会工作者要树立正确的专业价值观，提高专业认同感，保持长效的工作积极性，在扮演这一阶段角色的同时做好下一阶段角色扮演的准备，以顺利完成角色转换，避免角色混乱和角色中断等困境的出现。

5.4.2 增强自身综合能力

社会工作者在开展社区服务时，要不断对服务过程中做得好的部分、遇到的问题和工作开展中的不足进行总结反思。除了向专业督导进行专业咨询外，社会工作者还应当加强与社工机构的同事以及经验丰富的社区工作人员的经验交流和分享，互相学习、共同进步。此外，社会工作者在工作之余也应当自觉关注和学习与社会工作相关的时政，与时俱进，实时了解和掌握与社会工作相关的政策，提升自身的专业能力，从而满足社会对社会工作者的角色期待，扮演好在社区社会工作中的角色。

6　结束语

在社会工作者介入社区治理不断发展的过程中，呈现出许多本土化问题和困境。笔者通过对 C 机构的研究发现社会工作者面临应然角色与现实角色不相符的角色困境，主要表现为角色专业性缺乏、角色主体性缺失、资源链接不到位和角色功能难发挥。通过分析，笔者发现其原因主要是：在政府层面，项目制下评估体系固化，社工具体角色规范缺失；在社区层面，社区居委会干预过度，社区居民认同度不高；在机构层面，缺乏专业督导和培训，缺乏完善的晋升机制；在社会工作者层面，专业能力不足，角色认知不清。针对 C 机构社会工作者的角色困境，笔者从政府、社区、机构和社会工作者四个层面提出了相应的建议和策略：政府应当健全社工角色规范和服务评估体系；社区应当加大对社会工作的宣传力度，厘清各方职责；机构应完善专业督导机制和运营管理机制；社会工作者应建立正确的角色认知，增强自身综合能力。

参考文献

［1］李瑶，李久林，储金龙. 国外学者社区治理研究的近今进展及其启示［M］. 北京：中国建筑工业出版社，2021.

［2］万广明. 社区治理能力现代化的现实考量及制度保障研究［D］. 青岛：青岛大学，2019.

［3］郭家瑜，袁青云. 国外社区治理模式浅析及对江西省社区治理工作的启示［J］. 黑河学刊，2011（5）：25-27.

［4］王思斌. 社会工作概论［M］. 2 版. 北京：高等教育出版社，2006.

［5］陈前. 社会工作者角色扮演中的失调研究［D］. 上海：华东理工大学，2019.

［6］陈友华，夏梦凡. 社区治理现代化：概念、问题与路径选择［J］. 学习与探索，2016（6）：36-44.

［7］徐选国，黄景莲. 从政社关系到党社关系：社会工作介入社区治理的情景变迁与理论转向［J］. 社会科学，2020（3）：68-85.

［8］闫臻. 嵌入社区治理中的专业社会工作介入：以天津 KC 社区为例［J］. 华东理工大学学报（社会科学版），2016（1）：46-55.

［9］李红飞，温谋富. 社会工作者在精准扶贫中的角色定位：基于晋江市特困家庭"四帮四扶"项目的分析［J］. 云南农业大学学报（社会科学），

2018（4）：4.

[10] 彭雁楠，吴晓慧，沈宜君，等．社会角色理论下医务社会工作者在新冠肺炎防控中的实践［J］．中国社会工作，2020（9）：12-16.

[11] 时怡雯，倪锡钦．学校社会工作者在学校生态系统中的角色研究［J］．中国青年研究，2016（10）：101-107.

[12] 郑嘉玲．学校社会工作者的角色冲突和伦理困境研究［D］．深圳：深圳大学，2017.

[13] 王丹，祝平燕．医务社会工作者的角色实践困境探析［J］．南京医科大学学报（社会科学版），2015（4）：256-260.

[14] 李米换，靳晓芳．社会工作者"双重身份"的伦理困境解读：基于角色理论的视角［J］．襄阳职业技术学院学报，2014（4）：36-40.

[15] 王瑞华．社区治理中社会工作的角色定位［J］．太原理工大学学报（社会科学版），2015（1）：212-214.

[16] 彭惠青，仝斌．社会工作在基层治理专业化中的角色与功能［J］．中国行政管理，2018（1）：5-6.

[17] 徐宇珊．服务型治理：社区服务中心参与社区治理的角色与路径［J］．社会科学，2016（10）：99-106.

[18] 全国社会工作者职业水平考试教材编委会．社会工作综合能力（初级）［M］．北京：中国社会出版社，2021.

[19] 盖显颖．对社会工作服务中社会工作者角色的研究［D］．南京：南京大学，2017.

[20] 杨荣．功能与角色：中加社会工作者比较——以社区发展为视角［J］．北京工业大学学报（社会科学版），2008（2）：7-12.

[21] 饶新龙．走出"被行政化"困境的艺术性策略［J］．中国社会工作，2017（1）：59.

乡村振兴背景下乡村旅游社区治理 "公地悲剧" 的规避

——基于河南重渡沟村的经验与启示[①]

练方芳　刘飞

（四川轻化工大学）

摘要： "公地悲剧" 现象的产生与存在是阻碍乡村旅游振兴的重要因素。在厘清乡村振兴背景下乡村旅游社区治理中规避 "公地悲剧" 的必要性的基础上，本文以河南省洛阳市栾川县潭头镇重渡沟村为例，从治理背景、治理路径和治理成效三个方面探索其 "公地悲剧" 的治理实践。根据河南省重渡沟村乡村旅游社区治理 "公地悲剧" 的治理实践，本文凝练实现 "公地悲剧" 有效治理的经验与启示，为其他地区乡村旅游社区规避 "公地悲剧"，推进乡村全面振兴提供参考。

关键词： 乡村振兴；公地悲剧；乡村旅游社区；社区治理

党的十九大报告首次提出实施乡村振兴战略。党的二十大报告指出，全面推进乡村振兴。在乡村振兴背景下，繁荣发展乡村旅游产业是助力乡村旅游社区实现乡村振兴的重要途径。但随着乡村旅游的不断发展，乡村旅游社区中各利益主体的逐利倾向凸显，公共资源产权所具有的非排他性和竞争性特征诱发的公共资源失配、公共环境破坏、公共空间侵占和公共秩序混乱等 "公地悲剧" 现象，影响了乡村振兴目标的实现。

"公地悲剧" 现象严重阻碍了乡村旅游社区的可持续经营和发展，一些学者对乡村旅游社区的 "公地悲剧" 进行了研究，认为乡村旅游社区因土地、资源等产权属性引发的公共环境破坏、公共空间侵占、公共秩序混乱和公共福

---

①　本文系教育部产学合作协同育人项目 "新农科背景下农村区域发展专业课程体系改革及教学资源包建设"（项目编号：202102391013）、四川轻化工大学第二批研究生课程建设 "农村扶贫与发展" 课程案例库项目（项目编号：KA202035）的阶段性成果。

利短缺等现象与哈丁（Hardin）在《公地悲剧》中描述的因公共资源的非排他性和竞争性引发的"公地悲剧"现象高度耦合，证实了乡村旅游社区因公共资源的产权属性界定不清而产生"公地悲剧"的必然性。既有应对乡村旅游社区"公地悲剧"的研究普遍围绕主导治理主体的选择及其应发挥的作用展开探讨，他们认为在乡村旅游社区治理中需要政府有的放矢地出台约束机制，而企业资本的投入和社区居民的参与可弥补政府财政资金有限和道德约束乏力等方面的不足；同时，强调社区居民是乡村旅游社区"公地悲剧"治理的有力团体，乡村旅游发展到一定阶段时需要政府的有效干预，但在某些特定阶段，社区居民甚至能够发挥比政府更强大的治理作用。

既有研究已经证实了乡村旅游社区产生"公地悲剧"的必然性，并对乡村旅游社区从多元治理主体出发探索治理模式达成了普遍共识，这些为本文提供了有益的理论参考和借鉴。但既有关于乡村旅游社区"公地悲剧"治理的研究，主要是从旅游地生命周期或可持续发展视角来探讨乡村旅游社区"公地悲剧"的治理路径，而在乡村振兴背景下，探讨乡村旅游社区"公地悲剧"治理的必要性的研究成果较少，以乡村旅游社区为个案探讨其"公地悲剧"治理的路径及成效的研究成果更是罕见。因此，本文在厘清乡村振兴背景下乡村旅游社区治理中规避"公地悲剧"的必要性的基础上，以河南省洛阳市栾川县潭头镇重渡沟村为例，分析其"公地悲剧"的治理背景、路径及成效，并凝练其实现"公地悲剧"有效治理的经验与启示，以期为其他乡村旅游社区规避"公地悲剧"，推进乡村振兴提供参考和借鉴。

1 乡村振兴背景下乡村旅游社区治理中规避"公地悲剧"的必要性

1.1 "公地悲剧"阻碍乡村旅游社区实现"产业兴旺"

乡村产业的发展情况直接影响农业农村经济的发展水平、速度和走向。近年来，随着乡村振兴战略的实施，各地乡村旅游产业发展得如火如荼，而乡村旅游产业发展中的旅游资源不合理开发、同质产品泛滥、产业经营主体之间相互倾轧等问题普遍存在，这给乡村旅游社区"产业兴旺"的可持续性带来严峻挑战。因此，我们需通过对乡村旅游社区的有效治理遏制"公地悲剧"现象的发生，以助力乡村旅游社区实现"产业兴旺"目标。

1.2 "公地悲剧"阻碍乡村旅游社区实现生态宜居

2018年，中央一号文件指出"乡村振兴，生态宜居是关键"。于乡村旅游社区居民而言，产业兴旺是实现持续稳定增收的重要保障，而生态宜居是最普惠的民生福祉。生态宜居要求乡村旅游社区立足当地的自然生态资源优势，通过乡村有序治理和市场规范经营,实现乡村生态产业化和产业生态化发展,从而促进乡村旅游社区自然生态资源保值增值和改善乡村旅游社区居民的居住与生活环境质量。但在乡村旅游的实际发展过程中,"公地悲剧"阻碍了乡村旅游社区实现生态宜居目标。譬如,随着游客数量增加,垃圾废水的排放量也随之增加,而一些乡村旅游社区的污水处理系统和垃圾填埋场等公共设施短缺,这导致垃圾乱放、废水乱排现象频现,严重污染乡村公共环境。

1.3 "公地悲剧"阻碍乡村旅游社区实现乡风文明

习近平总书记强调要"培育文明乡风、良好家风、淳朴民风,改善农民精神风貌,提高乡村社会文明程度,焕发乡村文明新气象"。尽管在乡村振兴战略的实施过程中,党中央高度重视并大力推进乡村道德建设,但受乡村旅游蓬勃发展带来的利益诱惑,以及各经营主体自身公共精神缺失推力等多种因素的影响,乡村旅游社区生产经营者的逐利倾向凸显,导致产品劣质化和掠夺性定价等恶性竞争行为,以及供过于求引发资源损耗等"公地悲剧"现象层出不穷,不仅严重损害了乡村旅游社区旅游产品和服务的公共品牌形象,更加剧了认同感衰弱和伦理共同体式微的程度,呈现出明显的物质文明和精神文明建设失衡状态。因此,乡村旅游社区的"公地悲剧"现象能否得到有效治理,直接关乎其能否实现乡风文明。

1.4 "公地悲剧"阻碍乡村旅游社区实现"治理有效"

2018 年中央一号文件指出,建立健全党委领导、政府负责、社会协同、公众参与、法治保障的现代乡村社会治理体制。乡村旅游社区的"治理有效"需要在党的全面领导下,发挥政府、社会、企业和社区居民等多元主体的协同治理作用,从公共服务有效供给、公共资源有效利用、公共环境共同维护、公共空间合理规划等多个层面靶向突破。这些层面的突破离不开健全的制度体系的保障,但目前来看,一些乡村旅游社区由于公共空间规范利用的管理制度缺失,存在经营者违章搭建旅游接待设施、侵占社区公共空间,以及社区居民利益表达机制缺失引发社区居民处于"边缘地带",公共利益被外来资本过度攫取等"公地悲剧"现象。因此,需要通过完善的制度保障,防止"公地悲剧"现象发生,以促进乡村旅游社区实现"治理有效"目标。

1.5 "公地悲剧"阻碍乡村旅游社区实现生活富裕

发展乡村旅游是乡村旅游社区实现生活富裕的重要途径。乡村生活富裕具有双重属性,即既要实现乡村旅游社区居民的物质和精神生活共同富裕,也要实现乡村旅游社区居民共同富裕。乡村旅游产业的良性发展一方面有利于提高农产品附加值,普遍增加农民收入,促进乡村旅游社区居民实现物质生活富裕；另一方面也有利于弘扬传统乡土文化、塑造文明乡风、促进乡村旅游社区居民实现精神生活富裕。此外，乡村旅游产业属于劳动密集型产业，可为社区居民提供更多的创业和就业岗位，促进社区居民多渠道、多形式就业。因此，乡村旅游社区发展乡村旅游本身有利于全体社区居民实现共同富裕，但社区居民互相争夺公益岗位、经营主体低价抢夺公共客源等"公地悲剧"现象的存在，反而会阻碍乡村旅游社区实现生活富裕目标。

2 案例分析：重渡沟村乡村旅游社区"公地悲剧"的治理实践

2.1 重渡沟村概况

重渡沟村地处河南省栾川县潭头镇境内，距栾川县城 50 千米。重渡沟村呈景村一体化布局，游览面积 30 平方千米，全村共有农户 375 户。重渡沟村自 1999 年开始发展乡村旅游以来，形成了千泉百瀑、万亩竹海和精品民宿三大乡村旅游亮点，先后荣获国家 4A 级旅游景区、"全国文明村""全国乡村旅游重点村""全国农业旅游示范点""国家生态旅游示范区"等荣誉称号。重渡沟村现有 300 余家特色鲜明的农家宾馆和精品民宿对外营业，被誉为"中国家庭宾馆第一村"。公开数据显示，1999—2018 年重渡沟村游客接待量呈逐年上升趋势；2019—2021 年，因受新型冠状病毒感染疫情影响显著下跌；2022 年，旅游市场逐渐回暖复苏，年接待游客量逾 70 万人次，有各类旅游从业人员5 200 余人。其中，当地农户参与率在 98% 以上，实现户均年旅游接待收入 20余万元，人均旅游接待收入超 5 万元。

重渡沟村的乡村旅游发展经历了四个阶段，即起步阶段（1999—2001年）、快速发展阶段（2002—2006 年）、提升发展阶段（2007—2013 年）和转型升级阶段（2013 年至今）。在不同发展阶段，重渡沟村分别出现了公共资源失配、公共精神缺失、公共环境破坏和公共空间挤压等"公地悲剧"现象。针对不同阶段产生的"公地悲剧"现象，重渡沟村适时探索并采取相应的措施，成功探索出了一条"以旅促农、以旅惠农、以旅富农"的乡村振兴之路。其带动社区居民脱贫致富，促进农村经济转型升级的经验模式被旅游界誉为"重渡沟现象"。

2.2 重渡沟村乡村旅游社区治理的"公地悲剧"现象突出

2.2.1 效益最大化与公共资源失配之间的矛盾突出

从经济学的角度而言，效益最大化和经济合理性是一组相对概念，即经济人会通过理性比较，选择相对优秀的方案，使有限的资源发挥最大化价值，但由于理性经济人追求的效益最大化从利己主义出发，而公共资源又具有非排他性和竞争性，这就容易引发效益最大化与公共资源失配的矛盾。这种矛盾于2000年在重渡沟社区治理中首次以"公地悲剧"现象出现，具体表现为因农户普遍面临房屋改造资金不足的困难，由潭头镇政府和重渡沟村委会两大股东于1998年改组而成的"栾川县潭州旅游开发有限责任公司"以重渡沟村门票营收作抵押担保的方式向银行贷出4万余元扶贫资金，但社区居民为追求自身效益最大化，屡次因资金分配方式发生争执。在此背景下，重渡沟村亟须探索平衡效益最大化与公共资源失配之间矛盾的治理路径。

2.2.2　可持续经营与公共精神缺失之间的矛盾突出

实现乡村旅游社区的可持续经营离不开规范的市场经营秩序，而规范的市场经营秩序不仅需要完善的制度体系予以保障，也需要各利益主体的公共精神加以约束，否则易引发"公地悲剧"现象，损害乡村旅游社区的公共品牌形象，从而阻碍乡村旅游社区实现可持续经营。2001年，重渡沟村大力推动家庭宾馆建设，迎来了家庭宾馆建设的初次高潮，但由于当时全国乡村民宿旅游市场尚处于起步阶段，乡村旅游过夜游客较少，重渡沟村民宿数量供过于求，经营困难。为尽快回笼投资成本，防止自身经营亏损，各民宿经营者竞相降价抢客。在此背景下，重渡沟村亟须制定相关措施以缓解可持续经营与公共精神缺失之间的矛盾。

2.2.3　环境生态化与公共设施匮乏之间的矛盾突出

"绿水青山就是金山银山。"良好的生态环境是发展乡村旅游的前提条件，实现乡村环境生态化发展是推动乡村经济和生态可持续发展的重要保障。因此，乡村旅游的发展，既要追求经济效益的增长速度，也要通过加大对公共设施的投入力度来保护生态环境，否则极易因公共设施匮乏引发社区居民生活污水、垃圾乱排乱放等现象，进而破坏乡村旅游社区的公共环境。2004年，重渡沟村步入稳步快速发展阶段。随着游客数量增多，重渡沟村面临原有的生活污水垃圾处理设施和公共厕所等旅游接待设施供给不足的难题，而单纯的门票收入和政府财政投入又难以负担景区基础设施改造所需资金。在此背景下，重渡沟村亟须探索一条能化解环境生态化与公共设施匮乏之间矛盾的路径。

2.2.4　合理规划与公共空间挤压之间的矛盾突出

建设生态宜居乡村、增加集体经济收益和提升社会管理水平是乡村公共空间治理的根本目标。而在乡村旅游发展过程中，土地利用和监管制度存在缺陷等因素引发乡村旅游社区公共空间规划不合理的现象普遍存在，严重制约了乡村旅游社区实现公共空间治理的根本目标。2005年，重渡沟村享誉中外，游客数量剧增，导致家庭宾馆供不应求，推动重渡沟村掀起了家庭宾馆建设的第二次高潮。这一时期，部分社区居民私自滥用宅基地并侵占公共空间来改建或扩建家庭宾馆，严重破坏了景区的生态环境和整体风貌，呈现出以违规侵占公共空间、违章搭建家庭宾馆为典型特征的"公地悲剧"现象。

2.3 重渡沟村乡村旅游社区"公地悲剧"的治理路径及成效

2.3.1 成立"理财小组"，实现了公共资源的有效利用

2000年，为化解效益最大化与公共资源失配之间的矛盾，实现扶贫贷款的有效使用，由潭头镇政府和重渡沟村委会共同持股的栾川县潭州旅游开发有限责任公司（以下简称"旅游公司"）决定成立"理财小组"对扶贫资金进行分配。"理财小组"成立后，秉持公平公正和实现资金使用效益最大化原则，按照改造一张农家宾馆床位给予200元资金补贴的分配标准，将4万余元扶贫资金分配给农家宾馆经营者。农家宾馆经营者在领取扶贫资金时需要签署一份资金使用书面协议，签署该协议则表明农家宾馆经营者接受扶贫资金资助，并愿意接受"理财小组"对其资金使用进行监督。"理财小组"的成立实现了扶贫资金的有效分配与使用，不仅充分调动了家庭宾馆经营者进行房屋改造的积极性，也化解了公共资源无效使用的"公地悲剧"难题。

2.3.2 制定"四统一"管理办法，规范了市场经营秩序

2001年，为化解可持续经营与公共精神缺失之间的矛盾，旅游公司与社区居民联合商议，创立了"公司+村组+农户"的农家宾馆运管新模式，成立了农家宾馆管理协会，并制定了"四统一"管理办法，即设立景区总服务台对所有农家宾馆"统一登记"后进行编号，对农家宾馆的建设风格、服务管理、外部环境和内部设施设置"统一标准"，并将每客每日食宿费"统一定价"为20元，游客在总服务台登记用房需求并进行实景参观后再自行选择，入住费用由景区总服务台"统一收取"，在未发生游客投诉的前提下，由旅游公司从每客20元的费用中扣除1元用作农家宾馆运营管理费后，按一周一结的结算周期"统一结算"给各农家宾馆的经营者。由于"四统一"管理办法的出台与实施建立在社区居民参与决策并达成普遍共识的基础之上，其约束机制使所有从事农家宾馆经营的社区居民形成了紧密的利益联结关系，实现了市场的有序经营。

2.3.3 通过"股份制改革"，加大了对公共设施的投入力度

2004年，由栾川县潭州旅游开发有限责任公司适时决定实行股份制改革，由民营公司收购并成立栾川县重渡沟风景区有限公司对景区进行运营和管理。随后，该公司投入1 600余万元对景区的公共设施和旅游接待设施进行全面改造和优化升级，涉及旅游公厕改造、旅游道路修缮、污水排放、垃圾处理系统

完善、生态停车场扩建、游览步道增建，以及数字服务与监管平台建设等多个项目。民营企业加大了对景区公共设施的投入力度和对公共环境的监管力度，使得因公共设施匮乏引发的生活污水、垃圾乱排乱放等破坏社区公共环境的"公地悲剧"现象得到了有效治理，社区生态环境得到了显著改善，游客满意度和社区居民的生活环境质量随之提高。

2.3.4 建立"民建制度"，杜绝了乡村公共空间被侵占

2005年，为缓解规划合理化与公共空间挤压之间的矛盾，栾川县重渡沟风景区有限公司立即采取应急管理之策——制定社区居民农家宾馆建设管理制度和村规民约。居民农家乐宾馆建设管理制度和村规民约，不仅对重渡沟村农家宾馆的整体风貌建设进行了统一规划和设计，同时还规定社区居民使用土地建设农家宾馆，必须事先征得栾川县重渡沟风景区有限公司盖章批准，再报重渡沟村民委员会审批盖章，在得到栾川县重渡沟风景区有限公司和村民委员会双方的批准许可后，才能向当地土地资源管理部门申请办理房屋准建证和宅基地证，否则即视为违章搭建，将按照民建制度和村规民约的相关规定对违建者进行惩处。在居民农家乐宾馆建设管理制度和村规民约的约束下，以及在旅游公司、村民委员会和政府管理部门的协同治理之下，重渡沟村的公共空间侵占悲剧源头得到了治理，实现了乡村公共空间的合理规划。

2.3.5 实行"民宿星级化评定"，美化了公共品牌形象

2007年开始，随着国民收入水平的提高，游客消费需求日趋高端化，重渡沟村农家宾馆定位普遍较低的食宿接待条件开始难以适配游客的需求。为防止游客流失，相关部门及时废除"四统一"管理办法，推行"民宿星级化评定"，鼓励各农家宾馆经营者按照外部环境田园化、内部设施现代化、建筑风格古朴化和服务质量星级化的"新四化原则"自行投入资金对农家宾馆进行升级改造。升级改造后的农家宾馆可申请星级评定，并可根据评定结果在监管公司设置的相应星级宾馆的最高限价范围内自行定价。2007—2013年，景区内328家农家宾馆实现了星级全覆盖，其中包括五星级15家、四星级24家、三星级75家和二星级212家。同时，旅游公司按照"一年一核"的评审周期根据农家宾馆的改造和经营情况做出动态的升降级处理。"民宿星级化评定"制度的施行有效遏制了这一阶段重渡沟社区居民之间竞相降价、哄抬物价或者产品服务的恶性竞争等损害景区公共品牌形象的"公地悲剧"现象。

2.3.6 做好"加减乘除法"，提升了社区公共治理能力

2013年，随着我国乡村旅游市场进入全新发展时代，重渡沟村改造后的农家宾馆仍然难以完全匹配游客日益增长的消费需求，以及游客数量的剧增再

次引发产品同质化竞争影响公共品牌形象，公共设施供给不足损害公共环境等"公地悲剧"现象。游客需求升级和"公地悲剧"复现推动重渡沟村的乡村旅游发展进入转型升级阶段。面对这一阶段出现的"公地悲剧"现象，重渡沟村采取"公司+村委+协会+农户"的协同治理模式并完善《重渡沟民宿建设办法》等制度规范，提出以市场需求为导向，以推动农家宾馆向精品民宿转型升级为抓手，围绕接待环境的质量、公共设施的数量以及文化创意和品牌特色等做"加法"，围绕建筑占地面积、房间数量等做"减法"，围绕抱团发展、民宿经营者培训效果等做"乘法"，围绕不合理收费、拦路拉客、产品劣质化竞争等做"除法"，提升了社区公共治理能力，并有效遏止了这一阶段"公地悲剧"现象的蔓延。

3 他山之石：重渡沟村乡村旅游社区"公地悲剧"治理的经验启示

3.1 保障制度化：及时完善制度规范

由于非排他性和竞争性是引发"公地悲剧"的重要因素，因此及时完善制度规范，实现制度化保障是乡村旅游社区规避"公地悲剧"产生与恶化的重要基石。在重渡沟村的乡村旅游发展过程中，面对不同阶段出现的不同"公地悲剧"现象，重渡沟村有的放矢地制定并实施了"四统一"管理办法、农家宾馆建设管理制度、村规民约章程、重渡沟民宿建设办法、民宿投诉处理制度等相关制度规范。这些制度规范的及时完善、适时调整和切实执行对重渡沟村"公地悲剧"的有效治理发挥了关键性的保障作用。由于乡村旅游的发展具有动态性特征，乡村旅游社区的"公地悲剧"现象呈现多样化形态，因此，乡村旅游社区在治理"公地悲剧"的过程中需要及时完善制度规范，以防止社区居民之间因资源产权的排他性缺失或不足诱发恶性竞争，从而损害他人边际收益的负外部性，或因排他性过强诱发"反公地悲剧"现象。

3.2 模式多元化：灵活转换治理模式

一种固定的治理模式难以适应不同旅游发展阶段"公地悲剧"的不断演化，因此积极探索多元化治理模式，实现治理模式的灵活转换是乡村旅游社区应对动态多变的"公地悲剧"的重要手段。在重渡沟村的乡村旅游发展过程中，面对不同阶段出现的不同"公地悲剧"现象，重渡沟村的治理模式依次经历了从地方政府主导模式向"地方政府+村委会"、民营旅游公司、"公司+村民自治组织+农户"以及"公司+村委会+协会+农户"等主导模式转变的历程。这些治理模式的灵活转换促进了重渡沟村乡村旅游发展过程中公共资源失配、公共设施不足、公共环境破坏、公共空间侵占和经营秩序混乱等"公地悲剧"现象的有效治理。因此,乡村旅游社区在治理"公地悲剧"的过程中应根据不同旅游发展阶段出现的具体"公地悲剧"现象动态调整治理模式,防止陷入治理模式固化单一的僵局。

3.3 协同网格化:治理主体长效协作

乡村旅游社区治理涉及政府、村委会、旅游企业以及村民自治组织等多元主体。推动治理主体之间的长效协作,实现治理协同网格化是保障乡村旅游社区"公地悲剧"有效治理的重要基础。在重渡沟村的乡村旅游发展过程中,面对不同旅游发展阶段出现的"公地悲剧"现象,相关治理主体都发挥了协同治理作用,如:村委会、旅游公司、政府通力协作,切实推进"民建制度"的落地实施,成功遏制了重渡沟村公共空间被违章侵占的"公地悲剧"现象;旅游公司、村委会、协会、农户协同配合,做好"加减乘除法",有效抑制了产品同质化竞争影响公共品牌形象,公共设施供给不足损害公共环境等"公地悲剧"现象。因此,乡村旅游社区"公地悲剧"治理的主体不应是单一的,而应是多元的,即既需要主导治理主体发挥引导与把控作用,也需要多元治理主体发挥积极的协同与配合作用。

3.4 利益一体化:紧密建立利益联结

由于人是诱发和治理乡村旅游社区"公地悲剧"现象的行为主体,其思想观念和行动对乡村旅游社区"公地悲剧"的产生和化解具有关键的作用,任何一个主体或群体的力量都可能诱发巨大的乡村旅游社区"公地悲剧"危机,因此建立紧密的利益联结机制是集聚相关利益主体力量,以形成"公地悲剧"规避合力的关键。在重渡沟村的乡村旅游发展过程中,其出台和实施的各项制度始终将各方利益统筹其中,充分保障了政府、村委会、旅游企业和社区居民的利益,建立起了紧密的利益联结机制,极大地提高了各方利益主体探索有效的"公地悲剧"规避措施并齐心协力推动其落地实施的积极性,这对重渡沟村"公地悲剧"的化解产生了积极的促进作用。因此,乡村旅游社区在治理"公地悲剧"的过程中,应畅通各方利益主体的话语表达渠道,并建立紧密的利益联结机制,以充分调动所有行为主体的正向能动作用,促进"公地悲剧"的化解,避免"公地悲剧"的加剧。

3.5 设施完善化:增加公共设施投入

增加污水和垃圾处理等公共设施的投入,保障生活和卫生设施的供给充足是乡村旅游社区消除公共环境悲剧的重要支撑。在重渡沟村乡村旅游的快速发展和转型升级两个阶段,都出现了游客数量剧增而引发的生态环境与公共设施匮乏之间的矛盾,从而导致了重渡沟村公共环境严重破坏的"公地悲剧"现象。在此背景下，重渡沟村通过争取政府财政经费支持和民营公司资金投入等方式，完成了社区内污水垃圾处理设施和公共厕所等旅游接待设施的增建和改造，实现了从供给端完善外部设施条件来有效阻断公共环境破坏悲剧的持续恶化。因此，要消除乡村旅游社区的公共环境破坏现象，协调生态环境与公共设施匮乏之间的矛盾，应通过增加政府的财政经费投入和工商资本的资金投入等方式来保障公共设施的供给充足。

3.6 道德约束化：提高社区居民综合素养

"公地悲剧"现象由公共设施匮乏、公共空间有限等外部因素诱发，更受社区居民自身公共精神缺失、可持续发展意识不强等内部因素驱使。因此，提高社区居民综合素养，培养和增强社区居民的公共精神，实现社区居民自身道德化约束是乡村旅游社区规避"公地悲剧"的重要途径。随着重渡沟村的乡村旅游发展进入转型升级阶段，为从源头上遏制民宿经营者之间的产品劣质化、同质化竞争和恶性价格竞争，景区按照民宿经营者的不同文化层次，分批、分级对民宿经营者开展了盈利模式、可持续经营理念、经营管理制度、生产经营成本管理、服务礼仪和技能等多方面的定期培训，有效提高了社区居民的综合素养，对提升整体景区服务质量和产品质量产生了积极作用。因此，乡村旅游社区在"公地悲剧"治理过程中，应重视通过组织培训，全面提升经营者的服务能力和水平，强化可持续经营意识，实现市场有序经营。

4 结束语

本文围绕乡村旅游社区的"公地悲剧"会阻碍乡村旅游社区实现产业兴旺、生态宜居、乡风文明、治理有效和生活富裕目标，对乡村振兴下乡村旅游社区规避"公地悲剧"的必要性展开了论述。并且，本文根据河南省洛阳市栾川县潭头镇重渡沟村的"公地悲剧"的治理路径及成效，凝练出乡村旅游社区规避"公地悲剧"应以及时完善制度规范实现保障制度化，灵活转换治理模式实现模式多元化，治理主体长效协作实现协同网格化，紧密建立利益联结实现利益一体化，增加公共设施投入、完善设施建设和提高社区居民综合素养实现其道德自我约束化六个层面着手推动。

参考文献

[1] 李华强，邹安琼，姚沁. 乡村旅游开发中利益相关者行为的演化博弈分析 [J]. 农村经济，2020 (2)：83-88.

[2] 马道明，陈子晗. 外包制乡村旅游"公地悲剧"的产生机制及调控

路径：基于安徽黟县 N 村的调查［J］．河海大学学报（哲学社会科学版），2016（5）：60-65.

［3］孟凯，张世泽．乡村旅游地"公地悲剧"有效治理的路径与机制研究：以河南省重渡沟村为例［J］．资源开发与市场，2022（4）：506-512.

［4］王露璐．中国共产党百年乡村道德建设的历史演进与内在逻辑［J］．道德与文明，2021（6）：5-12.

［5］王丛霞．"生态宜居"乡村问题研究述评及展望［J］．宁夏社会科学，2023（1）：143-149.

［6］王江，张立凡．利益相关者视角下乡村旅游动力系统构建：以韩国江原道为例［J］．华中建筑，209（12）：112-115.

［7］徐志刚，章珂熔，彭澎．乡村公共空间治理：江苏实践与理论诠释［J］．农业经济问题，2023（1）：64-75.

［8］闫丽英，孙永龙，张静．乡村振兴背景下社区居民旅游创业意愿研究：基于分布式认识理论［J］．资源开发与市场，2021（2）：251-256.

［9］赵紫燕，许汉泽．再造新民风："政-社"互动视角下乡风文明实践的新路径［J］．南京农业大学学报（社会科学版），2023（1）：115-124.

空间生产理论视角下易地扶贫搬迁社区的文化转型与秩序建构

王诗文

（西华大学）

摘要： 本文基于列斐伏尔的空间生产理论及空间三元辩证法思想，透视易地扶贫搬迁所引起的空间生产与空间变迁状况。在剧烈的空间变革背景下，易地扶贫搬迁易导致传统生活方式与现代居住空间格局不适应、交往空间中的情感淡漠倾向，以及社区联结纽带缺失等问题。要实现易地扶贫搬迁社区的空间实践、空间表现以及表现空间之间和谐的辩证统一关系，应加强多方参与下的空间文化转型与秩序建构，实现易地扶贫搬迁社区空间的生产与再生产。

关键词： 易地扶贫搬迁；列斐伏尔；空间生产

1 问题的提出

易地扶贫搬迁是我国为解决"一方水土养不起一方人"的问题，而对生态环境脆弱地区的贫困人口进行系统与整体搬迁的一种扶贫方式。易地扶贫搬迁是指基于自愿搬迁原则，将居住在不具备基本发展条件、生态环境恶劣，以及生态脆弱保护区等地区的建档立卡贫困人口搬迁安置到其他地区，并通过改善扶贫安置区的生产生活条件、调整经济结构和拓展增收渠道等手段，逐步实现贫困人口脱贫减贫目标。自 2015 年我国全面实施易地扶贫搬迁系统工程起到 2020 年 11 月底，共计实现 960 多万建档立卡贫困人口搬迁脱贫，易地扶贫搬迁被实践证明为是最有效的脱贫手段之一。在完成移民搬迁和全面脱贫目标后，我国的易地扶贫搬迁实践已经进入实现"搬得出、稳得住、能致富"任务的后续扶持阶段。但是需要注意的是，我国过去的易地扶贫搬迁表现出单一片面发展经济以及城市偏好倾向。在具体空间实践上表现为物理空间上从农村向城市单向转移、生产空间上劳动关系的非农化、文化空间上现代城市价值的入侵与地方知识和乡规民约的消解，以及消费空间的大幅度增加等现象。上述种种在空间实践中产生的问题，引发了如何满足搬迁移民日益增长的精神与文化需求、增强社区社会支持网络与信任资本，以及如何解决易地搬迁社区治理能力和治理水平提升的问题。这些是当前易地搬迁社区后续扶持政策制定与执行过程中需要重点解决的难题。

在以往的研究中，已有不少学者从空间视角出发来理解易地扶贫搬迁导致的空间转型现象，但是过去的研究往往只是从空间维度出发来揭示易地扶贫搬迁社区空间变化的表象，并且主要关注的是经济学视野下的扶贫开发、生计策略等。本文从马克思主义的空间社会学视角出发，揭示易地扶贫搬迁社区空间生产过程中的不同主体之间的互动过程，并对当前的空间实践展开日常生活批判，从而为易地扶贫搬迁研究提供一个更具动态性、批判性的新视野，在空间的物质性、精神性、社会性的三元辩证统一中寻找实现易地扶贫搬迁社区均衡有序发展的切实路径。本文是基于四川省凉山州 X 县 Y 社区易地扶贫搬迁社区的调查研究。2016 年，在凉山州委、州政府统一安排部署下，X 县启动实施易地扶贫搬迁工作，于 2019 年 11 月建成 Y 社区并投入使用。Y 社区的居民在经济上摆脱了贫困的状态，但是要实现社区治理能力和治理水平的高质量发展，还需要关注更深层次的文化与社会因素。本文主要采用质性研究法，纵向透视易地扶贫搬迁社区空间的生产过程，从批判性的视角出发，探讨在易地扶贫搬迁中作为主导力量的政府及其空间规划的积极意义与局限性，并提出具体可行的建议。

2　列斐伏尔与《空间的生产》

2.1　空间的生产与三元辩证法

在 1972 年出版的《空间的生产》一书中，列斐伏尔提出了"空间的生产"（the production of space）这一核心概念，指出"（社会的）空间是（社会的）产物"，使得关于空间的研究从"空间中的生产"向"空间的生产"转变。过去的空间研究只是将空间看作一种中立的、仅用来容纳社会行为的容器，列斐伏尔的超越在于他既看到了空间的物质属性，又看到了空间的社会属性。他认为，每一种特殊的社会关系都会生产出其特有的社会空间。社会关系又表现为一种空间化的存在。社会空间包含着社会关系的生产，同时又是社会关系的现实载体，任何社会关系都是在一定的空间中发生的。继承了马克思主义并坚持展开日常生活批判的列斐伏尔将空间看作一种具有整体性的特殊产品，并揭示了现代城市空间中隐藏着的矛盾，即现代资本所生产的"抽象化的同质空间"与居民所追求的"差异性空间"之间的矛盾。具体来说，就是盲目追求交换价值而导致的高度同质性的城市空间与居民基于自身对城市空间的使用价值的需要所提出的差异性要求之间的矛盾。

列斐伏尔在与马克思、黑格尔以及尼采等人进行思想对话的基础上，形成了他自己的独特的空间三元辩证法。列斐伏尔将（社会）空间划分为空间实践（spatial practice）、空间表现（representations of space）以及表现空间（representational spaces）。空间实践意味着可以被感知到的空间，它担负着社会构成物（如住宅、商业街道、铁路、高速公路、机场等）和社会中个体和群体行为的生产与再生产。它既是这一生产和再生产的过程，也是它们的结果，空间实践赋予了空间在生产中的主体地位。空间表现对应的是规划师、科学家、都市计划师、技术官僚和社会工程师所构想的空间，是一个概念化的空间。这是在任何社会（或生产方式）中占统治地位的空间，它体现了统治群体掌握的知识和意识形态的表象化，空间表现与生产关系以及这些关系中隐含的秩序紧密相关，它作为统治的工具，偏向于理智上所建构的语言符号系统，如政府文件、成文法规、正式的营销广告等，并且通过各种呈现了统治符号的建筑方案来发挥作用，因此空间表现不仅仅意味着抽象的概念，它通过以上群体的实践活动而具有了客观性，这也是空间具有政治性的主要依据。表现空间对应的是居民和使用者的空间，也是艺术家和那些只想从事描述的少数作家和哲学家的空间，是一种直接生活的空间。这是被支配的空间，是消极体验到的空间，在社会中往往处于被统治地位的空间，它体现了一种想象的空间或乌托邦，构想的空间具有复杂的象征作用，直接连接于社会生活的隐蔽面或底面。

2.2 理论适应性分析

列斐伏尔的空间生产理论的优点之一在于，它透过物理空间生产的表象，看到了其中权力与资本的运作过程，有助于我们把握空间变迁下深藏的文化与社会秩序变迁的逻辑。我国目前正处于城市空间快速扩张、乡村空间中的社会关系出现断裂与重构的社会转型过程之中，不管是在城市还是乡村中都表现出了列斐伏尔所描绘的空间生产特质。而易地扶贫搬迁社区则兼具农村和城市特点的复杂二重性，是考察当前我国空间生产过程中物质文化、精神文化、社会文化以及社会秩序变迁的最佳范本。

从列斐伏尔的空间生产理论视角出发考察我国乡土社会向城市社会转型过程中的空间生产现状，具有其理论和实践意义。其一，马克思主义社会学作为一个开放的理论体系，随着时代、实践以及科学的发展而不断完善与更新，并与当代社会思潮以及社会文化不断发生交流。选取当前中国社会中具体的空间生产过程对列斐伏尔的空间生产理论进行研究，有助于我们加深对马克思主义社会学当代发展的认识与理解。其二，本文选择将基于中国国情和特色扶贫政策下产生的易地搬迁社区作为考察对象，有助于推动空间生产理论的中国化、本土化应用，提供一个不同于资本主义社会的中国特色社会主义社会的空间应用研究视角。其三，以往关于易地搬迁社区的空间研究，大多将易地搬迁社区空间看作一种客观的物理环境。从列斐伏尔的空间生产理论出发，我们可以清晰地看到易地搬迁社区空间的生产与变革过程，以及易地搬迁社区空间的三个辩证要素之间是如何相互交织并导致易地搬迁社区的文化和社会秩序发生变动的，有助于我们动态把握易地搬迁社区空间中的文化转型与秩序重构，从而对解决当前易地搬迁社区从乡村向城市转型过程中出现的治理问题具有启发作用。

3 政府主导下的易地搬迁社区空间生产现状

从空间生产理论视角出发，易地扶贫搬迁可以被看作一场"国家视角"下的现代性空间生产过程。搬迁移民过去居住在一个传统的乡村社会里，这种社会相对外界是封闭的，人口流动较少。在这种空间里，村民是空间生产的主体，空间中的生产关系以农业生产为主。在这样的社会生产力水平下，人与人之间，村落与村落之间的空间关系保持着一种相对平衡的稳定状态。而以改善生存环境和提高物质生活水平为主要目标的易地扶贫搬迁，导致空间生产的主体由村民主导转变为由国家主导，这必然会带来搬迁移民物质空间（包括物理空间与生产空间）、生活空间、社会交往空间，乃至心灵空间的变迁。

易地扶贫搬迁带来的是物质空间与生活空间的变迁。费孝通先生曾说，中国社会的基层是乡土性的，而易地扶贫搬迁所带来的则是一种从"乡土"空间到"离土"空间的转变，过去住在乡下的农民是离不开土地的，种地是他们赖以谋生的生活方式。一方面，这使得农民在物理空间上与土地绑在一起，"生于斯长于斯"；另一方面，土地也构成了他们的日常生活图景，塑造了他们的日常生活方式，离开土地，就意味着居住的物理空间、生产空间以及日常生活空间的转变。同样值得注意的是，易地扶贫搬迁对易地搬迁居民社会关系空间的重构。如果说，"土"代表一种以农业耕种为生计来源的生活方式，而"乡"更多是指基于农业耕种之上的一整套社会关系网络。因此，这种离土又离乡的易地扶贫搬迁，将几个不同的村落聚集到集中的安置点中居住，看似是将数个以乡村或村落为基础的社会关系网络迁徙到新的社区中，但是实质上，原有的社会关系网络并不是一成不变地被复制过来并完成融合的。对于每一个个体而言，新社区中的陌生人构成了他在这个社区中关系网络的空洞，从整个社区的关系网络上来看，就是从原来数个联结性强的同质性网络重构为一个社会关系网络中布满"洞穴"的异质性网络。

面对物质空间、生活空间以及社会关系空间的变迁与重构,搬迁居民的心灵空间同样也受到冲击。"心灵空间"这一概念最早是由齐美尔提出的。易地扶贫搬迁社区中的居民之间缺乏建立在经验基础上的集体记忆与共同知识,婚丧嫁娶等具有重大生命意义的事件也不再像过去那样通过集体间的互帮互助从而承担社会交往和情感连接功能,社会交往疏离、情感关系淡漠以及搬入新环境带来的陌生感与不安感都给易地搬迁居民的心灵空间带来了冲击。

4 现代空间生产下的文化不适与秩序问题

在物质空间从农村转向城镇,生产空间由农田转向工厂,生活空间由分散开阔的院落转向集中狭小的楼房,社会关系空间由熟人社会转向陌生人社会,心灵空间从熟悉认同转向陌生不安的空间变革背景下,易地搬迁居民面临着一系列的文化适应困境,必须在生产方式、人际交往、心理体系等多方面做出主体性调适。

4.1 乡土生活方式与现代居住空间格局的不适应

按照国家易地扶贫搬迁政策,严格控制每个居民的平均住房面积不超过25平方米。与过去农村传统的开放式院落相比,现代楼房的面积狭小以及私人空间与公共空间的界限分明造成了易地搬迁居民在生活方式上的不适应。在搬入楼房居住后,许多易地搬迁居民仍在空间狭小的楼房中摆满粮食、蔬菜、农具,甚至还养鸡鸭等牲畜,引发了许多卫生与健康问题。此外,按照人均严格规定的楼房面积以及要求贫困户整户迁入的政策并未考虑到居民的结婚意愿、生育意愿以及家庭代际关系矛盾等问题,新加入的家庭成员会进一步挤压易地搬迁居民的生活空间。最后是公共空间与私人空间的分离以及公共空间正式化带来的生活上的不适应。易地搬迁居民在以前完全自给自足状态下享有对周围空间的独占性,而在易地搬迁社区中,易地搬迁居民必须与其他居民共同占有、分享与支配空间。因此,存在不少居民强占楼道、电梯口以及公共广场等空间的问题。

4.2 社会关系空间断裂下的情感淡漠倾向

与社会关系网络相比,社会关系空间是具有地域性的,发生在一定范围内的。社会关系空间是指人与人之间的社会互动以及由此形成的社会关系的性质和范围。易地扶贫搬迁客观上改变了易地搬迁居民原有的社会交往格局,原有的建立在血缘、地缘基础上的社会关系被打破重组,生活在同一栋甚至同一层中的邻居往往都是来自其他乡镇中的陌生人,个体与个体之间的社会关系的建立需要长期稳定的互动与维持。但是由于易地搬迁居民的日常时间被"通勤式"的工作切割，人们不再像过去那样拥有大量的交往时间，易地搬迁社区的社会关系空间发生了断裂，人与人之间的情感交流和意愿表达受到阻塞。

4.3 社区联结纽带的缺失

在传统社会中，维系社会团结或社会秩序的纽带是建立在血缘关系和地缘关系基础上的群体同质性。空间变革下的易地搬迁社区中的居民的同质性遭到削弱而异质性得到增强，现代社会中所需要的维系社会团结的公民道德与社区精神文明建设在易地搬迁社区初期又处于一种缺失的情况。同质性减弱而异质性增强，即传统的社会关系正在解体，现代的社会关系尚未建立，是当前农村社会危机和村庄失序的重要原因。此外，易地搬迁社区中属于过去乡土性质的集体记忆正在消逝，集体记忆是乡土社会共有的精神财富，集体记忆可用于重建关于过去的意象，也可以满足个体对自身定位的追寻。当人们远离了土地，远离了乡村，过去生活的乡村空间中的记忆与现实的社会生活产生冲突，易地搬迁居民不再是以土地为谋生方式的农民，但也无法对自己新的城镇居民身份产生认同感。

5 基于多方参与的文化适应与秩序建构

列斐伏尔并没有将空间表现及在空间表现主导下的空间实践看作与表现空间完全对立的存在，相反，它们是辩证统一的关系。易地搬迁居民其实是偏向于支持易地扶贫搬迁政策的，并且搬迁后他们的物质生活条件和经济条件也得到了较大提升。但是之前的易地扶贫搬迁实践中出现了文化空间、社会关系空间、心理空间等跟不上物质空间变迁速度的"空间失衡"现象。在后续扶持阶段，为满足易地搬迁居民日益增长的美好生活需要，相关部门必须做好易地搬迁社区的文化适应与秩序建构工作，充分发挥易地搬迁社区中多方主体的主动性和创造性，在居民积极适应城市空间生活的同时，打造具有文化特色的社区空间，加强社区道德秩序与法律秩序的建设工作，从而推动"空间均衡"的实现。这就需要表现空间，即作为空间使用者的搬迁居民、社区组织以及有担当的学者、艺术家等群体一起参与到新的空间实践以及空间社会关系的再生产过程之中，发挥表现空间的主体性作用，从而实现空间实践、空间表现以及表现空间之间的辩证统一，推动易地搬迁社区的良性运行和协调发展。

5.1 促进地方知识与现代知识的融合

地方知识是特定空间和社会关系下的产物，也是可被感知的空间实践。在传统乡村社会，稳定的社会秩序是地方知识得以产生并世代积累的基础，同时地方知识也发挥着维系社会秩序的纽带作用。在社会空间和社会关系的变迁下，失去了空间根基的地方知识，在现代观念的冲击下，很有可能会走向失落。而同时搬迁居民接受现代价值与生活方式需要一个过程，从而导致了他们在劳动转型、观念适应以及生活方式调整等多方面的困境。因此，易地搬迁社区的文化转型可以通过创新地方知识与现代知识的融合机制来实现。在这一过程中，相关部门应当促进搬迁居民的积极参与，可以收集他们所了解的地方传说、神话故事等，发挥艺术家、作家的创造能力，将其进行合理改编，并通过戏剧或广播节目的形式表现出来；此外，还应积极采纳与传统社会中形成的与现代法律观念具有一致性的乡规民约，并加以宣传，以搬迁居民更容易接受的方式传播现代知识，从而促进社区新秩序的形成。

5.2 举办多样化的公共空间交往活动

齐美尔赋予"陌生人"这一概念以空间距离上的意义，他认为陌生人是介于脱离任何既定的地域空间的漫游与固定在一个地域空间之间的统一。过去的搬迁居民可以在山上林间、房前屋后、农田牧场等空间中开展丰富的社会交往活动，然而现在他们的时间被现代工厂、企业所制定的精准时间表切割，空间也分化为明确的私人空间与公共空间，在生产工作中，情感交流和意愿沟通也被限制，搬迁居民之间缺乏社交的机会和场合。由来自不同乡镇的居民构成的易地搬迁社区具有成为"陌生人社区"的倾向，这会降低搬迁移民对易地搬迁社区的认同感与归属感，仅仅作为"生活在别处"的陌生人与社区进行"若即若离"的互动。社区居民参与是推动社区治理体系和治理能力现代化的重要力量，因此必须把推动易地搬迁社区向熟人社会转变、建构社区支持网络作为新时代易地搬迁社区建设的重要目标。相关部门可以利用现代理性设计下形成的公共空间，如社区广场、社群服务中心等开展多样化的交往活动，促进搬迁居民之间彼此熟悉，从而激发社区的内在活力。

5.3 构建空间生产的多主体参与体系

首先，地方政府应当一改以往在空间实践中单一的主导角色，尝试向中介者身份转变。在政策制定中，地方政府应当秉持差异化原则，坚持以人为本，尽可能解决不同类型搬迁居民遭遇的文化不适应问题。其次，居民作为社区空间中最主要的社会行动者，应当履行起自己的社区参与义务并表达利益诉求。最后，在社区的整合和自我调适阶段，充分吸引各界艺术家、作家主动参与到易地搬迁社区空间的创造中来，实现多主体共同参与的空间生产过程。

6 结束语

现阶段以政府为主导的空间表现主要是基于现代化知识和理念对可感知的

空间实践进行的规划与设计，忽视了搬迁居民对空间使用价值的差异性需要，导致目前的易地搬迁社区中出现"空间失衡"现象，并由此引发了搬迁居民文化不适应以及空间秩序暂时性缺场等问题。一旦搬迁居民个体感到难以适应现代社区的生活方式并且无法在社区中获得稳定的社会关系支持时，他们会将自己看作"生活在别处"的"外人"，并在心理上进一步加深对过去家园的依恋之情，甚至出现返迁、钟摆式迁徙的情况。此外，易地搬迁社区是一个充满异质性与复杂性的空间，空间秩序的缺场以及传统文化空间的失落可能会导致社区中道德观念丧失、社区凝聚力匮乏等问题，不利于社区的长治久安以及社区居民集体的协同、互助、合作。

我们不应该仅仅将易地搬迁社区看作从农村空间向城市空间转型过程中的过渡性空间，一味地将现代都市空间作为空间生产的最终归宿。在未来的空间再生产和易地搬迁政策的制定过程中，我们应当积极寻找传统文化与现代文化、礼俗秩序与法律秩序之间平衡的立足点，重视易地搬迁社区及其居民的独特性。推动易地扶贫搬迁社区实现"空间均衡"，尽可能化解现代化过程中产生的负面影响，是未来易地搬迁研究中不可忽视的课题，也是实现易地搬迁社区治理体系和治理能力现代化的必经之路。

参考文献

［1］费孝通. 乡土中国［M］. 北京：北京出版社，2004.

［2］高飞，向德平. 多元利益诉求：农村社会团结纽带的断裂逻辑：以广东省佛山市南海区为例［J］. 广东社会科学，2005（5）：214-221.

［3］龚长宇，郑杭生. 陌生人社会秩序的价值基础［J］. 科学社会主义，2001（1）：109-112.

［4］郭文. "空间的生产"内涵、逻辑体系及对中国新型城镇化实践的思考［J］. 经济地理，2014（6）：33-39，32.

［5］国务院新闻办公室.《人类减贫的中国实践》白皮书［EB/OL］.（2021-04-06）［2023-10-15］. https://www.gov.cn/zhengce/2021-04/06/content_5597952.htm.

［6］韩勇，余斌，朱媛媛，等. 英美国家关于列斐伏尔空间生产理论的新近研究进展及启示［J］. 经济地理，2016（7）：19-26.

［7］李春敏. 列斐伏尔的空间生产理论探析［J］. 人文杂志，2011（1）：62-68.

［8］列斐伏尔. 空间的生产［M］. 刘怀玉，译. 上海：商务印书馆，2021.

［9］刘少杰．易地扶贫的空间失衡与精准施策［J］．福建师范大学学报（哲学社会科学版），2020（6）：45-50.

［10］马流辉．易地扶贫搬迁的"城市迷思"及其理论检视［J］．学习与实践，2018（8）：87-94.

［11］齐美尔．社会学：关于社会化形式的研究［M］．林荣远，译．北京：华夏出版社，2002.

［12］史诗悦．易地扶贫搬迁社区的空间生产、置换与社会整合：基于宁夏固原团结村的田野调查［J］．湖北民族大学学报（哲学社会学版），2021（1）：98-108.

［13］孙九霞，苏静．旅游影响下传统社区空间变迁的理论探讨：基于空间生产理论的反思［J］．旅游学刊，2014（5）：78-86.

［14］孙守恩，何亚东．发展性视角下易地扶贫搬迁社区治理与服务实践研究［J］．社会与公益，2021（1）：39-41.

［15］涂圣伟．易地扶贫搬迁后续扶持的政策导向与战略重点［J］．改革，2020（9）：118-127.

［16］王寓凡，江立华．空间再造与易地搬迁贫困户的社会适应：基于江西省 X 县的调查［J］．社会科学研究，2020（1）：125-131.

［17］谢舜．城市化与市民生活空间的合理化建构［J］．河北学刊，2005（2）：113-117.

［18］叶青，苏海．政策实践与资本重置：贵州易地扶贫搬迁的经验表达［J］．中国农业大学学报（社会科学版），2016（5）：64-70.

［19］郑娜娜．空间变革下的生计策略与养老保障：基于易地搬迁老年移民养老方式的考察［J］．河海大学学报（哲学社会科学版），2022（4）：116-124，137.

［20］周恩宇，卯丹．易地扶贫搬迁的实践及其后果：一项社会文化转型视角的分析［J］．中国农业大学学报（社会科学版），2017（2）：69-77.

农村居民社会治理认知情况研究

——以重庆市 D 乡为例

代金莲

（西藏民族大学）

摘要： 人们对社会治理认知存在差异，认知差异会影响社会治理的有序推进。本文将重庆市 D 乡居民社会治理认知情况作为调查研究的对象，通过问卷调查分析及结果呈现，反映农村居民对治理主体、治理目标的认知情况。

关键词： 农村地区；社会治理；社会认知

实施乡村振兴战略、实现国家治理体系现代化必须高度关注农村治理体系和治理能力现代化。农村社会治理的认知水平，会影响人们对社会治理的认知状况、参与社会治理的积极性以及社会治理整个过程的有序推进。因此，本文将运用社会认知理论，探究社会环境对人们社会治理认知水平的影响，以期回答：人们对于社会治理的认知是怎样的？人们个体内部差异是否会影响人们的认知？人们所处社会环境是否会影响人们的认知？如何提高人们对农村地区社会治理的认知水平？

1 文献回顾

我国农村地区的社会治理已经历较长的时间，各地区采取了不同的治理方式，学术界从多种理论视角出发，对农村地区社会治理进行了探究，积累了很多的研究成果。

1.1 农村社会治理的相关研究

通过对当前学术界对农村社会治理的研究进展的分析梳理，笔者主要从以下几个方面进行了研究：

一是对农村社会治理的概念的探究。为了解决农村面临的现实问题，借用治理理论，学者们提出了农村治理或者乡村治理的概念。贺雪峰认为，农村管理模式之一就是农村治理，即为了达到有序发展的目的，村民应如何进行自我管理。党国英认为，一种给予乡村公共品的活动，同时主体是农村一些权威机构以及政府，就是社会治理。

二是对农村地区社会治理的困境的研究。王明中认为，经济落后、法治意识淡薄导致农村居民民主参与意识较弱，参与农村地区社会治理的意愿不强烈。

三是关于农村地区治理困境的对策探究。目前，关于社会治理的一些相关研究中，学者们关于农村社会治理中的治理困境，提出了一些自己的看法。此外，闫建认为有效的治理，需要彼此的合作，最终形成社会治理合力。

1.2　文献简评

从研究主体来看，关于农村社会治理的研究主体主要分为多元主体与非多元主体。研究主体涵盖的范围非常广，但对一些女性群体、老年群体在农村社会治理中发挥作用的研究较少。在研究视角方面，目前关于农村地区社会治理的研究视角非常多，主要涉及社会学、人类学等方面，但从多视角进行农村地区社会治理的研究缺乏。在研究方法方面，主要是定性研究，运用定量的研究方法进行相关研究以及定量与定性相结合的研究都较少。总之，依据在中国知网收集的资料可知，在农村地区社会治理的研究方面，国内已经做了相当多的研究，但在对农村地区社会治理认知度的研究方面相对匮乏。因此，对相关主体关于农村地区社会治理的认知度进行研究是有必要的。

2　研究设计

本篇论文数据来源为自行设计的问卷，标题为"关于农村地区社会治理认知情况调查问卷"。根据调研地的实际情况与研究目的，笔者选用概率抽样中分层抽样的抽样方法，在研究中将重庆市 D 乡作为研究地。重庆市 D 乡一共有 4 个行政村，下设 32 个村民小组，然后根据每个行政村的小组数量，按照分层抽样的方式选取 300 个样本进行调查研究。本次调研共计 13 天，发放问卷 300 份，收回 293 份，除随意填答、答案缺失的问卷，有效问卷 286 份，有效问卷占比 95.33%。问卷回收后，录入 SPSS 软件中，生成数据汇同分析，本节中所用数据来自这 286 份问卷。

从调查样本的基本情况（见表 1）可以看出，本次调查的样本具有广泛性、多层次、代表性的特点，此次调研结果能够较好地反映当前农村地区社会治理认知的基本情况。

表 1 调查样本的基本情况统计

人口统计特征	类别	人数/人	占比/%
性别	男性	166	58.04
	女性	120	41.96
年龄	18 岁以下	50	17.48
	18~35 岁	75	26.22
	36~60 岁	118	41.26
	60 岁以上	43	15.03
受教育水平	未上过学	18	6.29
	小学	57	19.93
	初中	119	41.61
	高中/中专	66	23.08
	本科/大专及以上	26	9.09
家庭年收入	1 万元以下	28	9.79
	1 万~5 万元	126	44.06
	6 万~10 万元	98	34.27
	10 万元以上	34	11.89

3 数据分析

本次的问卷分析，分为两大部分：第一部分为人们对社会治理认知的现状，采用描述性分析进行分析；第二部分为个体特征与环境对人们社会治理认知的影响，采用皮尔森相关系数进行分析。

3.1 描述性分析

描述性分析是指通过数据分析后得出的平均值或中位数，来描述数据的整体情况。针对农村居民的社会治理认知现状的分析，本文选择运用描述性分析的方式。

3.1.1 对社会治理的了解情况

在对农村居民对社会治理的了解程度调查中，结果显示，"非常了解"的一共有 21 人，在总数中占比 7.34%；"了解一些"的有 158 人，占比 55.24%；而"不太了解"的人数为 95 人，占比 33.22%；表示"没听说过"的人数为 12 人，占比 4.20%（见表 2）。

表2　对社会治理的了解情况

了解情况	人数/人	占比/%
非常了解	21	7.34
了解一些	158	55.24
不太了解	95	33.22
没听说过	12	4.20
合计	286	100

3.1.2　对社会治理主体的认知情况

根据统计调查分析，农村居民认为社会治理的主体为"政府、村干部"的人数为98人，占全部调查人数的34.27%，而剩余的188人（占比65.73%），均认为社会治理的主体应当为村民、政府等多元主体共同参与（见表3）。

表3　认为社会治理需要的主体

治理主体	人数/人	占比/%
政府、村干部	98	34.27
村民、政府等多元主体	188	65.73
合计	286	100

3.1.3　对社会治理的治理目标的认知情况

对农村居民对社会治理的目标的认知情况进行调查，结果如表4所示，认为治理的目标仅仅为了解决社会问题的人数为5人，占比1.75%，认为是为了达到促进经济发展目的的人数为126人，比例是44.05%，其中占比最大的是认为是为了促进当地各方面发展，其中人数为155人，占比54.19%。

表4　社会治理的治理目标

治理目标	人数/人	占比/%
解决社会问题	5	1.75
促进经济发展	126	44.05
促进当地各方面发展	155	54.19
合计	286	100

3.1.4 获取社会治理信息的意愿

对农村居民对主动获取社会治理信息的意愿进行调查研究与分析，结果如表 5 显示，其中表示愿意获取社会治理相关信息的为 128 人，占比为 44.76%，不愿意获取信息的人数占比超一半，所占比例为 55.24%。

表 5　获取社会治理信息的意愿

意愿状况	人数/人	占比/%
愿意	128	44.76
不愿意	158	55.24
合计	286	100

3.2　皮尔森相关系数

3.2.1　变量选取

皮尔森相关系数是一种线性相关系数。在本次研究分析中，y 变量表示"人们是否了解社会治理"。x_1，x_2，x_3，…，x_m 表示"影响人们社会治理认知的各种因素"。m 表示各影响因素的编号（见表6）。

3.2.2　变量说明

y 变量：选取人们是否了解社会治理作为变量。x 变量：根据研究需要，分为两部分，第一部分为性别、年龄、受教育水平、职业以及家庭年收入等变量，第二部分引入村里遇到问题，能否很好地得到解决等变量。

表 6　变量的指标选择及变量说明

变量名称	代码	定义与赋值
是否了解社会治理	y	1＝非常了解；2＝了解一些； 3＝不太了解；4＝没听过
性别	x_1	1＝男；2＝女
年龄	x_2	1＝18 岁以下；2＝18~35 岁； 3＝36~60 岁；4＝60 岁以上
受教育水平	x_3	1＝未上过学；2＝小学；3＝初中； 4＝高中/中专；5＝本科/大专及以上
职业	x_4	1＝村民；2＝村干部； 3＝行政机关人员；4＝学生及老师
家庭年收入	x_5	1＝1 万元以下；2＝1 万~5 万元； 3＝5 万~10 万元；4＝10 万元以上

表6(续)

变量名称	代码	定义与赋值
政府与村委会的社会治理水平	x_6	1=非常好；2=好；3=一般； 4=较差；5=非常差
遇到问题是否能得到很好的解决	x_7	1=基本得不到解决；2=少部分可以得到解决； 3=大部分可以得到解决；4=基本可以被解决
相关部门对社会治理宣传水平如何	x_8	1=非常好；2=好；3=一般； 4=较差；5=非常差
村里的文化建设	x_9	1=很好；2=一般；3=差
是否有广播等基础设施	x_{10}	1=没有；2=有
对当前生活的满意程度	x_{11}	1=非常满意；2=比较满意；3=一般； 4=不太满意；5=非常不满意

4 结果与分析

4.1 描述性分析

4.1.1 人们社会治理认知水平较低

从表7可以得知，人们关于社会治理认知水平的最小值为1，最大值为4，平均值为2.333，标准差为0.679，中位数为2。其中，1=非常了解，2=了解一些，3=不太了解，4=没听说过。基于此，可以得知，当前农村居民对社会治理的认知水平较低。

表7 关于社会治理认知水平的分析

问题	最小值	最大值	平均值	标准差	中位数
您了解社会治理吗？	1	4	2.333	0.679	2

4.1.2 对治理主体的认知较弱

表8显示，人们关于治理主体的认识中，最小值为1，最大值为2，平均值为1.222，标准差为0.506，中位数为1。在问卷分析中，1=政府与村干部参与治理，2=村民、政府、村干部与企事业单位人员参与。因此，农村居民对治理主体的认知较弱，部分人认为进行社会治理是政府与村干部的责任，与自己没有关系。

表 8　对治理主体认知的分析

问题	最小值	最大值	平均值	标准差	中位数
您认为社会治理需要哪些主体参与	1	2	1.222	0.506	1

4.1.3　对社会治理的治理目标认知片面

对此题"社会治理是为什么"的设置，是为了探究农村居民对社会治理的治理目标的认知情况。从表 9 可知，最小值为 2，最大值为 3，平均值为 2.333，标准差为 0.661，中位数为 2。其中，1 = 解决问题，2 = 解决问题以及促进发展，3 = 促进经济、文化、生态、社会等健康发展。基于此，可知，农村居民对社会治理的治理目标的认知较为片面。

表 9　对治理目标的认知情况分析

问题	最小值	最大值	平均值	标准差	中位数
社会治理是为什么	2	3	2.333	0.661	2

4.1.4　获取社会治理相关信息的意愿较低

关于此题的问答，显示最小值为 1，最大值为 2，平均值为 1.222，标准差为 0.424，中位数为 1。其中，1 = 愿意，2 = 不愿意。所以，从表 10 可知，不愿意主动获取社会治理相关信息的人员所占比例近 50%，由此可知，有部分人获取社会治理信息的意愿较弱。

表 10　获取社会治理信息的意愿分析

问题	最小值	最大值	平均值	标准差	中位数
您愿意主动获取社会治理相关信息吗	1	2	1.222	0.424	1

4.2　相关性分析

4.2.1　个体特征与社会治理认识水平

从表 11 可知，利用相关分析去研究"Y = 是否了解社会治理"分别和"X_1 = 性别""X_2 = 年龄""X_3 = 受教育程度""X_4 = 职业"和"X_5 = 家庭年收入"这 5 项之间的相关关系，用皮尔森系数来表示相关关系的强弱。具体分析：Y 和 X_1 之间的相关系数值为 0.402，数值是大于 0 且小于 1，同时 p 值为 0.01 < 0.05，说明 Y 和 X_1 之间存在相关关系，而且为中等程度的相关。从表 11 可知，Y 和 X_2 之间的相关系数值为 0.134，这个值是接近于 0，然而 p 值为 0.867 >

0.05，则 Y 和 X_2 没有相关关系。Y 和 X_3 之间的相关系数值为 0.504，而且表现出了高水平的显著性，因此，Y 和 X_3 之间有正相关关系并且显著相关。Y 和 X_4 之间的相关系数值为 0.207，大于 0 小于 0.5，p 值 0.032<0.05，因此 Y 和 X_4 有相关关系，但相关性较弱。Y 和 X_5 之间的相关系数值为 -0.14，接近于 0，并且 p 值为 1.000>0.05，Y 和 X_5 之间并没有相关关系。综上所述，在个体特征中，人们的性别、受教育程度以及职业，均会影响人们对社会治理的认知程度。

表 11　个体特征与社会治理认知水平相关分析

变量	项目	Y
X_1	相关系数	0.402*
	p 值	0.01
X_2	相关系数	0.134
	p 值	0.867
X_3	相关系数	0.504**
	p 值	0.00
X_4	相关系数	0.207*
	p 值	0.03
X_5	相关系数	-0.14
	p 值	1

注：* $p<0.05$，** $p<0.01$。

4.2.2　环境与社会治理认知

本文利用相关分析，对 Y 和 X_6、X_7、X_8、X_9、X_{10}、X_{11} 相关关系进行探究，同时利用皮尔森相关系数，研究 X 与 Y 关系的强弱，结果见表 12。以下为具体分析：

Y 和 X_6 的之间的相关系数值是 -0.151，接近于 0，p 值 =0.451>0.05，因而说明 Y 和 X_6 之间并没有相关关系。除此之外，Y 和 X_7 之间，两者的相关关系数值是 0.061，而 p 值显示为 0.764>0.05，所以认为 Y 和 X_7 之间并没有相关关系。表 12 中显示了 Y 和 X_8 之间的相关系数值是 0.559，并且 p 值 =0.002<0.01，可知 Y 和 X_8 之间有着较为显著的正相关关系。而 Y 和 X_9 之间的相关关系为 0.535，并且 p 值为 0.004<0.01，可知 Y 和 X_9 之间有正相关关系。Y 与 X_{10} 的相关系数值为 0.201，p 值明显呈现出了 0.01 水平的显著性，因此，认为 Y 与 X_{10} 之间具有相关关系。表 12 中显示 Y 和 X_{11} 之间的相关系数值是 -0.354，而 p 值为 0.010<0.05，可以说明 Y 和 X_{11} 之间具有负相关关系。基于此，可以

认为，相关部门对社会治理的宣传水平、村内的文化建设程度、文化基础设施的建设、社会治理的水平等都会在一定程度上影响农村居民关于社会治理的认知水平。

表 12　环境与社会治理认知水平的相关性分析

变量	项目	Y
X_6	相关系数	−0.151
	p 值	0.451
X_7	相关系数	0.061
	p 值	0.764
X_8	相关系数	0.559**
	p 值	0.002
X_9	相关系数	0.535**
	p 值	0.004
X_{10}	相关系数	0.201*
	P 值	0.01
X_{11}	相关系数	−0.354*
	p 值	0.01

注: * $p<0.05$, ** $p<0.01$。

5　结论与建议

5.1　结论

本文基于社会认知理论，收集数据资料，运用描述性分析、相关分析，探索农村居民对社会治理的认知水平，检验了农村个体特征与所处的环境状况对其认知程度的影响。本文的主要研究结论如下：

5.1.1　农村居民对社会治理的认知意愿较低

总体上，农村居民对社会治理的了解意愿较低，或者换句话说，农村居民主动获取社会治理相关信息的意愿较低。而对农村居民认知意愿的影响因素，还需进一步研究，本文认为，农村居民的了解意愿受到个体的内部差异，如职业、文化程度等的影响，除此之外，还与获取社会治理认知的时间成本、获取信息的途径等指标相关。

5.1.2 农村居民对农村社会治理的认知缺乏且片面

根据调查对象的回答，以及数据分析得知，农村居民对农村地区社会治理的相关认知缺乏。许多被调查者表示，农村地区的社会治理概念仅仅听说过，并不知道具体的含义，更有甚者，完全没有听说过什么是社会治理。在调查研究中还体现了一个明显的问题，即农村居民对农村地区社会治理的认知较为片面。第一，对治理主体的认知较为片面。许多农村居民认为农村地区的社会治理仅仅是政府、村委会等有关部门的工作，与他们自己没有什么关系，所以大部分人认为不需要也不愿意参与社会治理。同时，一些人认为术业有专攻，觉得村民的能力有限，不应该参与农村的社会治理，认为这是徒劳的行为。第二，对治理目标的认识片面。问卷的分析结果显示，许多人认为，农村地区的社会治理就是解决村里的一些问题，还有部分人认为社会治理就是提高经济水平的同时治理村内的社会问题。这些都体现出农村居民对社会治理的目标的认识是片面的。

5.1.3 农村居民自身的个体特征会影响其认知水平

通过对被调查者的性别、年龄、受教育水平、职业与家庭年收入等个体特征与社会认知相关分析可知，农村居民的社会认知水平与他们自己的个体特征相关，但并非所有个体特征都会影响人们的认知程度。农村居民的性别是影响他们认知的因素，而年龄并非与社会治理认知具有明显的相关关系，受教育程度、职业也会影响认知水平，家庭年收入对认知水平的影响不明显。综上所述，农村居民个体的性别、受教育水平与职业是社会治理认知水平的影响因素。

5.1.4 环境会影响农村居民的认知水平

本文通过将环境的指标与社会治理认知进行相关性分析，得知农村居民所处的环境也会在一定程度上影响他们对社会治理的认知水平。相关部门对社会治理的宣传情况、村内的文化建设程度、文化基础设施的建设、社会治理的水平等都会影响农村居民对社会治理的认知。

5.2 建议

5.2.1 加强对农村社会治理的宣传

第一，采用逐级学习与宣传的方法。乡政府应组织全体村干部一起参与学习社会治理，将相关知识理解透彻，在必要时，通过举行小测验的形式，加深各个干部对社会治理的理解程度。在乡政府的干部学习完毕后，建议实行干部包村制，包村干部对村委会干部进行统一培训和讲解，这样一对多的小范围讲解可以确保村干部对政策具体内容的理解的效果。再进一步细分，每位村干部负责部分家庭，对村里的人们进行宣传教育，从而提高他们对农村地区社会治理的认知水平。第二，积极充分利用每个村里配备的远程教育工具进行教育宣传。首先，要确保每个村的远程教育平台是可以正常使用的。该平台的建设和维护经费可以由政府承担，减少村集体的压力。其次，尽量采用通俗易懂的语言，以农村居民特别是村里老年人喜闻乐见的形式进行宣传。最后，充分利用政府给每个乡镇每个村配备的宣传广播，对相关的知识与相关政策进行循环播放，让群众在村内就能了解到最新的政策信息，畅通与外界沟通的渠道。

5.2.2　加强乡村文化建设

农村居民对农村地区社会治理的认知水平较低会影响他们参与乡村治理的积极性，因此，应加强乡村的文化建设，提高人们对社会治理的认知度。一是以社会主义核心价值观重塑乡村文化，统领乡村治理的文化建设。这是实现乡村振兴和乡村治理现代化的内在要求。二是培育新型乡贤文化，加强对乡村治理主体的思想引导。金雪婷等发现"新乡贤"是乡村人才队伍的重要组成部分，是推动乡村人才振兴的突破口。熊兴等学者认为，应塑造良好文化环境氛围，引导、教化治理主体在追求经济效益的同时关注公共利益，引导其正确认识和协调个人利益与乡村公共利益的关系。所以，加强乡村文化建设，提高人们对农村地区社会治理的认知水平，有利于促进乡村的发展。

5.2.3　完善沟通回应机制

目前，在农村地区关于社会治理的相关信息的宣传大多仅是单向的，缺乏信息的回馈。一方面，农村居民在获取信息的过程中，必然会遇到的一些迷惑不解的地方，这就需要及时与相关部门进行沟通。如果存在完善的沟通机制，农村居民的问题就能得到及时解决，其对社会治理的认识也能够更加深入与全面，在一定程度上有利于提高其参与农村地区社会治理的积极性，进而促进乡村的发展。另一方面，如果有关政策回应机制能够更完善，在很大程度上能够把人们最真实的诉求与问题传递给相关负责人，从而更高效地解决问题。

6　研究不足与展望

本文通过数据分析，得出农村居民的社会治理认知水平较低，且个体特征与所处环境均会在一定程度上影响他们对社会治理的认知水平。本文的不足有以下几个方面。首先，在研究内容上，本文对农村地区各个主体的认知差异与其参与社会治理积极性的相关性缺乏深入探究。例如，村干部与农村居民是否在关于社会治理认知上具有显著的差异，两者在参与社会治理的积极性上是否具有差异；也欠缺对农村居民社会治理认知的动态变化的研究。其次，在研究方法上，本文收集资料仅仅运用问卷法，难以对研究问题进行深入探究，还应结合其他方法做深入的探究分析，使得研究更全面。因此，如何在新时代背景下，进一步全面而深入地研究农村地区社会治理状况，还需要不断努力探索研究。

参考文献

[1] 党国英. 我国乡村治理改革回顾与展望 [J]. 社会科学战线，2008 (12)：1-17.

[2] 郭以筑. 重庆市荣昌区仁义镇乡村治理中村规民约构建问题和对策研究 [D]. 重庆：西南大学，2008.

[3] 贺雪峰. 乡村治理研究与村庄治理研究 [J]. 地方财政研究，2007 (3)：46.

[4] 何坚. 社区居民的社会工作认知度提升研究：以深圳 S 社区的实践为例 [D]. 咸阳：西北农林科技大学，2017.

[5] 金雪婷，赵闰，黄沁，等. 江苏"新乡贤"群体振兴的现状、困境与对策 [J]. 中国农机化学报，2021，42 (7)：196-201.

[6] 林雪婷. 乡村治理中的村民社会信任提升研究 [D]. 大连：大连理工大学，2021.

[7] 许玲. L 市乡耕保补贴政策群众认知度研究 [D]. 北京：中国地质大学，2020.

[8] 熊兴，余兴厚，储勇. 乡村振兴背景下乡村治理的困境及对策研究 [J]. 重庆文理学院学报（社会科学版），2022，41 (2)：1-12.

[9] 徐顺. 基于社会认知理论的大学生数字公民素养影响因素及提升策略研究 [D]. 武汉：华中师范大学，2019.

[10] 闫建. 多元合作治理视角下的西部新农村建设：基于西部八省（市）的调查研究 [J]. 专题研究，2009 (2)：17-20.

[11] 张晓娟，李贞贞. 基于社会认知理论的智能手机用户信息安全行为意愿研究 [J]. 现代情报，2017，37 (9)：16-22.

[12] 钟萍娃. 村规民约在乡村社会治理中的作用研究：以 L 县为例 [D]. 南昌：江西财经大学，2021.

基层乡村数字治理的现实困境及优化路径

樊华

（西华师范大学）

摘要：乡村兴则国兴，乡村的稳定发展是国家得以长治久安的基础。探析乡村数字治理的内涵和需求，实际是建设农村数字治理体系的关键所在。推行乡村数字治理不仅是实施乡村振兴战略的必要举措，更是实现国家治理体系和治理能力现代化的必经之路。科学技术是第一生产力，数字技术在应用过程中不断转化为新的治理要素，为基层乡村治理现代化提供途径与方法。

关键词：数字治理；乡村治理；乡村振兴；"三农"问题

0 引言

随着云计算、大数据、物联网、人工智能等新兴技术的发展，数字技术已经深入社会的各个领域，社会数字化进程不仅促进了社会形态的现代化也带来了新的问题，这同样对实现国家治理体系和治理能力现代化提出了新要求。在全面实现脱贫攻坚和全面建成小康社会之后，基层乡村治理情况得到了很大改善，农村农业经济实现了飞跃式发展，农民的生活质量显著提升。数字技术与乡村治理的结合所构成的数字乡村治理在全国范围内引发了基层治理的新一轮创新浪潮，多地依据自身的实际情况逐渐形成了具有本地特色的数字乡村治理模式。如浙江德清"数字治理一张图"的智治模式，广西金瑶县的"一网通管"基层治理新模式等，这些模式为其他地区推行数字乡村治理提供了参照。同时，这些各具特色的数字乡村治理模式，为乡村治理提供了创新的内在动力，对于乡村数字治理的发展具有积极的意义。

经济的驱动力引发了上层建筑的变革，这使得数字乡村治理不仅仅是经济的内力所带来的结果，更是国家层面的战略目的。2017年，党的十九大报告中提出实施乡村振兴战略和建设数字中国。2018年中央一号文件更明确了在推进乡村振兴战略中着重发挥数字化技术赋能的作用，更加深入地运用数字化技术来为"三农"问题服务，推行"数字乡村战略"。2022年，中央网信办等部门联合印发《数字乡村发展行动计划（2022—2025年）》，明确要求充分发挥信息化对乡村振兴的驱动引领作用，提升基层乡村的数字治理能力，打造乡村数字治理体系，开展乡村治理数字化建设。乡村治理面临着新的挑战和机遇。弥合地区、群体之间的数字鸿沟是推进数字乡村治理的现实目的。乡村既是社会治理的基础，又是社会治理的薄弱环节，实施乡村振兴战略是健全我国社会治理格局，推动乡村治理体系和治理能力现代化的重要途径。在数字技术发展水平较低的地区，在新一轮数字革命的冲击下，很大可能出现信息获取不对等的现象，这提高了乡村获取数字技术或推行数字化建设的难度，严重制约乡村群体培养自身数字素养的能力，使得乡村成为数字化革命难以触及的区域。

依靠数字技术确实可以拉动乡村建设，国内近些年乡村的发展也印证了这一点，国内学者关注的重点仍在乡村数字基础设施建设本身，并未将关注点转移至乡村治理。基层乡村治理面临着制度不健全、村民素养不足、技术赋能不足等问题，这些治理问题的根源在于缺乏高效精准的治理方式和手段。

1　乡村数字治理的优势

当今世界已进入信息时代，在推进乡村振兴的过程中，传统的乡村治理模式已无法适应农村社会治理的需要，因此乡村治理体系亟须重建。通过数字技术由较为发达的城镇地区"渗透"进乡村地区，从而打破城乡二元治理结构。乡村治理数字化将有力地促进信息资源的流通和共享，实现乡村治理由传统的单一治理主体向多元主体治理转变。数字化治理将促使乡村治理模式从简单的权威模式转变为技术治理的复合多元模式，乡村数字治理在农村的运用展示了多元主体之间的协同作用，突出了数字化在治理实践中的优越性，有助于全面推进基层治理体系和治理能力现代化。

1.1　有利于进行资源整合，实现共享互惠

乡村治理现代化是实现国家治理体系现代化的重要组成部分，也是实现乡村振兴的重要保障。当前，我国经济已由高速增长阶段转向高质量发展阶段，中国的城镇化进程已进入"下半场"，农村社会基本结构、农村人口的结构组成、农民的主要收入方式和农民的利益诉求也发生了新变化。乡村的地域面积广阔、需要解决的事务繁杂。作为执行乡村治理任务的基层单位同样面临许多挑战：工作量很大，需要对接的部门众多、协调难度大，服务范围受到地域的

限制难以为不在籍人员提供跨区域服务等。基层工作人员在这种工作环境下往往出现工作重复等问题，而在基层力量不足的乡村地区，矛盾会更加突出。因此，为提高乡村基层治理能力，利用新兴数字技术参与基层治理也就成了题中之义。

推动乡村治理资源的整合是治本之策，而数字技术的应用就是资源整合的切入点，面对以上问题，需要应用数字化技术将分散在乡村各个角落的资源进行整合从而建立数字治理大平台。数字化乡村实践提升了农村社会发展的质量，为村民提供文化娱乐、交通和医疗咨询等服务。同时，有关单位可利用数字技术对各类乡村治理资料进行整理与分析，利用大数据技术对各类乡村治理现状进行建模，从而探索出一套科学高效的乡村治理之道。

1.2 有利于精准管理，有效提高服务效率、服务水平

数字治理充分利用了大数据精准识别的功能，有助于准确捕捉百姓的需求，以更好地实现服务供给和大众需求相匹配。不同于过去的传统城乡二元制社会，当今社会人员流动性大，社会分工复杂，行业门类繁多，各种不同于传统农业社会或初步工业化社会的复杂需求增加。

急速演进的治理现状倒逼社会治理主体必须跟进现实需求变革治理方式，从而实现治理体系的科学化和精细化。面对复杂多变的社会服务需求与治理赤字，有关单位利用数字技术可以对各种复杂需求实现准确捕捉。数字技术的高传达性与反馈的便捷也有助于政府及时了解所定政策的执行效果和社会大众的新需求。同时，有关单位通过大数据、人工智能等技术，还能快速发现、响应和满足人们的需求，甚至预知并挖掘潜在的需求。

1.3 有利于多方主体参与决策，推动决策科学化、民主化

乡村振兴战略强调"治理有效"，这充分表明乡村治理坚持问题导向，从而彻底破解村民参与难的实际问题，实现治理重心下移，提高群众参与度，激活治理的"神经末梢"，积极吸收社会力量融入基层治理，实现多元主体融入乡村治理新局面。有关单位可依托"线上议事厅"等数字化平台，指导群众参与乡村发展大讨论，提升村务决策民主水平。通过乡村数字治理平台的建设，政府部门能够发布惠农政策、村务实施执行动态信息，村民能够反馈问题，实现各方之间的交互。村民的公共利益诉求和公共价值得以表达，并倒逼乡村公共治理权力实现"自上而下"的转移，保障村民参与权的落实。

2 乡村数字治理的现实困境

对传统乡村治理进行数字化改造，引入新思维新概念新模式，使得乡村治

理现代化建设取得了一定成效，但在这一过程中也存在一些问题。

2.1 数字鸿沟现象频发，数据垄断和信息不对称问题加剧

首先，良好的信息基础设施建设是推进数字治理效能发挥的强力保障。近年来，我国的数字信息化建设取得了耀眼的成绩，但发展不平衡不充分的问题仍然存在，数字鸿沟问题在城乡之间与不同群体之间明显存在。从乡村治理的角度出发，数字鸿沟不再以数字设备或互联网接入为标志，而是以用户的数字技能为中心。乡村的社会弱势群体因数字技能缺失而被边缘化，人群间的数字鸿沟被拉大。与城市地区不同，乡镇的信息化建设投入资金较少，信息化建设所需的专业人才也很稀缺，资金和人才的投入短缺使得部分地区的数字化基础设施建设进度较为滞后。在一些条件落后的乡村地区，信息基础设施建设面临故障频发，建设人力不足，建成设备质量差、维护难的问题，这些问题都是乡村数字化转型需要破解的重要难题。除此之外，这些地区普遍没有数字化产业落地，当地居民普遍缺乏相关使用环境与教育培训，这导致他们的数字素养也不高。

其次，数字技术的普及并不均衡。在中国，许多乡村地区仍然停留在实现办公自动化网络化等电子政务的低水平阶段。此外，数字治理的数字化转型还远未达到普及程度。农村居民熟悉的传统工作方式被更新的数字化服务方式替代，反而使得农村居民无所适从。

最后，数字素养并非人人具有。数字素养是指个人使用数字工具、数字技术及利用数字资源的能力。数字化时代，大多数农村居民缺乏数字素养从而沦为"数字穷人"，在出行、消费、医疗等方面多有不便，难以成为数字福利所覆盖的对象。乡村治理数字化同样离不开智能设备终端如手机等在农村地区的普及，但是在这一普及过程中，同样存在以下问题：相比于城市，农村居民普遍可支配收入较少，进而缺乏购置智能设备的资金，且通常缺乏了解最新数字技术发展的渠道。农村的生产方式依然以农民从事简单的体力劳动为主，对数字技术应用没有太大的需求，且农村居民普遍缺乏对智能设备的学习兴趣。在不得不与信息化设备打交道的时候，大多数情况下，不懂操作的长辈会选择让懂数字技术的晚辈帮忙处理相关事务。

2.2 乡村传统治理方式与数字技术结合困难

传统村社可以规定家族成员行为规范、礼仪举止和制定违反规则所遭受的惩罚措施，不仅如此，中国传统村社自治制度还建立了家族内部互助机制，让个体发展的各个阶段都受到来自家族这个大共同体的激励与约束。而乡村数字化治理的核心是实现基层治理体系与治理能力现代化，数字化治理中，数字化只是手段，关键是让人与人、人与物、物与物之间链接更为顺畅，但要想实现

更加顺畅的链接，需要科学合理的利益链接。因此，我们应该借鉴传统的乡村治理模式，通过构建超越宗族血缘的新利益链接结构实现贯彻代际的治理体系，从而实现乡村数字化治理的现代化和顺畅链接。

现在，随着青壮年外出务工，乡村的治理机构的主体实际由留守的老年人组成，作为村治理主体的党委与村委会自然也不例外。他们中的许多人普遍存在学习新事物尤其是数字技术的能力比较差的问题。他们早已习惯了传统治理模式，意识不到新模式的重要性，也就缺乏学习和推动数字乡村治理的积极性。这不仅不利于治理主体对各项资源的有效配置、利用，同样也不利于治理工作的及时开展。此外，传统的观念长期以来束缚着他们。在传统的治理形式中，由于参与时间和地点的限制、民主协商组织的规模以及人际关系的局限，村民自治组织以及村民主体发挥作用的空间较小，对数字技术的掌握也不充分。乡村治理资源的利用，高度依赖于治理主体的全力支持与积极参与，但是，当前治理主体与对接机构平台存在能力不足问题，政府与村民的数字化沟通不被认可，乡村数字治理的推进也困难重重。

2.3 数字基础设施建设不完善

要让数字化技术更好地融入乡村治理，需要完善基础设施。不过，目前来看相关基础设施还没有完备。主要原因如下：

首先，在全领域进行普遍的、均质的建设存在较大难度。虽然目前提高乡村数字化建设水平是当务之急，但因为乡村治理硬件和软件缺乏，推进新型基础设施在乡村的全面全方位覆盖并不容易。

其次，由于基础设施建设的投入不足，加上乡村人口减少带来的劳动力资源短缺问题，尤其是在经济条件较差的地区，当地基层政府很难大力度支持数字技术的广泛普及，因为受到经济水平和财政能力的制约。

另外，数字化平台本身受当前技术现实的制约也存在两个主要问题。一是数字化建设覆盖范围有限。在数字化平台建成初期，数字化建设虽然已经逐渐落地到位，但各部门之间没有实现信息互通与数据共享，导致建设好的数字化平台没有发挥边际效率递增的优势。二是数字平台被基层实际搁置的问题。部分地区仍然存在将已开发的数字治理平台搁置一旁，处于建设好了却闲置不用的状态。数字化平台仅建设而没有实际运用，对于村民、企业以及社会组织而言，花大力气建成了却不使用放在那里"折旧"，带来的收益是负值，造成公共资源的浪费。此外，面对新事物，人们往往是保守的，数字基础设施建设产生的问题会增加人们对数字治理这一新事物的疑虑，进而不利于数字化乡村治理建设工作的后续。

3   数字乡村治理的优化路径

3.1   提高村民数字素养，以弥合数字鸿沟

基层政府需要打破传统单一的权威思维的限制，建立一套新的适应新时代发展要求的数字化治理思维。乡村治理的关键点在村民，要积极推进村民参与治理，以此促进乡村自治。作为农业农村生产过程中的主体——农民通过学习数字知识，可不断提升自己的数字素养，增强自身获取数字化技术的能力，减少数据垄断与信息不对称带来的危害，成为新时代所需的高技能高素质人才，从而实现跨越数字鸿沟。

3.2   完善基层数字基础设施建设，夯实治理基础

为了促进数字乡村治理能力的提升，我们需要做好数字基础建设的完善工作，同时加快乡村新型基础设施建设的进程。为了推动农业现代化进程，我们需要引入高新技术，将其应用于农业生产的整个过程：一方面，完善乡村网络设施，实现"技术下乡"，消除城乡信息交流互通的障碍；另一方面，需要加大对乡村数字化科技的资金支持，拓宽融资渠道，以满足农村地区基础设施更新的需求。

数字技术应更注重乡村居民更现实的需求而非概念性的空谈，数字技术应发挥平台优势与技术优势，为村民学习适应信息文明发展所需的思想、技术提供服务。数字技术不应该是冷酷的数值计算，而是有温度地为参与数字治理的各个主体的行为提供"数字冗余"，展现人文关怀。在通过建设数字乡村实现社会体系跃迁的过程中，有关部门在使用数字技术作为治理工具时，必须牢牢把握底线意识，明确发挥党建引领乡村数字化建设的意识形态定海神针作用，切勿盲目追求技术进步不顾新技术对社会道德制度的冲击。有关部门应加大对新技术暗含潜在威胁的监控力度，筑牢数字治理促进乡村治理现代化的技术防洪堤。

3.3   推动多元主体共同参与数字治理，实现协同治理

数字治理的显著特征是多元参与，关键因素是协商共建。数字治理的本质要求是多向互动。因此，数字化的乡村治理应该以人民为中心，采用易于理解和接受的方式，拉近数字化技术与村民的距离，让村民能够切实感受数字化乡村治理所带来的便利，从而激发他们参与乡村治理的积极性。数字化乡村治理体系不应该是一个科层制的权威架构，而应该是多个主体之间的协同治理。改革治理理念来源于乡村治理的整体治理环境的改变，因此需要让各种治理主体，包括基层政府、社会组织、村民等，都认识到数字化治理实践的本质是共

同体思维。通过政府的权力下放，各相关利益方建立互联互通的沟通交换网络。但与此同时，要明确各治理主体的权责，确保利益分配的公平公正。此外，政府还可以主动向各治理主体提供信息资源，降低信息收集的难度，扩大公共资源库。同时，政府应加大宣传力度，调动社会各阶层力量，扩大社会各阶层的参与积极性。随着基层治理日益复杂化、精细化，部门协同治理已成为攻坚克难的常见方法，对基层治理现代化发挥着重要支撑作用。

4　结束语

数字化是乡村治理现代化的重要推动力，也是实现乡村振兴的关键手段。数字技术的应用需要全面、综合地考虑。有关部门应发挥先进科学技术在改造社会形态上的作用，为乡村治理现代化注入技术进步的新燃料。

参考文献

［1］赵早. 乡村治理模式转型与数字乡村治理体系构建［J］. 领导科学，2020，775（14）：45-48.

［2］邱泽奇，李由君，徐婉婷. 数字化与乡村治理结构变迁［J］. 西安交通大学学报（社会科学版），2022，42（2）：74-84.

［3］王海稳，吴波. 乡村数字治理的现实困境与路径优化研究［J］. 杭州电子科技大学学报（社会科学版），2021，17（6）：47-52.

［4］孔晓娟，邹静琴. 中国农村电子政务发展现状及模式研究综述［J］. 电子政务，2015，145（1）：90-96.

［5］徐芳，马丽. 国外数字鸿沟研究综述［J］. 情报学报，2020，39（11）：1232-1244.

［6］郑磊. 数字治理的效度、温度和尺度［J］. 治理研究，2021，37（2）：5-16，2.

［7］顾仲阳. 推进城乡同网同速，提升农民数字素养［N］. 人民日报，2022-05-06（18）.

［8］邵梦洁. 乡村数字治理的价值意蕴、现实困境与实践路径［J］. 哈尔滨师范大学社会科学学报，2022，13（5）：68-74.

［9］王文彬. 农村基层治理困局与优化路径：治理资源运转视角［J］. 深圳大学学报（人文社会科学版），2021，38（3）：128-135.

［10］冯献，李瑾，崔凯. 乡村治理数字化：现状、需求与对策研究［J］. 电子政务，2020（6）：73-85.

国内智慧社区研究现状
与研究热点的可视化分析

李玲鞠

（绵阳师范学院）

摘要：智慧社区是社区治理的相关新形态。本文以中国知网上的"智慧社区"相关的期刊文献为研究对象，借助 Python 和 Gephi 工具，运用文献计量、社会网络关系和知识图谱对发文数量、作者分布、学科分布、基金支持、关键词分布等进行分析，并做了可视化呈现，以探讨我国智慧社区的研究现状和研究热点，为之后的研究提供一定的借鉴。

关键词：智慧社区；研究现状；研究热点；可视化分析

自 2012 年国内部分城市陆续开展以虚拟政务、智慧家居、智慧养老、智慧安防为主要内容的智慧社区建设以来，我国智慧社区的建设由数字化、网络化向智能化、智慧化发展，与之相关的研究也逐渐增多并不断深入。特别是在国家治理现代化的大背景之下，《中华人民共和国国民经济和社会发展第十四个五年规划和 2035 年远景目标纲要》《中共中央 国务院关于加强基层治理体系和治理能力现代化建设的意见》《国务院办公厅关于印发"十四五"城乡社区服务体系建设规划的通知》等，都对充分应用大数据、云计算、人工智能等信息技术手段推进智慧社区建设提出明确要求。特别是民政部等九部门在 2022 年发布了《关于深入推进智慧社区建设的意见》，要求到 2025 年基本构建起网格化管理、精细化服务、信息化支撑、开放共享的智慧社区服务平台，初步打造成智慧共享、和睦共治的新型数字社区，社区治理和服务智能化水平显著提高。国家对智慧社区的建设的重视也引起了学术界对智慧社区发展的关注，仅 2023 年 1—4 月已有 21 篇高质量期刊文献成果。本文将以中国知网（CNKI）收录的期刊文献作为研究对象，运用 Python 和 Gephi 对文献进行计量和可视化分析，梳理已发表的重要期刊文献的数量、作者、学科以及基金支持分布，以文献的关键词词频和关键词共现及其分布来探索智慧社区现有的研究热点，以期为后续相关研究提供借鉴。

1 数据来源与研究方法

1.1 数据来源

本文以中国知网收录的期刊文献作为研究对象,以"智慧社区"作为关键词,检索收录截至 2023 年 4 月的相关文献。为获得高质量的研究文献,笔者在检索文献时限定了期刊来源为以下 6 类:SCI、EI、核心期刊、CSSCI、CSCD、AMI。笔者对检索到的文献进行了去重,剔除会议通知等非相关文献,最后得到有效样本文献共 161 篇。

1.2 研究方法

本文采用文献计量法和可视化分析方法,对国内智慧社区研究文献的发文数量、研究作者、基金支持机构进行分析,归纳其研究现状及分布特征;并借助 Python 软件构建作者及关键词共现矩阵,利用 Gephi 软件实现共现图谱的可视化分析,梳理智慧社区研究的作者分布及研究关注热点。

2 智慧社区研究现状分析

2.1 发文数量分析

智慧社区研究领域的发文数量见图 1。从图 1 可以看出,关于智慧社区的高质量文献研究始于 2012 年,且文章数量只有 2 篇;之后呈阶段性波动变化。2013—2017 年总体增长明显,特别是 2014 年和 2017 年出现了两个小高峰,分别达到了 16 和 19 篇;2018—2022 年的发文量相对稳定,发文量分布在 10~16 篇;截至 2023 年 4 月底,已有高质量文献 21 篇。

这种波动性的发文数量变化,与国家的政策引导及我国智慧社区的实际建设具有非常强的契合性。在 2012 年之前,我国的智慧社区建设基本处于"智能化小区"的探索阶段,相关学者对此的关注非常少,在中国知网里限定关键词"智慧社区",发表时间在 2012 年之前的文献总共只有 8 篇,且均不属于前文所述的 6 类来源之一。2013—2016 年,科技部、民政部等多个中央部门联合推动基层治理智慧化,"智慧社区"建设进入实质推进阶段。到 2016 年,北京的智慧社区达到 1 672 个,深圳也累计试点 162 个,这一时期的智慧社区更多体现的是从数字化到智能化的发展。对应的研究文献也显著增长,且由于研究成果发表的延时,在 2014 年和 2017 年呈现出两个明显的峰值。2017—2022 年,我国智慧社区的建设进入转型期,从智能化不断地转向智慧化,同时也面临一定的困境,这吸引了学者对此进行研究,且研究逐渐深入,相关文献也保持了一个较为稳定的发表量。特别是在 2022 年 5 月,民政部等九部门印发《关于深入推进智慧社区建设的意见》(以下简称《意见》),要求充分应用大数据、云计算、人工智能等信息技术手段，打造基于信息化、智能化管理与服务的社区治理新形态。围绕《意见》指导任务的相关研究显著增加。

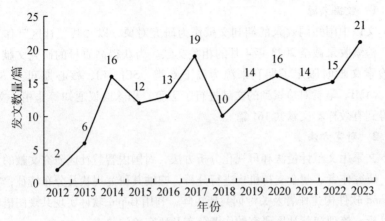

图1　智慧社区研究领域的发文数量

（注：2023 年数据截至 2023 年 4 月底。）

2.2　作者合作网络分析

笔者使用 Python 提取 161 篇文献的作者，对数据进行规范格式预处理后，提取每位作者的发文量，并构建作者之间的共现矩阵，将构建的共现矩阵导入 Gephi 软件，生成文献作者合作网络的知识图谱，以可视化形式展示"智慧社区"这一领域有影响力的研究学者及研究团队。

2.2.1　作者发文量分析

根据 Python 提取的作者发文量，161 篇文献共涉及 310 名作者，对每位作者的发文量做总体的频数统计的结果如表 1 所示。发文 3 篇及以上的作者共有 6 位，其中最多的 1 位发文 7 篇；发文 2 篇的 12 位；其余 292 位作者发文量均为 1 篇。

表1　智慧社区作者发文频数统计

发文量/篇	7	5	4	3	2	1
频次	1	1	2	2	12	292

从发文数量来看，"智慧社区"这一领域的高质量文献涉及的作者比较分散，绝大部分只有 1 篇文献，取 2 篇及以上的发文频次查看这一领域的核心作者分布如表 2 所示。其中，刘泉的发文量最大，达到了 7 篇；黄丁芳次之，有 5 篇；甄峰和钱征寒分别有 4 篇，陈立文和赵士雯分别有 3 篇。从在重要期刊的发文量这个角度来看，这 6 位学者在该领域的专业性值得肯定。

表 2　智慧社区作者发文频数统计

作者	刘泉	黄丁芳	甄峰	钱征寒	陈立文	赵士雯
发文量/篇	7	5	4	4	3	3
作者	柴彦威	常恩予	纪江明	梁丽	张媛	孙佳祺
发文量/篇	2	2	2	2	2	2
作者	徐晓亮	吴海琳	吴旭红	张艳国	朱士涛	朱琳
发文量/篇	2	2	2	2	2	2

2.2.2　作者合作网络分析

笔者将 Python 构建的作者之间的共现矩阵导入 Gephi 软件，生成作者合作网络的知识图谱如图 2 所示，图中的连线表示作者之间有合作发文，带 * 图案表示作者独立发文。

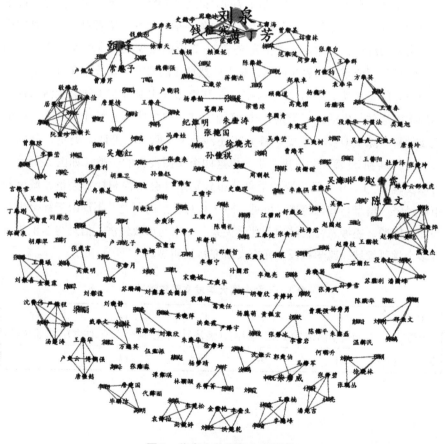

图 2　作者合作网络知识图谱

由图 2 可知，关于智慧社区的研究，合作成文的是绝大部分，独立发表文章的数量较小。在合作关系中，"单线状""三角形状"和"多边形状"连线分布基本均衡，即合作呈 2 人、3 人和多人合作均衡分布。从合作关系及发文的频次来看，绝大部分的合作也只涉及 1 篇文献，但也有明显的核心合作团队发表多篇文献。其中以刘泉、黄丁芳、钱征寒团队，甄峰、常恩予团队最为突出。结合两个团队的具体研究内容来看，甄峰教授是南京大学建筑与城市规划学院教授、博士生导师，刘泉是深圳市蕾奥规划设计咨询股份有限公司智慧城市创新中心副主任，以这两人为核心的团队的主要关注点均在智慧社区的规划，一个从学院角度出发，一个从企业角度，殊途同归，这两个典型的团队也体现出智慧社区理论研究与实践并行的特征。

2.3 研究主题学科分布

由于文献在收录时会依照其内容的学科属性和特征分配中图分类号，故笔者采用文献的中图分类号来分析其研究主题的学科属性。笔者对采集文献的中图分类号做统计，去除各分类中发文量 1、2 篇的极少数，可得如表 3 所示的主要学科类别分布。从表 3 可知，对于智慧社区的研究主要分布在五大类，其中最主要的是 D 类，共有 91 篇文献，在 D 类中又主要分布于社会生活与社会问题中的居住与生活这一类别，共 80 篇文献，这显然是智慧社区研究所属的主要学科。除了 D 类，主要学科分布还涉及 C、F、G、T 四个类别，分别有11、20、14 和 23 篇文献。进一步分析这四个中图大类的子类（如图 3 所示），可以发现 C、F、G 大类主要的学科分布分别是社会结构和社会关系、城市与市政经济、信息与知识传播。可见，对于智慧社区的研究并不局限于社会生活与社会问题，还涉及社会结构和社会关系、城市与市政经济、信息与知识传播等多个学科领域，跨学科及多元交叉研究特征明显。

表 3　不同中图大类发文频数统计

中图分类号	C（社会科学总论）	D（政治、法律）	F（经济）	G（文化、科学、教育、体育）	T（工业技术）
发文量/篇	11	91	20	14	23

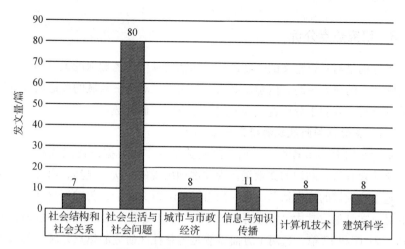

图3 智慧社区研究具体学科分布

2.4 基金支持分析

基金能为智慧社区的研究提供资金上的支持，促进智慧社区研究的进步。如图4所示，本次采集的161篇重要文献中有104篇有基金的支持。其中，国家社会科学基金的支持力度较大，有48篇。获得省级社会科学基金支持的有19篇，获得国家自然科学基金支持的有16篇。总的来看，从国家到高校的社会科学基金对智慧社区研究的支持较大，自然科学基金的支持力度相对较小。

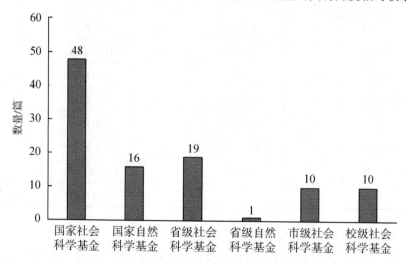

图4 智慧社区研究基金支持状况

3 研究热点分析

关键词是对一篇论文的高度概括，期刊文献中作者提取的关键词可以很好地反映文章的研究主题、内容、对象、方法等。对某一领域的关键词进行词频和共现分析，有利于分析这一领域的研究方向与研究热点。

3.1 关键词词频展现的研究热点分析

笔者使用 Python 提取 161 篇文献的关键词，对数据进行规范格式预处理后，统计含有该关键词的文献量作为关键词出现的频次。显然，出现的频次越高，越是该领域的热点话题。表 4 列出了 161 篇文献中，关键词出现 3 次及以上的对应文献量。其中"社区治理"和"智慧城市"出现的频次最高，分别达到了 21 篇和 17 篇，这两个方面显然是智慧社区研究的热点领域。其次出现在 6 篇文献中的研究热点是"大数据"；出现在 5 篇文献中的研究热点含有"智慧养老""公共服务""公共管理"和"广电网络"4 项；出现在 4 篇文献中的研究热点有"社区服务""未来社区""智慧化"等 8 项；出现在 3 篇文献中的研究热点有"数字治理""数字社区""社区居民"等 9 项。

表 4 关键词频数统计

关键词	词频	关键词	词频	关键词	词频
智慧社区	144	社区服务	4	数字治理	3
社区治理	21	未来社区	4	数字社区	3
智慧城市	17	智慧化	4	社区居民	3
大数据	6	云计算	4	城市社区	3
智慧养老	5	智慧社会	4	社区建设	3
公共服务	5	电子政务	4	社会治理	3
公共管理	5	智慧城市建设	4	政务服务	3
广电网络	5	互联网+	4	利益相关者	3
				智慧医疗	3

3.2 关键词知识图谱展现的研究热点分析

两个关键词在一篇文献中共同出现的次数越多，代表在这一领域中这两个关键词所代表的研究主题联系越紧密，并且在越多的文献中共同出现了这两个关键词，表示该主题越是这一领域的热点话题。笔者使用 Python 提取 161 篇文献的关键词后，在关键词词频分析的基础上，构建了关键词共现矩阵，并将构建的共现矩阵导入 Gephi 软件，生成关键词共现网络知识图谱，以可视化形式展示"智慧社区"这一领域的研究热点。

由于 161 篇文献提取的关键词共有 490 项，其关键词共现词组有 1 672 对，为了讨论热点研究，笔者仅提取词频≥2 的关键词，即至少出现在 2 篇及以上的重要文献中，并且删除了如"齐鲁晚报"这种不契合研究主题分析的少量词语，最终构建的关键词共现知识图谱如图 5 所示。

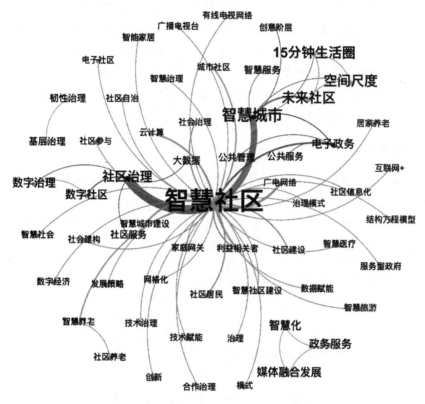

图 5　智慧社区研究关键词共现知识图谱

在 Gephi 制图中，以字体大小呈现了关键词出现的词频。如图 5 所示，智慧社区的研究热点表现出了明显的两个关注圈：智慧城市与社区治理，并且这两项主题围绕智慧社区均形成了自己的热点领域。其中，社区治理涉及了数字治理、数字社区、社区服务、大数据、社区参与、基层治理和韧性治理研究。智慧城市涉及了未来社区、空间尺度、15 分钟生活圈、智慧服务、电子政务的研究，并且电子政务与公共管理、公共服务也形成了自己的研究主题圈。除了以上的两个主要的研究热点外，还有一个明显的研究热点圈：智慧化、政务服务和媒体融合发展。这说明在智慧社区建设中，融媒体等移动终端的发展及应用推进也是重要的研究领域。

4　结束语

本文以"智慧社区"作为关键词获取了中国知网收录的期刊文献，运用文献计量、社会网络关系和知识图谱对发文数量、作者分布、学科分布、基金支持、关键词分布等进行分析和可视化呈现。本文通过研究发现发文量与我国智慧社区建设的实际进程有较强的一致性；发文作者总体较为分散，但也有明显的核心团队，特别是刘泉、黄丁芳、钱征寒团队和甄峰、常恩予团队最为突出，研究团队也体现出智慧社区理论研究与实践并行的特征；文献涉及学科主要分布在五大类的六个子类；重要文献的研究及发表主要获得了社科资金的支持；研究热点主要集中在智慧城市和社区治理两大方面。

参考文献

[1] 毛佩瑾，李春艳. 新时代智慧社区建设：发展脉络、现实困境与优化路径 [J]. 东南学术，2023（3）：138-151.

[2] 何世群，翁冉，宋卓远. 基于文献计量的贵州省旅游研究回顾与展望 [J]. 南方农机，2022，53（24）：44-48.

从经验与专业到社会：
社会工作的社会性转向研究

王尤　吕扬

（西北大学）

摘要： 我国社会工作从恢复重建到专业化发展，经历了行政社会工作和专业社会工作并存时期、专业社会工作时期、社会性社会工作时期。在前者向后者转型的过程中，由于受到教育、政治、市场三方面的影响，社会工作专业化发生异化，演变为专业主义，社会工作愈发偏离专业使命。学界对社会工作社会性回归的期待越发强烈。本文从政策、理论、实践三个方面分析了社会工作的社会性转向。

关键词： 社会工作；社会性；实践

1　问题的提出

2016 年，习近平总书记在哲学社会科学工作座谈会上的讲话中指出："坚持和发展中国特色社会主义，统筹推进'五位一体'总体布局和协调推进'四个全面'战略布局，实现'两个一百年'奋斗目标，实现中华民族伟大复兴的中国梦，我国哲学社会科学可以也应该大有作为。"本文首先探讨了社会工作实践史的变迁发展，进而对社会工作的社会性转向进行了研究。

2　社会工作实践史的划分

2014 年，刘继同在对英美社会工作实务文献的回顾中发现，相比于西方偏爱用"实务"一词，中国学者更倾向于使用"实践"一词。他认为"实践"是人类"有形"和"无形"社会活动的总和，其包括了显性的行为以及内在的精神活动。2016 年，孟亚男等人认为"实务"是社会工作理念方法和工作技巧的应用，是专业服务开展的过程。王思斌则将社区工作、社会工作行政等实施者看作宏观社会工作实务，把个案工作、小组工作看作微观社会工作实务。与孟亚男等人观点相似，王思斌认为社会工作实践是社会工作的干预过程。2004 年，美国学者巴克（Barker. R. L）对社会工作实务进行了界定，他认为社会工作实务是指社会工作者运用社会工作知识和社会工作技巧，执行社会的委托，采取与社会工作价值相一致的方式提供服务，其内容包括修补、恢复和预防服务等。

综合以上学者对社会工作实务的界定，社会工作实践是指社会工作者在社会工作价值指导下将社会工作知识、技巧、服务理念转变为具体服务的过程，包括外在行动和内在精神活动。

刘继同教授于 2014 年首次全面系统地分析了英美社会工作实务模式的结构、功能与演变规律，总结了英美社会工作实务模式结构性变迁历史经验，为中国社会工作实务模式的发展提供了国外经验。孟亚男等于 2016 年对中国社会工作实务发展过程进行了梳理，明确了社会工作实务基本概念，将中国社会工作实务发展划分为三个阶段，分别是民国时期社会工作实务的引入和探索、源自"苏区"和"陕甘宁边区"的民政工作和专业恢复，以及社会工作实务的兴起与职业化进程加速。孟亚男等人虽然梳理了社会工作实务的发展历程，但关于社会工作专业恢复重建至今这段发展历史侧重于探讨民政部主导下民政系统的专业化和职业化以及专业恢复之后以高等教育为主体的社会工作实务发展，更加注重对民政系统以及高校在社会工作实务发展中的作用进行探讨。回溯改革开放之后社会工作的发展，李迎生认为中国社会工作实践存在着的两种模式：实际社会工作与专业社会工作。两者在中国社会工作实践模式转型中并存发展，社会工作专业性与行政性交织在一起。刘振和徐永祥从国家与社会关系和社会福利两个维度勾勒了社会工作的四个发展阶段，分别是准专业社会工作、经验本位的行政社会工作、专业化的行政社会工作、专业社会工作。刘振等认为在专业化的行政社会工作阶段，中国社会福利由内生性福利转变为发展性福利，行政社会工作难以回应转型期的社会需求，国家转向恢复社会工作教育以推动行政社会工作的专业化，依托社会工作提升社会服务专业性，但该阶段社会工作的"社会性"尚未显现，专业社会工作阶段则是专业性与社会性双向发展阶段。刘振认为中国社会工作发展面临着专业性和本土性双重缺失的困境，行政社会工作与专业社会工作各有所缺，同时彼此又难以产生互补作用实现融合发展，因此强调在英美社会工作发展历程与中国社会工作发展历程中寻找共同点——实现社会公平正义。徐选国认为，社会工作应该以社会利益为出发点，围绕着社会需要提供服务，摒弃技术理性、工具理性，规避效率和利益的导向，让人本性回归社会工作实践的中心。

值得注意的是，此处的社会性与本土化并非同一指向，虽然两者均是讨论社会工作实践，但各有侧重。王玉香认为，社会工作实务本土化是指以西方社会工作理论与方法或一定程度上本土化的社会工作理论与方法来指导本土社会工作实践，从而适应本土文化与服务现实的转化过程，其具体解决的是社会工作理论与实务方法的本土适应性问题，是一种具有自我反省性的象征创造转化活动。孙立平结合社区社会工作实践背景，对社会性进行了具体阐述，认为社会工作的社会性是指在社会工作价值理念引领下，将个人问题置于社区的社会环境进行分析，强调从社会环境角度分析个体问题的形成和解决。陈立周从社会对市场经济的反向运动来理解社会工作的社会性，认为"社会性"是社会工作对社会的保护。陈锋与陈涛则强调社会性的社会关系指向，认为社会性就是指人与人之间的交往联系，社会工作者在服务中应该与服务对象建立联系，而不是抽离于服务对象。张和清等在广州社工站建设服务中倡导"扎根社区"，尝试在社会工作实践中回归社会性，强调在融入服务对象生活中发现并回应服务对象需求，使社会工作回归于服务对象本身，而不是机械地参照政策文本、专业理论技术。

综上所述，改革开放以后的社会工作发展可以划分为行政社会工作与专业社会工作并存时期、专业化社会工作时期、社会性社会工作时期。

2.1 行政社会工作与专业社会工作并存时期

我国社会工作学科恢复重建至今，专业主义的思流一直贯穿着社会工作发展史，这与我国社会工作发展路径——"教育先行"是密不可分的。2004 年史柏年的文章中表明：从 20 世纪 20 年代开始，以燕京大学、南京金陵大学等为代表的高等院校开设了社会工作相应的专业和课程；1952—1987 年中国社会工作教育进入停滞期；1987 年"马甸会议"召开后，社会工作科学地位得到确认；1989 年，北京大学开始招收首批社会工作专业方向的硕士研究生和本科生，吉林大学、厦门大学、上海大学也相继开设了社会工作专业，社会工作教育开始恢复，但由于 1952—1987 年社会工作教育的断层，社会工作教育师资缺乏。陈社英认为，1984 年，民政部派团赴我国香港地区考察社会福利及社会工作教育，此行促成了广州中山大学与香港大学的社会工作教育研究合作，香港大学社会工作系教师为中山大学社会学系 1974 级本科生提供了为期三年的培训，并在 1988 年受民政部委托举办了首届全国社会工作师资班培训。

史柏年认为中国社会工作通过参照西方社会工作理论实践体系快速恢复重建，同时，乘着教育部对高等院校教育政策的调整，社会工作教育快速发展。从 1987 年北京大学首次开设社会工作专业到 1999 年 7 月，全国开设社会工作专业的高校有 30 多所。李迎生和方舒认为，我国进入改革开放时期，社会进入快速转型时期，社会转型的广度、深度、难度是空前的，社会的快速转型引发了一些社会问题，如就业、养老等。他们认为，在计划经济时期，政府可以采取统包统揽的方式提供服务，但社会转型后，国家与社会分离，"社会"开始出现，"总体性社会"被打破，社会结构出现分层，人们价值观念也愈发多元化，政府行政决策和能力随之弱化。刘振和徐永祥认为，在社会转型背景下民政工作需要从"经验本位的行政社会工作"转型到专业社会工作，此时的"经验本位"并不是指实证主义下的专业权威，而是行政权威，即实际社会工作、行政社会工作。但行政社会工作向专业社会工作的转型过程并不是一蹴而就的，部分初期培育的专业社会工作者被吸纳到政治体制之中，在政治体制和社会政策惯性使然下，行政权威主导了社会服务，社会服务更多置于实际社会工作模式之下，另一部分专业社会工作者则进入各类民间服务组织中，通过民间社会服务网络深入社区基层，运用社会工作理论和实践模式，满足人们多样化服务需求。杨宝和肖鹿俊认为，我国推动了社会工作组织发展以更好承接社会服务职能，但社会工作组织发展不良，缺少有效社会职能承载主体，难以在结构上完成社会工作模式转型，或是由于社会工作组织生存发展策略以及我国社会组织分类管理策略的影响，社会工作组织在承接社会服务中会主动靠拢行政体系，学习借鉴行政体系运作逻辑，最终输出兼具行政性和专业性的社会服务。社会工作的专业性呈现碎片化，在社会服务中行政性和专业化相互交错并存，形成行政社会工作与专业社会工作并存的现象。

2.2 专业化社会工作时期

蔡小华认为专业化是"价值伦理—理论知识—方法技巧专业化体系"建构的过程；改革开放以后，中国社会工作开始向专业化发展，中国社会工作从非专业到专业化的转型，是社会工作学界与政府互动的结果。学界反思了中国社会工作发展中存在的问题，认为中国社会工作专业性与社会需要的社会服务存在不对称问题，中国社会工作教育、教学以及理论恐难以正确指导具体实践，因此学界采取了四个方面的措施来改善中国社会工作专业性不足的现状。一是开展与境外高校的合作，借鉴我国香港地区教育教学经验与香港高校联合培养硕士、博士；二是积极开展社会工作相关研究，营造社会工作学术生态环境，积累有中国特色的社会工作知识和模式；三是建立学术团体，分别在1991 年和 1994 年成立中国社会工作者协会和中国社会工作教育协会，撰写社会工作专业教材，举办年会；四是高校教师组织发展社会工作服务机构。包忠明认为，从教育到实践，学界塑造了社会工作专业共同体，形成了学术生态和学术文化氛围，为专业化提供了条件，同时，也向社会展现了社会工作的专业性，最终也得到了国家的认可。2004年，国家劳动保障部出台了《社会工作者国家职业标准》，将社会工作者确定为国家新职业，建立起社会工作师国家考试制度。2006年，党的十六届六中全会通过了《中共中央关于构建社会主义和谐社会若干重大问题的决定》（以下简称《决定》），《决定》将社会工作的发展与党和政府工作联系起来，赋予了社会工作政治合法性和社会合法性，完成了对社会工作专业发展和社会工作人员领域的制度设计，确定了社会工作专业化的发展方向。2007年，民政部又颁布了《民政部关于开展社会工作人才队伍建设试点工作的通知》，为社会工作专业化发展奠定了政策基础。

党的十八大和十八届三中全会之后，政府职能以及职能履行形式产生了新的变化，公共服务正式向社会开放，公共服务不再仅是政府的职能，社会治理体系进一步得到完善。刘雪松和刘莉认为，民政部、财政部出台的《关于政府购买社会工作服务的指导意见》为社会工作如何参与社会治理提供了政策支持，并首次拨付了2亿元专项财政资金支持政府购买社会服务。在政府政策资金支持下，大量社会工作项目催生，全国民办社会工作服务机构的数量也从2012年的1 247家增长到2019年的13 064家，社会工作者专业人才总量在2019年也超过了149万人，2019年政府购买服务资金总量相比于2012年增长近5倍，社会工作专业化发展迅速。伴随着社会工作专业化发展加快，社会工作出现了专业主义的现象。

回溯社会工作发展史，专业主义经历了正向到负向的演变过程，专业主义具有多重指向，在本文中，专业主义更多指向负向层面意义，它是指社会工作者对私利的追求，其服务活动并不是目的，而是实现其私利的工具。

学界认为社会工作专业化向专业主义的转变受到三方面因素的影响，分别是专业性、市场力量以及政治力量。

首先是专业性。张海和陈雨晴认为，从我国社会工作教育引进香港地区教育实践体系开始，西方社会工作专业主义的理论和实务模式就被引入并直接运用。20世纪70年代末西方社会工作专业主义正值巅峰，进入高度专业化阶段并持续至今。西方社会工作专业主义是科学主义主导下的循证实践，循证实践强调以实证的最终证据来指导实践，在完成实践方案设计后，将其作为一套标准直接给案主使用。循证实践使服务决策到服务执行标准化，通过各种手册、评估工具提升社会工作专业水平。但社会工作实践场域并不是静态的，而是动态的，这使得标准化的循证实践在具体实践中的效力被削减，静态的技术程序与动态环境相矛盾，标准化服务实践存在着服务失灵的风险，服务变成一种僵化的流程。

其次是市场的力量。葛忠明认为，由于政府将公共服务领域向社会开放，社会组织得以进入公共服务领域，公共服务市场逐渐形成，公共服务在新管理主义思想下开始重新被定义，公共服务不再仅仅是一个服务过程，而是一个公共服务产品，成本与效益成为衡量公共服务新的标准，社会服务开始商品化，公共服务趋向理性化，公共服务的重点不再是服务过程，而是项目承接与项目结项的效率，服务内容、评估方式日益简化固化。

最后是政治力量。赵环认为，回顾我国社会工作恢复重建的历史背景，我们可以看出社会工作的重新建立的本质是为修复社会转型产生的社会创伤所做的制度准备。而21世纪以后，社会工作更是成为政府公共服务的重要承载主体，政府购买通过社会组织分类管理策略以及政府购买服务政策，掌握社会组织的符号资源和资金，塑造社会组织外部生态环境，使社会组织全面依附于自身，为政府在公共服务社会治理领域发挥主导作用创造了条件。因此，当社会工作要开展社会服务时就只有走进政治领域，接受政治任务，才能进入社会帮助服务对象解决困难，增进社会福利，社会工作的实践具有道德实践与政治实践双重属性，而循证实践外在的科学性又为社会工作实践披上一层神秘的科学外衣，社会工作实践的政治性被隐藏，社会工作沦为政府柔性的社会控制工具，同时，政治实践的属性又为专业主义的实践提供合法性外衣，专业主义与社会治理深度融合。

2.3　社会性社会工作时期

程玲和肖桂春认为，20世纪90年代西方社会工作也出现了背离社会正义的问题，社会工作的服务对象取向逐渐偏离弱势群体。西方社会工作开始倡导回归社会工作的"社会性"。简·亚当斯将社会工作的"社会性"诠释为对人与环境互动失衡、社会结构变迁的关注以及减少社会歧视和争取社会正义。卡姆将社会性界定为社会关怀、服务社会弱势、社会正义、社会变革、社会情境、社会建设。所以中国社会工作的"社会性"是什么？

徐选国分析了社会工作的"社会性"的新近范式，结合波兰尼嵌入性理论和社会保护运动理论，构建了社会工作社会性理论，认为社会工作"社会性"具有社会正义、社会理性、社会保护和社会团结四个重要属性，倡导社会工作回归以人为本，回应社会需求，而不应该受到新自由主义、新公共管理理论对社会工作的束缚。徐永祥和刘振分析了里士满对社会关系的界定，认为"社会性"不是一种以专业化的方式服务于具体个人的微观方法，也不是通过制度改革来追求社会公平正义，社会工作的"社会性"的实质在于社会关系。

陈峰、陈涛回溯了社会学关于"社会"的讨论,认为社会性所指的就是人和人之间交往联系的属性品质,社会工作的"社会性",即促进人与人之间的相互交往联系。田毅鹏和董家臣认为,在新时代,公共服务市场化转向使城市基层社会走向松散化,城市社区服务社会性严重缺失,社区服务功能无法充分发挥,社区服务需要回归"社会性",社会性即社区组织基础性社会关系。

程玲和肖桂春认为,学界对社会工作"社会性"的界定主要集中于社会关系,此处的社会关系具有更为丰富的指向,是关于社会工作能否关注社会弱势群体,切实帮助服务对象改善处境,实现社会公平正义的整体关切。

学界虽然反思倡导社会工作应该回归于"社会性",但并不是说专业化与社会性相互对抗,社会工作社会性的转向并不是对社会工作专业化的摒弃。无论是社会工作专业化还是社会工作社会性倡导,其本质都是推动社会工作更好地为服务对象提供服务,使社会工作回归到人本,在专业使命上,两者同宗同源。刘振和徐永祥认为,社会性的回归旨在修复专业的异化,使社会工作重新回到社会工作宗旨使命。从里士满社会工作思想发展脉络来看,专业化与社会性两者都是为治疗服务对象和改善环境而进行的探索,是在不同服务阶段的演化,两者共同推动社会工作发展,两者共同指引社会工作发展。

3 社会工作的社会性转向

3.1 政策基础

2021 年 3 月,民政部办公厅发布了《民政部办公厅关于加快乡镇(街道)社工站建设的通知》(以下简称《通知》),《通知》要求社工站建设要把握专业化高质量发展方向,做好基层社会服务,建设社会工作服务体系。王思斌对专业化进行了阐释,指出专业化是方法,不是狭义上的专业理念和方法,还包括了在长期工作中搜索积累的有效方法,是结合实践场景的实践知识方法。2021 年 7 月,为加快国家治理体制体系和机制建设,《中共中央 国务院关于加强基层治理体系和治理能力现代化建设的意见》(以下简称《意见》)发布。《意见》指出要完善社会力量参与基层治理激励改革,创新社区与社会组织、社会工作者、社区志愿者、社会慈善资源的联动机制,支持建立乡镇(街道)购买社会工作服务机制。乡镇(街道)社工站作为由政府直接建立或支持建立的,以服务困弱群体建构积极的社会关系体系,促进社会和谐为目标且有专业性的服务主体,乡镇(街道)被赋予了重要角色,乡镇(街道)社工站就是要打通服务群众的"最后一公里"。任文启和吴岳认为,通过专门、专职、专技的人才将公共服务精准有侧重地输送给基层民政对象,消除社会工作服务机构服务指标化数量化的影响，通过存量改革的方式推动社会工作实践转向，让社会工作切实发挥其作用，完成专业使命，满足群众福利需要。乡镇（街道）社工站为社会工作"社会性"的回归提供了制度空间，社工站的全面推进使社会服务承载主体明确，消除了公共服务市场浮动对社会工作服务的扰动。社会工作在社工站制度下能够下沉到服务对象生活中开展服务，与服务对象建立联系，克服公共服务市场对社会工作服务的异化。

2022 年 10 月，党的二十大报告系统勾勒全面建设社会主义现代化国家的基本目标，阐述了中国式现代化的内涵和要求。王思斌认为，人民群众暖心和赢得民心在社会工作的语境下就是重视社会工作与服务对象的社会关系，在社会工作与服务对象之间构建起积极的社会关系，而不仅仅是技术意义上的服务。党中央和政府不断推动基层治理能力和治理目标创新，基层公共服务市场的放开到社会工作站全面推进建设，改革和制度为社会工作社会性的回归提供了可能。社会工作社会性的回归，既是社会工作专业化发展的需要，也是执政为民的使然。

3.2 理论准备

雷杰认为，社会工作早期专业化是按照实证主义逻辑进行的，但专业化逐渐异化为专业主义，实证的标准化流程沦为服务科学有效的论证工具，形成表演式的服务，缺乏对现实问题的有效回应。其背后是理论和实践的分离，服务递送过程的专业性建构不足，服务对象只是服务被动的接受者，在服务决策中没有发言没有参与感，实务工作者也只是按照流程机械地提供服务，服务失去了对环境、服务对象的敏感性，社会工作理论知识的生产成为研究者单一主体的自我反思，无法真正了解理论在实践中运用变化。理论越发抽离于具体实践场景，理论的发展与实践的探索相互割裂没有交集，有学者倡导在实践中探索建构理论，在具体的社会关系中反思实践，回到实践场域，重视实践智慧，在理论层面上为社会工作社会性的回归提供理论指导。侯利文从本体论角度反思了社会工作理论生成过程，认为在社会工作知识生产过程中需要重新思考社会工作的社会性，在"理论"和"实务"之间不断相互建构，让社会工作知识兼具"具体性"和"整体性"，使社会工作理论从实践中产生又能回到实践场域，发挥指引作用。童敏、周燚则分析了西方社会工作理论建构过程，认为西方社会工作理论有两条建构路径，分别是以"理"引导"情"和以"情"引导"理"。前者主张把"客观事实"从具体场景中抽离出来开展分析；后者要求回到具体实践场景中，认为只有结合具体场景，人们才能做出正确的选择。而中国社会工作理论的建构需要以生活为本，扎根到服务对象的现实生活中，接受生活的不确定性和变动性，在变化的社会关系中发展具体场景中的理性，完成社会工作社会性理论的生产。熊跃根回顾了社会工作理论的发展，指出了社会工作社会性理论应该包括价值观体系和伦理理论、描述性理论、解释性理论以及干预理论，并且好的社会工作须符合社会工作价值伦理，遵循科学验证，对服务对象没有伤害，符合社会的文化情境。这为社会工作社会性理论发展提供了参考方向，其中整合社会文化的标准更是明确了对社会工作理论"社会性"的要求。文军和何威认为，在社会工作理论建构中，实务工作者也需要加强理论自觉，在实践中有理论意识。由于我国正处社会转型期，社会发展加快，社会问题凸显，社会工作实务远远领先理论的发展，实务者在理论发展中具有先天优势，这也赋予了实务者理论建构的责任使命，实务工作者需要参与到社会工作理论建构工作中。而参与式行动研究为实务者提供了参与的途径，为理论与实践相互建构提供了可能。借助这一社会工作实践研究方法，实践者与服务对象、研究者三者角色身份在实践过程中得以相互转化，研究、教育、干预在实践过程中实现统一，理论生产过程也即实践过程，在参与式行动研究技术框架基础上研究与实践实现同构，理论的建构与实践具有同一性，社会工作社会性理论建构需要社会工作实践的探索。

3.3 实践探索

郑广怀等认为，2019 年 12 月以来，新型冠状病毒感染疫情暴发，给人们生活、工作带来了巨大影响，考验着城市基层治理能力，社会工作作为基层治理体系中重要组成部分，也积极参与到抗疫工作中并在一定程度上展现出社会工作专业扎根基层社会、激活社会联系、提供社会支持、关注社会弱势群体等社会性面向。

除新型冠状病毒感染疫情时期，社会工作在实践中呈现出回归社会性外，在社工站建设中，实务工作者对社会工作的社会性也进行了有益的探索。在"双百"工程中①，社会工作者遵循弱势优先的行动逻辑，运用行动研究的方法，以社区为本，采取驻守村居的方式，深入社区居民生活与社区居民建立起信任关系，在与社区民众同吃、同住、同劳动中发现社区民众需求问题，基于社区居民实际情况制定服务方案。本文从社会工作者与服务对象关系、需求评估、服务介入三方面论述社会工作社会性实践探索。

3.3.1 互为主体的关系

社会工作与服务对象的关系是社会工作社会性的前提，"双百"社工（即

---

① 广东兜底民生服务社会工作双百工程的简称。

参与"双百"工程的社工）总结了以往社工与服务对象的关系，如"医患"关系、"治疗"与"被治疗"关系等，认为社会工作和服务对象之间应该构建起互为主体的关系，在行动研究的技术框架中社工要进入服务对象的生活世界，在他们的生活环境中注重激发服务对象的主体性，让服务对象具有发言权、决策权，借助行动研究实务框架帮助服务对象实现角色转化，使其不再是被动的服务接受者，在实务结构上消减"权威""专家"，为服务对象与社工建立起可变化、平等的对话机制。

3.3.2 需求评估

需求评估是实务的起点，需求评估工作决定了社会工作实务方向是否具有社会性。"双百"社工在社区服务中总结出三条路径，首先是在探访排查过程中识别服务对象。"双百"社工通过逐户走访的方式绘制出民政服务对象社区分布图和社区问题资产图，最大限度上使服务对象能够被识别确认，发现其问题需求。其次是在政策宣传中识别服务对象。"双百"社工从走访的居民信息需求中发现社区居民对救助和福利政策信息缺乏了解，从街道和社区相关部门整理政策信息，并制作成政策宣传小册子，通过政策宣传发现遗漏的服务对象和救助需求。最后是通过同吃、同住、同劳动的行动策略深入社区居民生活，在日常生活中发现服务对象及其服务需求。在需求评估中，"双百"社工主动走进服务对象家庭、社区，强调在服务对象日常生活中理解服务对象，在具体场景中发现服务对象需求，而不是将服务对象抽离于生活环境，用理论框架分析服务对象问题需求，为社会性的需求评估提供了可借鉴的方法。

3.3.3 服务介入

"双百"社工站在开展服务过程中，强调基于服务对象日常生活与社会环境开展服务。具体而言，可分为两大部分：一是怎么看待服务对象，二是怎么为服务对象提供服务。在发现服务对象问题需求后，怎么理解服务对象问题？对此，"双百"社工采取的是和服务对象一起分析问题背后的历史脉络、价值理念以及改变的可能性等，将社工的视角与服务对象的视角相结合，形成关于服务对象的整体认识，让服务对象通过社工跳出自身日常生活看到全面整体的自我，帮助服务对象进一步认识自己，激发服务对象自我改变的意识，在这一基础上推动服务对象由内而外地改变，而不再是表面化的服务，一种服务对象并不理解的服务，恢复服务对象对自身生活的主体性，将服务对象生活的改变和社会工作服务整合，不再是社会工作单向服务，而是服务对象自身需要改变，社会工作协助其自我改变，为其提供方法理念指导。在这一过程中，社会工作帮助服务对象梳理自身生态系统，形成协同改变媒介系统，协助服务对象整合自身资源，重新建立服务对象社会支持网络，破除个人、团体、社区互动等概念边界，结合服务对象问题需求，整合运用社会工作方法，改变专业主义中价值目标与专业方法使用的倒置，回归社会工作为服务对象的初衷。

笔者认为社会工作社会性回归之所以在社工站中得以实现，是因为具体现实场景为社会工作实践提供了即时的"实验室"，为专业理论、理念、方法提供了检验场景，社会工作表面化、流程式的服务得以显现，社会工作实践的转向才得以推动。当然，这一转向是诸方因素综合的作用，既有学界自身的反思，又有国家政策的使然。学界的自我反思使理论研究者和实务工作者开始关注社会工作的社会性，在专业共同体中形成关于社会工作研究实践的共识，在研究和实践中催生自觉意识。同时，国家由以往的增量改革转变为增量改革与存量改革并重，这一政策的结果不仅是基层社区服务专业化路径的变化，而且具有消除公共服务市场对社会工作服务扰动的作用，社工站的全面推进使社会工作成为基层社区服务制度性角色的结构性支撑。正如异化的作用机制，社会性的回归也是教育、国家、市场三者作用的结果，相应的人、财、物等资源在体制环境中实现稳定，市场对社会工作的异化得到改善。

4 总结

专业主义是社会工作专业化的异化，专业主义使社会工作服务形式化、流程化，逐渐沦为技术理性主导下的治理技术，与社会工作维护社会公平正义帮助社会弱势群体的角色相去甚远。社会工作回归社会性显得尤为重要，而这不仅是社会工作本质所在，也是我国提升基层社会现代化治理能力的需要。我国政府职能转型需要专业成熟以人民为本的服务力量。社会工作实践的转向无论是专业发展，还是国家实现政策布局都是必要的。笔者从政策、理论、实践三方面进行了分析。首先，我国社会工作站的全面建设的推进消减了公共服务市场对社会工作服务的影响。在社会工作站制度下社会工作不再作为"公共服务市场主体"，而是专职专业的服务主体，社会工作在具体服务中的重点由如何提升结项效率转化为如何落实服务项目。其次，学界对如何建构社会性理论进行探索，提出扎根于服务对象生活，基于服务对象生活情境，发现实践的智慧，通过总结概括实践中的经验，为社会工作建构出社会性理论体系。最后是实践探索，在新型冠状病毒感染疫情期间，社会组织围绕着社区居民需求设计并开展服务，帮助社区居民解决困难，呈现出社会的自主性和多样性。"双百"

社工站在发现回应服务对象需求中运用行动研究方法，立足于服务对象生活环境考量社会工作服务方案。当然，我国社会工作回归社会性面临着诸多挑战，社会工作社会性的回归是行政力量裹挟下的外在表现还是社会自主的发展？国家动员机制对社会工作是否具有强制性？但可以知道的是社会工作社会性的回归在理论界、实务一线开始出现转向，这将是社会工作专业化新的发展阶段。

参考文献

[1] 陈立周. "找回社会"：中国社会工作转型的关键议题 [J]. 思想战线, 2017, 43 (1)：101-107.

[2] 蔡小华. 西方经验与本土实践：我国社会工作专业化进程中的主体行动逻辑 [J]. 社会工作, 2021 (6)：45-54.

[3] 陈锋, 陈涛. 社会工作的"社会性"探讨 [J]. 社会工作, 2017 (3)：3-8.

[4] 程玲, 肖桂春. 中国社会工作"社会性"研究的核心论述与反思 [J]. 社会工作, 2022 (3)：103-104.

[5] 葛忠明. 从专业化到专业主义：中国社会工作专业发展中的一个潜在问题 [J]. 社会科学, 2015 (4)：96-104.

[6] 葛忠明. 政府购买残疾人服务"外包制"理据、原则与社会条件解析 [J]. 残疾人研究, 2014 (3)：31-36.

[7] 侯利文. 社会工作知识论基础的再认识：兼论社会工作的实践转向 [J]. 学习与实践, 2019 (5)：68-77.

[8] 侯利文, 徐永祥. 被忽略的实践智慧：迈向社会工作实践研究的新方法论 [J]. 社会科学, 2018 (6)：82-93.

[9] 何雪松, 刘莉. 政府购买服务与社会工作的标准化：以上海的三个机构为例 [J]. 华东师范大学学报（哲学社会科学版）, 2021, 53 (2)：127-136, 179.

[10] 李迎生, 方舒. 中国社会工作模式的转型与发展 [J]. 中国人民大学学报, 2010, 24 (3)：101-108.

[11] 刘振, 徐永祥. 专业性与社会性的互构：里士满社会工作的历史命题及其当代意义 [J]. 学海, 2019 (4)：49-54.

[12] 刘振, 徐永祥. 历史分期与理想类型：中国社会工作百年兴衰的历史考察 [J]. 学术界, 2019 (5)：171-177.

[13] 刘振. 作为"方法"的社会工作：关于构建中国特色社会主义社会工作的思考 [J]. 内蒙古社会科学, 2022, 43 (4)：177-184.

[14] 刘继同. 英美社会工作实务模式的历史、类型与实务模式演变的历史规律 [J]. 社会工作, 2014 (5)：3-30.

[15] 雷杰, 易雪, 张忠民. 行政化导向的新管理主义：乡镇（街道）社会工作站建设与政府购买社会工作服务：以湖南省"禾计划"A 市项目为例 [J]. 社会工作与管理, 2022 (4)：62-74.

[16] 孟亚男, 石兵营, 陈静. 中国社会工作实务的探索脉络 [J]. 社会工作, 2016 (2)：18-25.

[17] 彭秀良. 本土化发展：中国社会工作恢复重建三十年历程回顾 [J]. 中共石家庄市委党校学报, 2018, 20 (5)：36-40.

[18] 任文启, 吴岳. 基层治理现代化中社工站建设的背景、定位与策略 [J]. 中国民政, 2022 (9)：58-59.

[19] 孙立平. 社区、社会资本与社区发育 [J]. 学海, 2001 (4)：93-96, 208.

[20] 史柏年. 新世纪：中国社会工作教育面对的选择 [J]. 北京科技大学学报（社会科学版）, 2004 (1)：30-35.

[21] 田毅鹏, 董家臣. 找回社区服务的"社会性" [J]. 探索与争鸣, 2015 (11)：70-74.

[22] 童敏. 社会工作本质的百年探寻与实践 [J]. 厦门大学学报（哲学社会科学版）, 2009 (5)：60-67.

[23] 文军, 何威. 从"反理论"到理论自觉：重构社会工作理论与实践的关系 [J]. 社会科学, 2014 (7)：65-75.

[24] 王思斌. 我国社会工作发展的新取向 [J]. 学习与实践, 2007 (3)：5-11.

[25] 王思斌, 阮曾媛琪. 和谐社会建设背景下中国社会工作的发展 [J]. 中国社会科学, 2009 (5)：128-140, 207.

[26] 王玉香. 社会工作实务本土化及能力建设研究 [J]. 河北学刊, 2022, 42 (2)：177-184.

[27] 王思斌. 乡镇社工站建设要坚持专业化发展方向 [J]. 中国社会工作, 2017 (10)：7.

[28] 王思斌. 积极建设乡镇社工站 促进基层治理现代化 [J]. 中国社会

工作, 2021 (22): 7.

[29] 王思斌. 发展社会工作 增进民生福祉 [J]. 中国社会工作, 2022
(3): 1.

[30] 卫小将. 国际社会工作发展路径的回顾与前瞻 [J]. 学术论坛,
2014, 37 (12): 96-101.

[31] 王思斌. 中国本土社会工作实践片论 [J]. 江苏社会科学, 2011
(1): 12-17.

[32] 肖小霞, 张兴杰, 张开云. 政府购买社工服务: 道德实践和政治实
践的异化 [J]. 理论月刊, 2013 (7): 151-155.

[33] 徐选国, 孙洁开, 田雪珍. 社会工作的核心属性之争及其路径调适
[J]. 学习与实践, 2020 (11): 113-122.

[34] 徐选国. 关于社会工作社会性的三种认识误区 [J]. 社会与公益,
2020 (5): 91-92.

[35] 徐选国. 中国社会工作发展的社会性转向 [J]. 社会工作, 2017
(3): 9-28.

[36] 萧子扬. 本土化视野下中国社会工作史的教育、教学与研究 [J].
长春教育学院学报, 2017, 33 (2): 10-13.

[37] 叶启政. 社会理论的本土化建构 [M]. 北京: 北京大学出版
社, 2006.

[38] 杨宝, 肖鹿俊. 技术治理与制度匹配: 社会工作本土化路径 "双向
趋同" 现象研究 [J]. 学习与实践, 2021 (10): 108-118.

[39] 朱健刚, 陈安娜. 嵌入中的专业社会工作与街区权力关系: 对一个
政府购买服务项目的个案分析 [J]. 社会学研究, 2013 (3): 15.

[40] 朱健刚, 邓红丽, 严国威. 构建社区共同体: 社会组织参与社区防
控的路径探讨 [J]. 江西师范大学学报 (哲学社会科学版), 2022, 55 (4):
48-57.

[41] 张和清, 廖其能, 李炳标. 中国特色社会工作实践探索: 以广东社
工 "双百" 为例 [J]. 社会建设, 2018 (2): 3-34.

[42] 张洪英. 社会工作教育及专业社会工作关系的透视 [J]. 中国青年
政治学院学报, 2007 (1): 134-138.

[43] 张海, 陈雨晴. 西方社会工作循证实践的反思性研究综述 [J]. 华
东理工大学学报 (社会科学版), 2022, 37 (3): 44-59.

［44］郑广怀，向羽. 社会工作回归"社会"的可能性：台湾地区社会工作发展脉络及启示［J］. 社会工作，2016（5）：30-42.

［45］郑广怀，孟祥哲，刘杰. 回归社会性：社会工作参与新冠肺炎疫情应对的关键议题［J］. 社会工作与管理，2021，21（2）：5-14.

［46］郑杭生，童潇. 中国社会学史研究的理论框架与现实追求［J］. 河北学刊，2011，31（1）：114-120.

［47］赵环. 社会工作的实践迷思及其范式转型［J］. 学海，2016（5）：126-130.

［48］BARKER R L. The Social Work Dictionary［M］. Washington，DC：NASW Press，2004.

绵阳市乡村治理的现实困境与创新实践

——基于"两项改革"完成后的调查与思考

杨富兰

（中共绵阳市委党校）

摘要： 随着经济社会的发展，乡村治理已形成了多元主体共同参与治理的格局。"两项改革"完成后，乡村治理仍面临诸多挑战和问题。本文从历史维度、理论维度、现实维度去阐释乡村治理的基本逻辑，总结乡村治理历史演变的主要特征，并聚焦当前多元主体在乡村治理中的现实困境，结合绵阳市乡村治理的有益探索，提出进一步创新推进乡村治理的对策建议。

关键词： 多元化；乡村治理；历史演变；现实困境；创新实践

改革开放以来，乡村社会中的治理主体呈现出从一元向多元发展的总体态势。治理主体的多元使乡村治理中的变量增多、人员结构复杂化、利益诉求多样化、生产生活需求多元化，原来的一元治理模式无法满足乡村治理的新要求，导致治理主体、治理对象、治理行为、治理关系、治理规则都进一步扩充，具体表现为治理主体多元素、治理对象多样态、治理行为多向度、治理关系多维度、治理规则多层次。多元化治理理论认为：乡村的多个治理主体都可以参与村级事务管理和公共事务管理，治理方式由传统的单向传递变为多元主体合作。因此，乡村治理的多元化包括治理主体、治理目标、治理机制、治理方式、治理手段等的多元化。多元化乡村治理模式是以多元化的利益需求为核心、多元化的治理主体为载体、多元化的治理资源为基础、多元化的治理手段为途径的治理模式。"两项改革"是指乡镇行政区划调整和村级建制调整改革。"两项改革"后的镇（街）、村（社区）如何使多元主体发挥作用、如何充分聚合多种资源、如何提高治理效能等是本文研究的内容。

1 乡村治理模式的历史逻辑

新中国成立后，乡村治理实践大致经历了"政权下乡""政社合一""乡政村治"及"多元共治"四个阶段，治理主体也经历了从一元到二元再到多元的演变过程，治理模式也发生了相应的历史演变，并呈现出不同特征。

1.1　历史演变

1.1.1　一元治理模式

新中国成立后一直到改革开放之前，我国乡村的治理主体主要是以政府为代表的一元主体。1950年起建立乡政权，乡和行政村是本行政区域行使政府职权的机构；1954年撤销行政村建制，县以下统一设置乡、民族乡、镇为农村基层行政单位；1958年后，逐步推行人民公社体制。在这一时期，村党支部是村社的权力中心，掌握着村集体的财产，拥有分配土地的权力，在组织村落公共活动和开展大规模的经济政治文化活动方面也具有很大的影响力。在这段时期，乡村治理是一元治理模式，其治理主体具有单一性、排他性和不可选择性，治理方式也呈现出单向性。

1.1.2　二元共治模式

袁忠和刘雯雯认为，村民委员会的建立标志着我国乡村治理进入二元共治的阶段。改革开放后，家庭联产承包责任制在全国范围内开始普及，直接动摇了"政社合一"的人民公社体制。1980年，宜州市合寨村正式成立村委会；1982年，《中华人民共和国宪法》颁布，明确了乡镇政权、村委会群众性自治组织的法律地位；1987年，《中华人民共和国村民委员会组织法（试行）》颁布；1998年，《中华人民共和国村民委员会组织法》（简称《村民委员会组织法》）正式通过，村民自治制度得到不断完善发展。这段时期内，我国建立起了以"乡政村治"为主要特征的乡村管理体制，广大村民通过村民自治组织享有了参与公共事务管理的权利。

1.1.3　多元治理模式

21世纪以来，随着农村经济社会不断发展，农村组织分化更加迅速，维持农村社会秩序、协调农村社会发展、提供公共服务的主体更加多元。这些治理主体包括组织性主体、群体性主体和个体性主体三个层次。乡村治理由原来的以村委会和村民代表会议为主体的村民自治转向多主体的合作治理，即以多元化治理权力为基础，以多元化治理主体为核心，以多元化治理资源为桥梁，以多元化治理手段为途径的一种村庄治理模式。在多元治理结构下，不同的组织有着不同功能、价值取向和利益诉求，导致治理主体之间行为关系错综复杂，甚至存在严重的矛盾与冲突，影响着乡村治理善治目标的实现。

1.2 主要特征

1.2.1 利益结构复杂化导致基层组织多元化

在城镇化和农村改革不断深化的过程中，农村人口流动频繁，农村的经济成分、组织形式和利益主体日益复杂化和多元化，农村的经济结构、就业结构、消费结构等也发生了重大变化，催生了许多不同类型的新型经济组织、社会组织。农民内部也日益形成了不同的利益群体，形成了错综复杂的利益关系，产生了不同的利益诉求和不同的利益维护方式，使得乡村治理任务更加繁重。

1.2.2 治理关系多维化导致个体利益与公共利益失衡

传统的农村社会是熟人社会。农村社会的信用不依赖契约关系，而依赖熟人间的道德约束。刘超认为，市场经济是开放经济，更重视"利益"，市场参与者可以自由地追求自身利益的最大化，使得乡村治理参与者在不受熟人关系的约束下容易形成"个体利益"与"公共利益"间的失衡。在多主体参与治理的结构中，利益共同体之间互相联系又互相掣肘，其中的利益链条相互交织，利益结构复杂多变，这样的利益关系会随着社会结构中利益主体增加而成倍增长。因此，如何平衡治理主体在实施治理行为时涉及的"人情"与"利益"也是乡村治理面临的现实挑战。

2 推进多元化乡村治理模式的绵阳实践

作为四川省"两项改革"的综合试点市，在多元主体参与乡村共治模式上，绵阳市做出了有益的探索与实践。基于合作生产理论和合作治理理论，政府、市场和社会都是参与乡村治理的主要力量，根据其参与领域和作用发挥的不同，绵阳市的多元化乡村治理模式有以下三种模式：

2.1 补缺模式

补缺模式是指社会组织、企业等在政府未能涉足或政府力量不足的社会自治领域，提供社会公共服务、满足社会需求、弥补政府的不足的社会治理模式。绵阳市盐亭县大兴回族乡的治理模式属于补缺模式。盐亭县大兴回族乡是绵阳市唯一的回族聚居乡，在 2019 年的乡镇行政区划调整中由原大兴回族乡、林山乡和冯河乡尖子村合并而成。"两项改革"后，大兴回族乡坚持以自治为本，主动在民族地区基层群众自治上发力，探索出了"自治为本，激发乡村活力""法治为要，维护稳定平安""德治为基，引领乡风文明""共治为荣，促进村民团结"的"四治协同"治理新模式。一是自治为本，激发治理活力。大兴回族乡创新"1+2+N"党组织引领群众自治体系，搭建议事平台，建立

8个村（居）议事协商平台，利用议事厅、议事祠堂、议事院落、网络议事堂等载体，吸引村民广泛参与，解决了1 440万元亚洲开发银行贷款项目中18件土地问题纠纷；修订完善村（居）民自治章程、村规民约，以及理事、监事章程；明晰人员组成、议事范围、议事规则、议事程序，执行落实措施，有效规范了村民自治行为。二是法治为要，维护稳定平安。大兴回族乡创新"1（法律顾问）+N"专兼职法律服务队伍，建立公共法律服务室9个，由村干部、老党员、乡贤组成40人法律服务团队，经过培训后作为法律服务志愿者，调解各类矛盾纠纷24件，为200余人提供法律咨询，实现了乡村法律服务全覆盖；定期开展"3个1"法治讲堂（乡每月1次、村每季度1次、寺庙每半年1次）；开展村民学法、阿訇讲法、法治电影、以案说法、青少年法治课堂等活动，增强村民法治意识。目前，大兴回族乡林园村已获得全国民主法治示范村。三是德治为基，引领乡风文明。大兴回族乡深入开展"民族团结先进集体""脱贫达人""文明户""最美逆行者""农村致富能手"先进评选活动，引领和倡导文明新风；实施民族文化惠民工程，建成传统文化广场共2处，占地7 200余平方米；建成"回民风情厅"1个、"民族文化展示厅"1个；开展群众交流交往交融行动，搭建"民族团结进步大讲堂""民族大舞台"，每月举办大讲堂1期、每年举行1次大型文艺汇演，以此弘扬主旋律，传承"新"文化；每个村（居）建立红白理事会，倡导喜事新办、白事简办"123"原则，形成"日收集、旬汇总、月评议、季回访、年总结"的工作机制。四是共治为荣，促进村民团结。大兴回族乡推行"支部+组织"共同治理体系；扶持社会共治组织，推行乡贤理事会、老年协会、慈善协会、农业公司、新型经营主体等46个社会自治组织共同参与自治。

2.2 协同模式

协同模式是指聚合政府、市场和社会三方力量，发挥各主体优势，实现信息共享、资源共补、责任共担。绵阳市新桥镇的治理模式属于协同模式。新桥镇坚持问题导向，开发"微信小程序"，打造"智治"平台，集成公共服务、政务公开、应急处置、生活服务、志愿服务等功能，在线受理群众投诉举报、政策咨询、困难救助等，实现了"互联网+"现代乡村治理转型。"智治"平台分为五个板块：一是"新语心愿"板块。该板块主要聚焦解决群众办事的难点和痛点，实行"前端一站受理、平台分类派件、中心统一调度"的工作模式。群众通过微信"扫一扫"功能，进入"新语心愿"板块，通过发送图文、语音、视频向镇政府反映诉求、咨询政策、投诉举报。平台工作人员对接收的诉求进行整理分类，联系镇政府相关股室和村社干部解决问题。相关工作人员接到调度指令后主动与群众对接，采取现场办理、上门服务、电话回访等方式，及时解疑答惑、办理各类事务。二是"玩转新桥"板块。该板块主要推介新桥镇内旅游景点、展示名优农特产品、宣传政策法规、发布通知公告等，让广大群众足不出户就能享受信息化、便捷化生活服务圈。来新桥镇的游客也可通过"扫一扫"张贴在公交车站、宣传栏等处的微信小程序码反映诉求。三是"志愿服务"板块。该板块主要是进行志愿服务项目招募。困难群体通过平台发布困难需求，志愿者通过平台提供帮助，实现困难群众与志愿组织的无缝对接。四是大数据分析板块。该板块搭建了大数据应用平台，实现了"信息研判""指挥调度""视频监控"等功能。该板块对上报的各类事件进行分析研判，为科学施策提供数据支撑；可快速响应紧急事件，通过可视化手段精准调度相应资源；通过"雪亮""慧眼"等实时监控镇内重要场所、重点企业、主要路口、人员聚居区等，形成网格化视频监控体系。五是"效能评价"板块。"智治"平台总体要求是"件件有落实、事事有回音"，相关工作人员需要在72小时之内和群众沟通联系。如果出现突发紧急事件，平台会主动提醒工作人员及时处理。镇村干部办件情况与目标绩效考核挂钩，倒逼大家转作风、强服务。新桥镇"智治"平台坚持"扁平化"理念，减少工作层级，所有镇村干部、网格员、网协员等均作为办事员，由指挥中心统一调度，形成事件处置的"群众—指挥中心—办事员—群众"闭环，变"群众跑腿"为"数据流动""干部跑腿"，切实提升群众幸福感和获得感，不断提高政府公信力。

2.3 替代模式

替代模式是指政府是主要设计者与运维者，让社会与市场参与进来作为治理的主要执行者的社会治理模式。绵阳市梓潼县观义镇的治理模式属于替代模式。观义镇先开展乡镇规模化农业社会化服务，依托农业社会化服务公司的"全程托管、单项托管、订单托管"的经营方式，实现企业与农户"双赢"。观义镇通过集体经济企业——梓潼县观仓农业开发有限公司引进社会资本共同成立农业社会化服务公司——梓潼县观农富农业有限公司，采取集约共建、集约共管、集体共享、集聚共赢的模式，开展以土地经营、托管服务、农产品收购等业务，统一组织农技队伍、劳务队伍，分类制定土地托管服务套餐，开展"耕、种、防、收、销、管"全链条、一站式农业产业社会化服务，同时拓展农产品初加工、烘干、仓储、冷链、机械租赁特色业务。观义镇大力发展订单农业，同四川福欣食品有限公司、吉香居食品股份有限公司等企业合作构建"龙头企业+集体经济企业+农业职业经理人+农户"发展模式，统一种子、化肥、技术标准，定价收购合格产品，辐射带动文兴、宝石等乡镇。观义镇通过集体经济企业引进社会资本成立社会化服务公司，推行"规范化、标准化、机械化、集约化"的生产管理方式，实行"统一货源、统一价格、统一配送"的农资经营方式，配套农业生产"耕、种、防、收"等社会化服务，有效解决农村空心化、老龄化等问题。

3 "两项改革"后绵阳市多元化乡村治理面临的现实困境

"两项改革"的目的是解决镇村两级设置"多、小、密、弱"的问题，以挖掘区域经济发展潜力、释放基层社会治理活力。笔者在绵阳市多个乡镇、村社调研中发现，"两项改革"后，多元化乡村治理模式面临主体困境、合作困境、制度困境和技术困境。

3.1 多元主体积极性不高，参与治理能力有待提高

多元主体参与乡村治理的困境主要体现在以下几个方面：一是基层政府参与治理的能力有待提高。随着国家和社会众多资源不断涌入农村，乡镇政府作为最基层的行政机构，负责资源的分配使用、政策的贯彻执行等，基层干部的工作愈加繁重。"两项改革"虽然使乡镇得到"瘦身"和减负，但是基层政府治理能力仍然有待提高。二是村"两委"实际参与度低。在乡村空心化的趋势下，村级党支部的中坚骨干人才外流，农村党组织队伍结构老化，村支部的领导能力有待提高。部分干部的思维方式、专业素养、工作方法和能力素质与当前治理形势还有明显差距，如治理思路不畅，有效整合多元主体、各方资源参与基层服务、推进"共建共治共享"还缺乏具体的办法和措施。三是村民参与意识不足。部分村民对自己的意愿无法精准表达，这也影响其参与乡村治理的积极性。

3.2 多元主体间信任缺失，治理合力难以形成

虽然以多元主体为基本形态的乡村治理态势已初步形成，但在多元化治理过程中，参与乡村治理的多元主体差异化较大，价值取向和利益诉求也不尽相同。多元主体组织化程度不高，多元主体之间信息不对称，多元主体尚未形成开放共享的价值理念，以宗族血缘为纽带的人情式关系网络淡化，阻碍了共治合力的形成。因此，在具体治理事务中较难形成统一的行动，矛盾冲突自然产生，多元主体共治的"负外部性"显现，严重影响着治理成效。

3.3 数字乡村建设滞后，智能化治理水平有待提高

随着信息技术的快速发展，大数据、互联网、人工智能和区块链等现代科技极大地改变着乡村治理方式，对乡村治理效果提出了更高标准、更严要求。但目前，乡村治理智能化水平较低，智能化治理发挥空间有限，不能完全适应

乡村治理的现实需求。一是乡村信息化建设起步较晚，资金投入较少，信息化综合服务设施覆盖率低，硬件设施不健全，数据平台互联共享不足，物联网、大数据、云计算、人工智能等先进技术不能及时应用。二是乡村治理方式缺乏有效创新，统筹治理能力不足，未实现对辖区人口、民生建设、公共服务的数字化管理，不能有效运用网络信息技术进行党员教育管理、社会舆情引导、就业创业信息获取、技术技能培训等，乡村治理信息化和智能化程度不高。

4 创新绵阳市多元化乡村治理模式的对策建议

为促进绵阳市多元主体共同参与、协同共治，实现乡村治理现代化，笔者从以下四个方面提出建议。

4.1 激活主体动能，汇聚共治力量

4.1.1 提升政府为民服务能力

一是精准定位政府角色。乡镇政府是乡村治理的指导主体，主要职能是提供公共产品和处理公共事务。乡镇政府不宜再延续传统的治理方式，需要按照现实治理需要，科学重构自身角色，在基础设施建设、乡村整体规划方面，以农村基层组织为中介同村民进行协商合作。在乡村具体事务的管理方面，乡镇政府应充分支持和维护村民的自治权。二是推进服务型政府建设。乡镇政府是乡村治理的服务者，要坚持人民至上，切实负责好政府公共事务，以"绣花"般的"精心、细心和巧心"实现精细化治理。三是有序转变政府职能。乡镇政府要把其他社会主体培育好、壮大好，腾出更多的时间和精力，以"服务者"的姿态面向广大村民，有序实现自身职能转变，提高服务效能。

4.1.2 明确村"两委"职责

一是加强农村党支部建设，选好用好育好管好党支部的带头人，改善支部组织队伍结构，切实发挥好党支部和党员在乡村治理中的"领头雁作用"。二是发挥村委会的自治职能。村委会是村民自治的重要载体，村民委员会主任及委员应提升个人修养，提高服务能力，依法公开村务，不断加强与村民的联系，推动自治方式的创新，切实发挥基层组织的自治作用。三是乡村基层党组织和村委会在处理具体问题和矛盾方面，应当综合运用多种方法来协调各方利益，维护乡村稳定。

4.1.3 提高村民参与积极性

一是加强社会主义核心价值观教育。乡镇政府通过对农民集体主义价值观的教育引导，培育村民的公共意识和共同体意识，实现农民对乡村从身份、利益到情感的回归，达成乡村地域共同体、利益共同体和文化共同体的有机融

合，激发乡村治理的内生动力，增强治理效能。二是加强公共文化建设。乡镇政府通过整合村庄的文化资源，构建多种形式的文化社群，大力扶持自乐班、兴趣社、互助队等乡村自组织发展，创设丰富的文娱活动，以增强村民和集体的联结感、存在感和归属感。三是利用村级宣传栏、微信公众号等平台以及举办知识讲座等方式，向村民普及参与乡村治理的相关内容与流程，帮助村民厘清当前村庄发展的状况与面临的主要问题，有效提升村民参与村级事务决策的能力。

4.1.4 积极引导社会力量参与

一是加快对农村社会化服务组织的培育。有关机构应加快培育联农惠农社会化组织，加快人、财、物等保障性要素向农村地区流动，鼓励高校毕业生、退役军人和返乡创业农民工等依法领办创办农村社区社会组织，并给予人才、技术等政策支持，不断提高他们参与乡村治理体系建设的积极性。二是吸引社会资本参与。社会资本力量参与乡村治理的关键在于乡村产业的发展，不仅能增进村民之间的信任，还能强化社会资本功能；加大乡村产业的投入，有效整合乡村项目，提高资金的使用效率和效益，优化投资环境，鼓励大型企业在乡村兴办产业园区，因地制宜地发展乡村产业，从而吸引社会资本参与乡村治理。三是鼓励新型农业经营主体参与。有关机构应大力发掘有志投身于乡村振兴的新型农业经营主体带头人，采取政策扶持、资金优惠、声誉提升等多元手段激励新型农业经营主体参与乡村治理工作；鼓励新型农业经营主体设立党支部，引导和吸纳他们成为优秀党员并加入基层治理队伍；推动新型农业经营主体向新乡贤转化，创新、推广农业振兴引领乡村振兴的经验做法，为新型农业经营主体的乡村治理参与营造良好的社会环境。

4.2 提升参与能力，形成共治合力

4.2.1 大力提高组织化程度

一是党建核心引领。要保证多元主体参与乡村治理机制的有效运行，应发挥党建引领作用，促进各主体积极有效地沟通，形成党建引领下的乡村多元共治模式。二是增强协调能力。乡镇政府应依托党组织，整合公共资源，将多元要素纳入基层治理框架，把社会组织纳入治理体系。

4.2.2 大力统筹各方资源

一是调动各方力量，重点培育志愿服务类社会组织，优化慈善公益类社会组织，完善事务类社会组织，扶持文体活动类社会组织，发展社工类社会组织。二是加强跨界合作，推动政府与社会组织、社会组织与社区等跨界合作，发挥社会组织在资金、技术、市场、管理等方面的优势，组织社会团体、高校、企业、协会等，通过资源开发、产业培育、市场拓展、村企共建等形式参

与治理和帮扶。三是分类分层管理，针对不同主体的特点，在参与治理的内容和方式上分门别类、精准施策，在参与乡村治理的规划建设中要下移治理重心，构建"网格化"治理体系，调动基层社会组织、村民的积极性。

4.3 提高智能化治理水平，加强技术保障

4.3.1 搭建数字服务平台

一是深化信息惠民服务。有关机构应通过信息技术手段，将与农民生产生活密切相关的行政审批、便民服务等事项搬到网上，为农民提供更多便利，进一步促进城乡基本公共服务均等化；为农村转移人口提供有针对性的服务，加快实现城乡居民基本医疗保险异地就医直接结算、社会保险关系网上转移接续等，让数据多跑路、群众少跑腿，实现公共服务的提供与社情民意的上传，达到上下联动的效果。二是加快各类服务平台建设。乡镇政府应坚持政府治理信息公开透明，以网络平台为载体，开发乡村治理服务综合信息化软件，推广村级基础台账电子化，建立统一的"智慧村庄"综合管理服务平台；推广村级事务"阳光公开"监管平台等；借助数字技术优势畅通基层治理的"最后一公里"，将传统农村社会"人熟好办事"的生活场景转变为"人不熟也好办事"的善治格局。

4.3.2 推进绵阳数字乡村建设

一是建构市级智慧数字系统。绵阳市政府应继续加大对信息基础设施建设的投入力度，运用大数据技术、信息化手段，建立"智治"平台。绵阳市政府应统一构建基础智慧数字系统，使各层级信息数据互联互通，打破党建、民政、公安、电信、医保等多层数据"壁垒"，形成集信息共享、部门联动、综合研判、跟踪督办、应急处置于一体的工作体系，及时排除、预警、化解、处置各类矛盾风险。二是加强数字技术赋能。绵阳市政府应通过数据平台和数据采集终端实现数据采集，在保障数据安全的前提下，实现数据资源共享，真正实现一次集采，多次利用；利用数字技术将多元主体汇聚在同一治理空间内，规避传统乡村治理的"孤岛效应"，运用数字技术赋能乡村社会，提升乡村治理现代化水平。

参考文献

[1] 常安. 改革时代的村民自治变迁历程：缘起、挑战与未来 [J]. 学术交流, 2015 (3): 5.

[2] 黄仁国, 王卫方. 论新时期国际统一战线问题 [J]. 湘潭师范学院学报 (社会科学版), 2004, 26 (2): 31-35.

[3] 邓正来. 中国法学向何处去 [M]. 北京：商务印书馆，2006.

[4] 郝丽霞. 乡村振兴背景下乡村治理路径选择：以渭南市为例 [J]. 知识经济，2019（16）：2.

[5] 何玲玲. 乡村振兴背景下民族地区乡村治理共同体构建研究 [J]. 唐山学院学报，2018（1）：12-13.

[6] 黄增付. 新型农业经营主体参与乡村治理的制度支持分析 [J]. 广西社会科学，2020（2）：6.

[7] 李长健，杨莲芳. 三权分置、农地流转及其风险防范 [J]. 西北农林科技大学学报（社会科学版），2016，16（4）：7.

[8] 刘雨婷."世界百年未有之大变局"与中国生态文明研究创新：2020年中国环境伦理学环境哲学年会述评 [J]. 哈尔滨工业大学学报（社会科学版），2021，23（3）：8.

[9] 廖巨农. 部分村党组织领导权威弱化及其治理研究 [D]. 武汉：华中农业大学，2007.

[10] 刘超. 社区治理体系建设中的文化认知：功能、困境及出路 [J]. 吉首大学学报（社会科学版），2018，39（3）：8.

[11] 金秋蓉. 多中心治理理论视角下中国乡村治理创新模式探究 [J]. 今日湖北月刊，2011，（7）：45.

[12] 沈永东，陈天慧. 多元主体参与基层社会治理的共治模式：以宁波市鄞州区为例 [J]. 中共浙江省委党校学报，2021，37（4）：82-89.

[13] 王微. 新时代乡村治理体系构建研究 [D]. 长春：东北师范大学，2020.

[14] 文宏，林仁镇. 多元如何共治：新时代基层社会治理共同体构建的现实图景：基于东莞市横沥镇的考察 [J]. 理论探讨，2022（1）：8.

[15] 肖勇. 科学发展观视野下的我国村庄"多元"治理模式 [J]. 四川警察学院学报，2009，21（3）：7.

[16] 袁忠，刘雯雯. 我国乡村多元治理格局的困境及其破解：基于"三治合一"乡村治理体系的思考 [J]. 广东行政学院学报，2019，31（6）：6.

[17] 张天佐. 健全乡村治理体系 筑牢乡村振兴基石：我国乡村治理模式变迁及发展 [J]. 乡村振兴，2021（6）：4.

[18] 郑会霞. 如何突破乡村治理面临的四重困境 [J]. 人民论坛，2020（18）：2.

从"助手"到"推手"：社会工作参与基层社区治理的路径及优化策略

张宗鑫

（西南石油大学）

摘要： 作为社会的基础单元，基层社区治理的效果直接影响国家治理体系和治理能力现代化建设。在推进基层治理的进程中，社会工作通过微观、中观和宏观层面的介入使基层社区治理体系更加完善，但基层社区治理在多元主体合作、专业和经验以及居民参与度等方面存在不足。针对上述问题，本文提出党建引领多元主体参与社区治理、加强社会工作人员的现代化建设和加强社区营造提高居民参与积极性等优化策略。

关键词： 中国式现代化；社区治理；社会工作

0 引言

1987 年"马甸会议"① 后，社会工作经历了较为漫长的恢复重建期。随着经济社会的快速发展，社会工作得到较快发展，社会工作的发展空间得到拓展。中国特色社会主义进入新时代，我国对构建现代化的社会治理体系和社会治理能力进行不断探索，在治理理念创新层面实现了从社会管理到社会治理再到建设社会治理共同体理念的转变。我国的社会工作也迎来了新的发展机遇。各地区传统的社区服务中心转变成党群服务中心，社会工作更加制度化地参与到党建引领下的基层社区治理之中，政府也逐渐认识到社会工作在推动和构建社会治理体系中所扮演的重要角色。随着政府职能的转变和构建"服务型政府"的需要，政府通过购买服务的方式引入专业社会工作来提供社会服务的情况更加普遍，社会工作也越来越多地参与到社会治理中。社会工作服务领域

---

① "马甸会议"即 1987 年 12 月由民政部策划召开的"社会工作教育发展论证会"，由于会议地址位于北京市海淀区马甸，故简称"马甸会议"。

进一步扩大，从而实现从"助手"向"推手"的角色转变。

1 研究综述

1.1 社会组织参与基层社会治理研究

随着"维稳"取向的社会管理理念被多元共治的社会治理理念取代，社会组织被更加广泛地吸纳到社会治理体系中。社会组织参与社会治理呈现出的新形态可以归纳出专业主导型、嵌入共生型和党建引领型三种类型的社会组织参与社会治理模型。多元共治的治理模式使治理主体多元化，可以使社会治理实现政府主导到社会组织嵌入合作共建的转变，从而破解传统的社会管理所面临的行政执行僵化、资源内耗与动员失灵等困境。

1.2 社会工作介入基层社会治理研究

专业社会工作作为治理主体的一元，其专业特质决定其有责任参与基层社会治理。对于社会工作和基层社会治理的关系，从治理模型来看，社会工作参与社会治理具有基础性、服务型的特点，社会工作参与社会治理可以概括为基础-服务型治理；从政社关系和党社关系来看，在党建引领下，社区治理结构能够得到重构和优化，社会工作可以有效开展，通过有效嵌入来提升基层社区治理能力；从介入视角来看，社会工作可以通过"任务目标"和"过程目标"促进社区治理发展。

笔者通过研究发现，对社会组织及社会工作参与基层治理的研究呈现增长趋势。学者们通过理论研究，构建了参与基层治理的互动模型。但从总体来看，目前对基层社会治理的研究大多从社会组织层面进行分析，对于社会工作参与基层社会治理的研究相对较少。因此，探索社会工作参与基层社会治理的路径可以丰富相关研究内容，让社会工作在参与基层社会治理的过程中发挥更大作用。

2 社会工作参与基层治理的必要性

首先，从社会管理到社会治理的转变过程来看，基层社区作为社会治理系统的基础单元起着稳基础、保大局的重要作用。随着社会治理重心的下移，政府主导的社区管理格局转变为政府、社会组织和公民参与的多种治理方式相结合的社区治理格局。随着公民自治意识的不断增强和"智慧社区""数字社区"等新型社区的建立，单纯地依靠社区工作者处理社区事务、推动社区治理难免会显得捉襟见肘。因此，要真正形成高效率、高质量的社区治理体系，需要更多相关专业主体积极参与，而社会工作可以提供专业社会服务，这是社会治理创新的重要切入点。

其次，专业社会工作介入基层社区治理也顺应了新时代基层社区治理的趋势。随着我国社会主要矛盾的变化，人民有了形式多样的需求，对社会服务有了更高的要求。而传统的政府管理模式已经不能适应时代的发展步伐，迫切需要如社会工作等专业力量参与社会治理中。社会工作者作为资源链接者和专业服务提供者，可以有效整合各种社会资源以满足基层群众多元化、个性化和精细化需求。同时，国家层面的支持使得社会工作行业不断发展，现阶段我国社会工作也具有参与社会治理的能力。

最后，社区治理的目的是维护群众利益，为广大人民群众服务，促进公平正义，这符合社会工作"以人为本"的服务理念。社会工作在提供社区公共服务、推动社区自治、链接和开发社区资源、建设社区治理共同体和满足社区居民多元需求方面具有独特优势。

3 社会工作参与基层治理的路径

当前，依托于乡镇（街道）的社会工作服务站，越来越多的政府购买社会服务项目通过社会工作者为社区居民提供服务。社会工作从微观、中观和宏观三个层面参与基层社区治理。

3.1 微观层面的个案和小组服务

随着城市化进程的不断加快，相比于传统的依靠血缘关系构建的传统村落（社区），现代社区将具有不同生活背景的人们通过行政区划的方式联系起来组成共同生活的社区。现代社会，人与人之间缺乏必要的沟通与交流，呈现出相互防范和安全感缺失的"龟缩社会"形态。基层社区凝聚力不强，居民对社区归属感和融入感不足，严重影响了社区居民的获得感与幸福感。因此，微观层面的源头治理主要是指将社区矛盾消解在萌芽期，从而起到防微杜渐的作用。微观层面的社会工作介入主要是通过个案或小组工作的方法，比如在社区提供困境老人社区照顾服务、残疾人就业帮扶和留守儿童心理教育等服务。社会工作者可以通过提供个性化服务，切实提高服务对象生活质量，增强他们的生活幸福感。个案和小组服务可以有效弥补政府在弱势群体帮扶层面的不足，从而发挥源头治理作用。

3.2 中观层面的社区治理体系重构

传统的社区治理主体包括街道办事处和居民委员会。但是在这种治理模式下，基层群众的多样化需求满足程度不高，同时由于缺乏完善的社区管理参与机制，治理主体较为单一。相比于传统一元治理结构，多元共治型治理结构更强调多主体共同参与，社会工作者可以充分链接资源，引入社会组织参与到社区治理中。同时，社会工作者可以通过社区教育和社区营造的方式，发动社区居民来解决社区问题。如社会工作者通过扮演"液体"角色，推动"五社联动"社区治理模式落实，在党建引领下不断更新服务理念，通过专业工作方法来链接资源，促进其他主体联动，从而形成多方主体参与和协作机制，为基层群众提供多样化的服务，切实增强居民幸福感。综上，社会工作者在中观层面参与基层社区治理主要通过构建社区治理共同体的方式来间接重构社区治理体系。

3.3 宏观层面的制度和政策反馈

现代社会中，基层工作人员通过执行和落实有关政策，为基层群众提供社会福利。在这个过程中，一方面，社会工作者作为政策的实施"自组织中介"，相较于普通群众而言更加了解社会政策的具体内容，可以为弱势或困境群体提供有针对性的社会资源和政策服务，例如，为社区失业人员提供失业补贴、积极为其提供帮助以实现重新就业。另一方面，社会工作者作为政策的倡导者，在政策的实施过程中充分与群众接触，可以切实感受到政策落实程度和实施效果，通过向相关部门积极反馈，从而为完善和执行政策提供建议，进而推动制度和政策的革新和完善。

4 社会工作参与基层治理的实践困境

社会工作通过微观、中观和宏观层面介入基层社区治理，为推动构建共建共治共享的社区治理共同体做出了有益探索并取得实质性进展。但是社会工作发展尚不成熟，在介入基层社区治理过程中面临以下困境：

4.1 多元主体合作困境

随着构建治理共同体理念的普及，越来越多的社会组织参与到基层社区治理中，无论是社区内部衍生的"自组织"还是基于专业力量建立的"他组织"，都促进了治理主体的多元化，为社区居民提供了多样化的社会服务，丰富了基层群众的日常生活，满足了社区居民的多层次需求。良好的联动机制可以促进各社区治理主体有序参与、合理分工。但传统的一元治理模式不能适应社会工作者推进社区治理，容易将社会工作与一般工作混淆，把社会工作者当作一般工作人员或免费劳动力。同时，在传统的一元治理模式下，社会组织在参与基层社区治理时更多处于被动局面，多是单纯完成社区下发的任务；各治理主体之间缺乏有效沟通交流，常常导致"各行其是"，难以形成高效的合作机制。

4.2 专业与经验的矛盾

社会工作作为专业的助人活动，区别于传统的社会服务，是在正确价值观的指导下提供社会服务，在这一过程中尤其强调社会工作的专业性。在基层社区治理的过程中，社会工作者只有秉持正确价值观和使用专业的方法才能够为基层群众提供专业服务。但是由于缺乏本土化的孕育过程，一些理论和方法在运用到本土实践时常常出现水土不服的情况。例如，在"差序格局"体系下的基层社区，以人际关系为主的社会伦理关系仍占据主导地位，很多社会工作者在处理基层群众的矛盾时，容易陷入人情与制度的冲突。如果单纯追求社会工作的专业性，那么很有可能会导致服务对象的不信任，专业服务难以深入开展；如果依靠传统的经验处理基层事务，那么提供的社会服务便不能称为专业社会工作服务。

4.3 居民参与度不高

居民参与是保证基层社区治理的前提条件。不过，部分居民综合素质不高，缺乏参与社区事务的意识，认为社区事务与自身无关，只有遇到问题的时候才会寻求帮助。此外，一些居民的责任意识不强也会严重影响其参与积极性。参与途径不畅也是影响居民参与度的重要因素。在基层社区治理的过程中，一些服务活动形式重于实际效果，导致真正参与社区治理的居民较少，未能形成常态化的社区居民参与机制。

5 优化策略

5.1 党建引领多元主体参与社区治理

党群服务中心可以通过党建引领的方式推动党的工作向基层各领域纵深发展，而且可以充分发挥凝心聚力的作用，形成基层治理的合力，从而实现在党建引领下各主体有序参与基层治理，凝聚多元主体力量，激发共建共治共享活力，畅通参与机制与渠道。

5.2 加强社会工作人员的现代化建设

张昱等认为，社会治理现代化建设离不开人的现代化，因此也要加强社会工作者的现代化建设。首先，社会工作者应牢固树立价值理念；其次，社会工作者要明确角色定位，明确自身角色扮演的多样性，更多扮演促进者、协调者、资源链接者等；最后便是加大对社会工作者的培养力度。

5.3 加强社区营造提高居民参与积极性

党的二十大提出要"全面发展协商民主。协商民主是实践全过程人民民主的重要形式"。一方面，就基层社区治理而言，就是要努力推进基层群众自治，通过社区营造和社区教育的方式，建立与居民沟通的良好渠道，营造和谐的社区气氛，激发居民参与社区治理的积极性，形成"我关心、我参与"的局面，盘活社区群众资源，解决基层群众实际困难。另一方面，影响社区居民参与积极性的因素还有参与价值和参与能力。在参与价值层面，社会工作者可以通过社区教育的方式，积极向居民传播"社区自治""当家作主"的思想，除社区居委会日常事务外，对于涉及居民共同利益的事务多通过集中讨论、集中决策的方式开展；在参与能力方面，社会工作者可以加强对社区居民的文化教育和技能培养，打造社区共同体，通过开展技能讲座、网络培训、参观体验等形式提升居民参与积极性。

6　结束语

本文论证了社会工作参与基层治理的必要性，从传统的社会管理到现代的社会治理，社会工作的重要性得到进一步提高，实现了从"助手"向"推手"的角色转换。社会工作行业得到快速发展的同时也让社会工作界不断反思专业定位，以极强的专业使命感推动基层治理工作。社会工作者在基层社区治理工作中展现出高度责任感和使命感。虽然基层社区治理仍然存在着诸多不足，不过总体上看，社会工作参与基层治理对于构建现代化的治理格局和推动社会工作的本土化进程具有重要的意义。

参考文献

[1] 薛冰，王磊，李阳阳.党建引领基层社会治理创新：逻辑，困境与路径 [J].求知，2020 (11)：45-47.

[2] 曹海军.党建引领下的社区治理和服务创新 [J].政治学研究，2018 (1)：4.

[3] 曹胜亮，胡江华.新时代社会组织参与社会治理创新的理论困境和路径选择 [J].武汉理工大学学 (社会科学版)，2021，34 (5)：46-54.

[4] 何雪松.基层社区治理与社会工作的专业回应 [J].浙江工商大学学报，2016 (4)：4.

[5] 李文静.社会工作在社区治理创新中的作用研究 [J].华东理工大学学报 (社会科学版)，2014，29 (4)：7.

[6] 徐露辉，刘春萍.城市社区权力秩序的变革与社会工作的发展模式 [C] //萧鸣政，戴锡生.区域人才开发的理论与实践：港澳台大陆人才论坛暨 2008 年中华人力资源研究会年会论文集.北京：中国劳动社会保障出版

社，2009.

[7] 宋道雷. 共生型国家社会关系：社会治理中的政社互动视角研究 [J]. 马克思主义与现实，2018（3）：7.

[8] 王思斌. 社会工作在创新社会治理体系中的地位和作用：一种基础-服务型社会治理 [J]. 社会工作，2014（1）：8.

[9] 王思斌. 社会治理共同体建设与社会工作的促进作用 [J]. 社会工作，2020（2）：8.

[10] 闻英，崔田. 社会资本视域下社会工作参与城市社区治理路径探析 [J]. 郑州轻工业大学学报：社会科学版，2021，22（5）：7.

[11] 徐选国，黄景莲. 从政社关系到党社关系：社会工作介入社区治理的情景变迁与理论转向 [J]. 社会科学，2020（3）：18.

[12] 张国磊，张新文. 基层社会治理的政社互动取向：共建，共治与共享 [J]. 内蒙古社会科学，2018，39（3）：7.

[13] 张昱，滕明君. 发展社会工作 促进社区治理现代化 [J]. 中国社会工作，2020（4）：1.

综合干预视角下社会工作增强
社区居民慈善意识的研究

——以成都市 XY 社区"邻里益+"项目为例

兰长发

（西南石油大学）

摘要：社区是城市治理体系的基本单元，社区治理能力和治理水平的提升影响着中国式现代化的发展进程。作为第三次分配的重要形式，社区慈善活动发展还不成熟，存在诸多困难，而这些困难产生的根源就是社区居民慈善意识不强。本文通过分析 S 机构进入成都市 XY 社区开展"邻里益+"项目，在综合干预视角下增强社区居民慈善意识的案例，总结得出一套通过社会工作从认知层次、价值观层次和行为意向层次全面增强社区居民慈善意识的实务模式，为实现社区慈善事业的发展贡献了社会工作专业力量，推动了社区治理体系和治理能力现代化发展。

关键词：社区治理；慈善意识；社会工作

1 问题提出

1.1 研究背景

2019 年，党的十九届四中全会上明确指出：重视发挥第三次分配作用，发展慈善等社会公益事业。慈善事业是第三次分配的主要载体，在社会主义现代化事业中扮演着极为关键的作用。党的十九届五中全会上指出"要畅通和规范市场主体、新社会阶层、社会工作者和志愿者等参与社会治理的途径"，也对社会工作更多、更深入地参与社会治理并发挥其独特作用提出了要求，明确提出在走向共同富裕的进程中，慈善资源和社会支持的获得需要社会工作助力。这也体现出社会工作参与社会治理是大有可为的，也是从顶层设计层面，将社会工作纳入社会治理体系之中。而社会工作一直以来就与慈善有着密切的关联性，二者在价值观念、服务对象、工作目标等方面都有着各种形式的交叉和关联。另外，社会工作在慈善事业发展的过程中扮演着多重角色，如服务的直接提供者、倡导者、资源链接者等，这都表明社会工作可以参与到我国慈善事业的发展过程中，但其实务模式和方法还有待进一步研究和探讨。

随着城市社区治理体系和治理能力现代化的进程不断推进，越来越多的社会工作机构进入社区，参与社区治理之中，慈善商店和社区自组织也越来越多地出现在城市社区之中。XY社区于2021年开始启动由成都市SSY社会工作服务机构（以下简称S机构）承办的"邻里益+"项目，其中慈善超市是该社区营造计划中的一个具体实施项目，主要是提升社区居民自组织能力和增强社区居民慈善意识，通过整合社区内学校、物业和部分企业的社会慈善资源，为社区困难居民和其他居民提供公益慈善服务，营造邻里互助的社区氛围，打造社区居民真正参与的友好社区。

1.2 研究综述

由于多方面原因，我国社区慈善事业发展还不成熟。国内学者也指出，我国在社区慈善事业方面存在多方面困境。例如，侯隆文指出，当前社区慈善事业的发展困境主要是社区慈善观念落后、意识淡薄。蒋志豪在分析"五社联动"的基础上进一步探究了目前慈善活动存在的困境，分别是多元主体协同治理不足；专业社会工作者的数量不足和质量有待提高；社区公益慈善资源不足；居民参与社区慈善事业缺乏积极性。牛金华认为，社会工作机构通过培育社区自组织建设以推动社区慈善活动发展主要面临社会工作机构专业人才不足，影响自组织培育连贯性；社会工作机构社区动员不充分，居民参与度不高；过度依赖社会工作机构，自我运转机制不完善。而这些困境的产生都源于社区居民慈善意识不足。

若少了公民个人的慈善行为，慈善组织就失去了存续的基础。慈善意识具有人人幸福和人格完善的价值指向，而促进公民社会中人格的完善，便是慈善意识的本质特征。慈善意识也称慈善观念，是指人们对慈善事业的看法、观点和态度，与文化密切相关。陈东利在其《论慈善意识的本质特征》一文中将慈善意识分为三个层次，分别是认知或知识层次、价值观层次和行为意向层次。周宏也将慈善意识划分为慈善认知意识、慈善参与意识和慈善责任意识三个维度。在关于慈善意识培养的研究中，他认为学生是社会的栋梁，是未来慈善事业发展的主要推动者，培养学生慈善意识，鼓励大学生积极投身于我国慈善事业中意义重大。而关于社会工作增强慈善意识的研究中，他主要是运用小组工作的方法来培育公民的慈善意识，通过鼓励成员的互动和组织慈善事业中的文化资源来培养公民的慈善意识和促进社会变迁的责任感。

综上所述，我国慈善事业的发展过程中，存在多方面的困境，其很大部分源于公民慈善意识不强。而社会工作助力慈善意识增强，目前主要运用的是小组工作和社区教育的方法，缺乏一种综合干预视角，往往具有局限性。基于此，本文首先对 XY 社区慈善活动困境及原因进行分析；其次，本文在对实务经验进行总结的基础之上，对社区慈善意识进行操作化处理，将慈善意识分为认知、价值观和行为意向三个层次。这三个层次是层层递进的，前一层次是否得到充分满足，将直接关系到后一层次能否实现，这也自然将社会工作划分为三个阶段，每一阶段都有不同的任务和目标。因此，这要求社会工作从综合干预视角增强社区居民三个层次的慈善意识，充分实现每一层次各个方面的要求和目标，最终实现社区居民慈善意识的整体增强，推动慈善事业的全面发展，也以此总结社会工作参与社区治理的实务方法和模式，希望可以为日后的研究提供一定的参考。

2　XY 社区慈善活动困境及原因分析

S 机构在进入 XY 社区之初，便针对社区内居民、商家和企业开展关于慈善需求的问卷调查，通过收集和整理问卷信息后分析得出：一方面，该社区内企业、商家需要与社区进行互动经营，它们愿意为社区提供公益服务，同时社区内有较多商家和企业拥有一定的社会资源可参与到社区发展治理之中，但是因为项目有限，出现了有资源而无参与渠道的局面。另一方面，社区居民也有参与社区治理的需求，这些都为 S 机构开设社区慈善超市提供了可能性。但该项目在运行之初，便陷入社区居民无人参与、商家相互推诿的困境。现就其困境产生的原因进行分析。

第一，居民参与程度不深，投身社区慈善活动的积极性不高。杨敏依据社区居民参与的过程、是否参与公共议题、是否参与决策过程和是否形成认同，将社区参与划分为四种类型，分别是强制性参与、自发性参与、引导性参与和计划性参与。S 机构通过观察法和访谈法等多种方式进行调查并分析得出，该社区内居民的社区参与主要集中于强制性参与和自发性参与，社区参与的深度和广度不足，从而导致参与社区慈善活动的积极性不高。

第二，公民个体慈善的"超义务性"。个人的慈善行为不受经济动机、经济利益支配，主要是个人发自内心的、追求道义的、无偿的行为。公民个体的慈善比政府的慈善更体现"超义务性"。而这种超义务性也对社区居民提出了更高的要求，需要其有极强的自觉意识和慈善意识。但由于我国慈善事业起步较晚且发展较慢等，社区居民并未培育出极强的自觉意识和慈善意识。

第三，民间慈善组织缺乏公信力。部分公益项目的违规套捐事件导致公民对公益慈善组织存在不信任。

第四，缺乏社区慈善氛围营造。社区慈善氛围的营造，可以让社区居民沉浸在一种浓厚的社区慈善氛围之中，可以在短时间增强社区居民的慈善意识，增强其参与社区慈善活动的驱动力和积极性。S 机构通过观察法、访谈法等方式收集相关问卷并进行分析，发现 XY 社区内社区慈善氛围不浓。

3　社工机构推动社区居民慈善意识增强的分析：以成都市 XY 社区为例

2021 年开始 S 机构在 XY 社区实施"邻里益+"项目。项目内容包括开设一家慈善超市，通过整合社区内学校、物业和部分企业等的社会慈善资源，为社区困难居民和其他居民提供公益慈善服务，营造邻里互助的社区氛围，创建社区居民真正参与的友好社区。但正如前文所述，社区慈善活动在开展之初，面临着一系列的困境，而社区居民慈善意识不强正是这些困境产生的根源所在。围绕前文所提到关于慈善意识的概念界定和操作步骤，笔者将 S 机构推动成都市 XY 社区居民慈善意识增强的方式分以下三个层次进行分析。

3.1　认知层次

认知，在这里是指对慈善的直觉、经验乃至科学的认知和了解，如什么是慈善、怎样做才叫慈善行为。在这一层次中，社会工作主要是使社区居民了解到有关慈善的基本知识和慈善行为和活动背后相关的知识。

首先，S 机构运用小组工作法，建立慈善特色小组，并鼓励社区居民参与到小组之中，围绕着社区慈善相关知识对小组活动进行设计。小组游戏、小组讨论、视频观看、情景剧表演、小组辩论赛和小组分享等多种活动形式，能满足社区居民的共性化需求和个性化需求，使得他们认识到有关慈善及其慈善行为和活动的基本知识，实现小组目标。

其次，S 机构的社会工作者营造社区慈善氛围，文化具有潜移默化的育人功能，社区独特的文化是在社区自身发展过程中不断积累沉淀的精神气质和理想追求，对社区居民的人格塑造具有重要作用。社会工作者通过张贴慈善宣传海报和播放有关慈善的视频等方式营造社区慈善氛围，以培育和弘扬社区慈善精神，加大宣传社区慈善知识，扩大社区慈善事业的影响力和号召力，提高社区居民投身社区慈善事业的积极性和主动性。

最后，S 机构通过打造社区慈善公共空间，整合利用社区闲置浪费的空间资源。社区慈善公共空间的打造，可以使社区居民更加直观地学习到有关慈善以及慈善活动的相关知识，进一步增强对慈善的认识。

3.2　价值观层次

价值观层次是指对慈善的态度、判断、评价及参与的动机，如对某种慈善行为的态度及评价，或者对个人慈善行为的动机。

首先，S机构的社会工作者通过教育转化的方式在社区内建设平等互助的社区慈善文化，通过一定的文化符号传播表达，如宣传画、录像、海报和公益标志等来诠释社区慈善文化的社会主义核心价值观，以社区居民喜闻乐见的方式，来号召和呼吁社区居民共同营造社区慈善氛围，帮助社区居民树立正确的慈善价值观。

其次，S机构的社会工作者综合运用慈善文化宣传、社区慈善知识科普、社区慈善教育等方式，改善社区居民对慈善组织的看法，让社区慈善文化进入个人、家庭、企业等，并根植其中，使得社区内居民、商家、企业等主体得以树立正确的慈善价值观。社会工作者通过链接社区外的慈善资源，在社区内定期开展有关慈善方面的讲座，使社区居民从内心深处认同社区慈善事业的公益性和价值。

3.3　行为意向层次

行为意向层次是指将思想转化为行动的过程。S机构充分发挥社区公众人物的榜样带头作用，通过培育社区领袖，引导社区居民的社区慈善行为；联系社区内的商家和企业，鼓励他们为社区慈善事业献策献力；与社区居委会进行联系与合作，对社区居民的慈善行动进行记录和表彰。同时，S机构通过社区慈善超市组织培育活动，使得社区居民将慈善思想转变为慈善行为，进一步增强和巩固社区居民的慈善意识。这一培育过程可以分为四个阶段，分别是筹备阶段、建立阶段、发展阶段和成长阶段。

一是筹备阶段。这一阶段主要是发掘社区人才，主动寻找有参与社区慈善活动意愿并且有能力协助社区慈善超市自组织建立的社区能人，挖掘社区内及周边的慈善资源，动员其他社区居民参与到社区慈善自组织中，形成社区自组织的雏形。社区能人既包括社区内的能人，也包括社区外的能人。社区可以通过线上和线下两种方式来寻找社区能人。一方面，S机构通过举办社区公益慈善活动吸引社区能人，同时通过访谈和问卷的形式来甄别社区内有意向并有能力参加慈善超市自组织的社区人才；另一方面，S机构通过发动与自身机构有关的志愿者资源，来协助该社区慈善超市自组织的建设。

二是建立阶段。当社区形成一定的小团体，我们一般就认为进入社区自组织的建立阶段。在这一阶段，自组织的成员人数会不断增加，他们之间也会产生大量的互动，社会工作者在这一阶段的主要任务就是建立自组织内部的认同感和归属感，吸引其他社区居民参与其中。S 机构在这一阶段通过制定社区自组织规范和举办培训活动的形式，将社区慈善超市自组织的行为规范和相关情况传递给社区自组织成员和社区居民，助力获得组织内成员以及社区居民对社区慈善超市自组织的认可，增强社区自组织内成员和社区居民的社区参与意识和凝聚力。

三是发展阶段，在这一阶段，社区慈善超市自组织已经初具规模，可以具体运作组织内部的各项工作，并开始关注社区内的公共事务。在这一阶段，S 机构的主要工作就是提升社区能人骨干的能力和促进社区居民参与慈善超市自组织，并通过鼓励、引导社区自组织成员参与前期的货架设置再到后期的主题策划、引导员招募等活动，吸引社区居民参与到社区慈善超市建设的过程中来。

四是成长阶段，在这一阶段，S 机构对社区慈善超市自组织的干预逐渐减少，社区自组织已经具备了一定的经验，能够自主策划和组织小型的活动和聚会，XY 社区内的自组织通过开展各种活动，如社区"慈善一日行"等活动，吸引社区居民参加慈善超市的活动。

当机构完全成熟后，S 机构逐渐减少对社区慈善自组织的干预直到完全撤离。同时，S 机构还需及时处理撤离过程中出现的问题，如社区自组织内成员对组织领导的权威性提出质疑时，要协助管理人员顺利实现交接。S 机构要协助社区自组织成为社区居民参与社区慈善和社区治理的重要平台，使得社区居民的社区慈善思想彻底转化为社区慈善行动和行为。

3.4 干预效果评估

在 S 机构推动 XY 社区居民慈善意识增强的过程中，S 机构运用量表的测量方式对该社区内居民进行随机抽样调查，并分为介入前测量与介入后测量两个方面，最终以对比的方式对此次介入活动的有效性进行评估。

结合对已有慈善意识的研究，S 机构在分析石国亮量表的基础之上，得出有关 XY 社区慈善意识的量表，并对 XY 社区居民的慈善意识状况进行调查。问卷调查共包括 27 个题目，采用 5 点李克特量表，从非常不赞同到非常赞同，询问社区居民的态度，以判断社区居民对慈善的认知。调查问卷分别包括："慈善是一种自愿地奉献爱心和捐助的行为""慈善事业能够促进社会公平、体现社会正义""在社会保障体系不健全的条件下，应该大力发展慈善事业""发展慈善事业是政府的责任""发展慈善事业是富人的责任""发展慈善事业需要每一个社会成员的参与""社会名人（明星）参加慈善活动能产生很好的示范和表率作用""有许多人参加慈善活动是为了扬名""慈善捐助对困难群体能起到帮助作用""慈善行为可以鼓励人们勤奋上进""慈善行为可以使事务开展变得更有效率""慈善捐赠会让人们产生信任感""慈善行为会增加人们的幸福感""慈善活动有助于社会的安定团结"等 27 个题目。

由于篇幅限制等，本文对于评估结果分析只截取部分有代表性的结果进行分析与论证。

根据表 1 可知，XY 社区居民在社会工作介入前，慈善意识较为淡薄，而在 S 机构介入后，XY 社区居民慈善意识从三个层面得到显著提升，在认知层次，对于"慈善是一种自愿地奉献爱心和捐助的行为"的回答，介入前的非常赞同占比为 49.24%，介入后这一占比上升到 64.39%，而非常不赞同从11.36%下降到了 2.27%。同样，在价值观层次，对于"有许多人参加慈善活动是为了扬名"这一问题的回答，非常赞同的占比在介入前后分别是 36.36%和 9.85%，这一数据下降也十分明显。最后，在行为意向层次，对于"慈善行为可以使事务开展变得更有效率"的回答，社区居民对此问题表示非常赞同的占比从介入前的 22.73%迅速提高到 41.67%。

表1　XY 社区居民慈善意识状况干预前后对比

类别	介入前后	人数/人	慈善是一种自愿地奉献爱心和捐助的行为/%	发展慈善事业是政府的责任/%	发展慈善事业需要每一个社会成员的参与/%	有许多人参加慈善活动是为了扬名/%	慈善行为可以使事务开展变得更有效率/%
非常赞同	介入前	132	49.24	34.09	40.90	36.36	22.73
	介入后		64.39	15.15	64.39	9.85	41.67
非常不赞同	介入前		11.36	4.55	15.15	2.27	20.45
	介入后		2.27	14.40	2.27	25.76	3.03

总之，在对量表结果进行分析之后，可以看出，S 机构介入 XY 社区对居民慈善意识增强是极其有效的，也说明从认知层次、价值观层次和行为意向三个层次增强社区居民慈善意识是可行的。

4　结束语

目前，我国社会工作参与社区基层治理面临着多方面的问题，但是现实环境和专业属性决定社会工作者在参与社区基层治理是大有可为的。慈善事业受到了社会的高度重视，而社区又是国家治理单元中最基本的一环，推动社区慈善事业的发展是社会治理体系现代化和治理能力现代化题中应有之义，社会工作在推动社区慈善事业发展中也可发挥其专业力量，助推其向前发展。

通过对 S 机构介入 XY 社区的案例分析，我们可以看到，社会工作在推动社区慈善事业发展的过程中，应牢牢把握住社区居民慈善意识这一关键要素，而社会工作如何增强社区居民慈善意识也是值得探讨的议题。本文在分析实务案例的基础之上，在综合干预视角下总结得出关于社会工作增强社区居民慈善意识的方法和模式，将慈善意识分为三个层次，分别是认知层次、价值观层次和行为意向层次，这三个层次关系紧密，且层层递进，这也自然而然将社会工作过程划分为三个阶段，每一个阶段有不同的目标和任务，要求社会工作运用多种方法和技术，使每一阶段的目标得以充分实现，促进社区居民慈善意识的整体增强。

参考文献

[1] 陈东利. 论慈善意识的本质特征学术界 [J]. 学术界，2016（7）：66-76，327.

[2] 侯隆文. 论慈善事业发展的社会氛围 [J]. 市场研究，2016（11）：72-73.

[3] 蒋立山. 社会治理现代化的法治路径：从党的十九大报告到十九届四中全会决定 [J]. 法律科学（西北政法大学学报），2020（2）：30-35.

[4] 石国亮. 我国居民的慈善意识及其影响因素：基于全国五大城市的调查分析 [J]. 理论探讨，2014（2）：157-161.

[5] 王思斌. 中国式现代化新进程与社会工作的新本土化 [J]. 社会工作，2023（1）：96-98.

[6] 徐选国，秦莲. 第三次分配视域下社会工作本土理论建构及其实践向度 [J]. 北京行政学院学报，2022（4）：105-114.

[7] 徐选国，秦莲. 制度赋能与专业建构：中国式现代化进程中社会工作发展的双重动力 [J]. 学习与实践，2023（5）：90-101.

[8] 杨敏. 作为国家治理单元的社区：对城市社区建设运动过程中居民社区参与和社区认知的个案研究 [J]. 社会学研究，2007（4）：137-164，245.

徘徊于专业性和行政性之间：乡镇（街道）社会工作服务站发展困境及对策

郭小华

（甘肃政法大学）

摘要： 在全国乡镇（街道）社会工作服务站建设全面启动的背景下，参与兜底民生保障服务的社会工作被赋予重要角色。社会工作服务站建设的专业化推进、高质量发展，既是基层社会治理现代化的现实要求，也是我国社会工作专业化、职业化发展的一次重大机遇。正确处理专业化与行政化的关系，有利于稳妥推进乡镇（街道）社会工作服务站建设，实现专业服务更具可持续性。本文基于对 Z 市乡镇（街道）社会工作服务站的调研，探索基层治理背景下乡镇（街道）社会工作服务站的发展困境，以期提供相关的对策。

关键词： 乡镇社会工作服务站；专业化；对策

0 引言

自 2020 年 10 月民政部召开加强乡镇（街道）社会工作人才队伍建设推进会以来，福建省先后出台《福建省乡镇（街道）社会工作服务站购买服务项目实施方案（试行）》以及《关于进一步加强基层社会工作人才队伍建设 提升基层服务能力的若干措施》，按照"一年覆盖、两年规范、三年提升"的工作思路，稳步推进乡镇（街道）社会工作服务站建设。在一年的时间里，福建省各地区克服种种困难，终于使社会工作服务站顺利铺开，并逐步向特殊困难群体提供心理疏导、社会支持、能力提升等服务。然而，在社会工作服务站建设过程中，"专业化"与"行政化"不可避免地再次成为社会工作服务站建设的重要议题，并呈现出愈发激烈的态势。毋庸置疑，专业化是乡镇（街道）社会工作服务站在发展过程中必须考虑的重要命题。有学者将机构设置、人员选聘、任务分配、工作评价等方面的专业性视为乡镇（街道）社会工作服务站专业化的体现，强调乡镇（街道）社会工作服务站不应作为政府部门完成行政任务的新"科室"[1]。有学者提出要将基层民政工作的"难点"以及群众需求的"焦点"作为社会工作服务站的服务重点，扮演好政府与居民间的连接者角色。当然，社会工作应与民政工作有机结合、融合发展，才能发挥专业作用，即社会工作服务站的服务应嵌入基层民政部门以及其他相关部门的工作中。

从学者们对乡镇（街道）社会工作服务站发展路径所持的观点来看，社会工作服务站的工作理应作为基层民政事务的重要补充与延伸，这难免会与大量的政府事务产生交集。在此过程中，专业化与行政化相交织，专业化易受到行政化的挑战，如出现错误定位或角色偏差。本文通过分析 Z 市乡镇（街道）社会工作服务站的实践道路，探索乡镇（街道）社会工作服务站专业化的构建的可能路径。

1 研究方法

2022 年 10 月，受 Z 市民政局委托，X 机构组建了两个自评抽查服务项目专家组，通过实地走访、现场查看、查阅服务资料、相关方访谈等方式，对全市 14 个县（区）中的 25 个乡镇（街道）社会工作服务站进行自评抽查评估。此次自评抽查评估以《福建省乡镇（街道）社会工作服务站规范化建设评估指引（试行）》为依据，结合各社会工作服务站的自评材料，从基础建设、制度建设、运营投入、运营管理、服务提供、运营绩效等多维度展开评估工作。本文中所引用的信息来自评估团队与各乡镇（街道）领导、各乡镇（街道）社会工作服务站分管领导、站点运营负责人、社会工作者访谈记录。

2 行政化下乡镇（街道）社会工作服务站的困境与无奈

政府大力推动社会工作服务站建设的本意在于服务群众、解决问题，为乡村振兴发展汇聚资源、积聚智慧、凝聚力量，从而更好地满足群众的多元化需求。但在建设初期，特别是在资源不足的乡镇（街道），社会工作服务站无法成为落实党和政府爱民惠民政策、落细民政基层服务的一线阵地。

2.1 行政转嫁下的社会工作服务站现状

在民政局等部门的协调下，乡镇（街道）社会工作服务站已经成功地在 Z 市全面推广开展。值得一提的是，在近一年的服务开展中，乡镇（街道）社会工作服务站能够结合当地实际，积极配合主管部门开展各类专项服务，但社会工作服务站仍存在服务办公场所不足、专业服务场所缺乏、承接机构经验较少、社会工作者专业化水平不高、计划管理不够等问题。Z市乡镇（街道）社会工作服务站抽查评估结果汇总情况见表1。

表1 Z市乡镇（街道）社会工作服务站抽查评估结果汇总情况

评估维度	抽查评估结果
基础建设方面	党建引领方面少部分机构有党员，但欠缺相应的组织生活开展材料；大部分机构有县、乡镇支持材料，但未能现场提供；场所设置基本有办公场所、办公设备、站点标识、专业展示，但个别站点存在社会工作服务站简介缺乏，缺少独立办公室等情况
制度建设方面	多数社会工作服务站能够配套完整的社会工作服务站制度，并通过上墙、宣传栏等形式进行制度展示，但个别站点存在制度种类不齐全、制度展示不齐全情况
运营投入方面	多数社会工作服务站在资金投入方面能够得到有效保障，持续性较强；大部分社会工作服务站承接方注册年限短，未能参与评级，缺乏项目运营经验。在社会工作人员配置方面，基本能够符合学历要求，多数站点社会工作者不是社会工作专业出身缺少社会工作证；机构基本配备了专业督导，但在资料提供方面，存在着督导资质不足、督导机制未建立、督导效果不佳等情况
运营管理方面	多数站点组织管理、人员管理、计划管理、日常监测符合要求，但在财务管理方面，多数站点未能提供独立核算与专款专用证明材料，个别站点缺少需求调查；但多数站点在中国社会工作网登记较为完整
服务提供方面	多数站点在服务对象、服务内容、服务规范方面符合要求。服务主要以入户与建档、日常关系维护为主，并承担一定的民政事务职责；服务对象能够符合合同要求，但个别社会工作服务站合同未规定具体的服务数量，需要加以重视。服务规范方面，个别记录过于简单，未能体现专业性
运营绩效方面	多数站点在产出数量、服务效果方面符合要求，但存在未能完成合同服务量、志愿者登记不及时、专业服务量未达指标等情况，在链接社工资源方面，多数站点有链接资源的意识，个别站点未能体现具体价值；服务各方对社会工作服务站的服务较为满意，特别是乡镇分管领导

当评估人员询问分管社会工作服务站领导社会工作服务站建立所带来的变化时，"人员补充""资料整理""分担工作"成为高频词语，反而较少提及专业性。

在进一步访谈后，评估团队发现造成这种现象的原因主要有以下几点：首先，多数社会工作服务站分管领导不清楚社会工作能发挥何种作用，只是将其视为民政事务执行的一环。其次，由于社会工作服务站成立时间较短、薪酬待遇低等，难以吸引专业社会工作者加入，限制了社会工作服务站功能发挥。最后，社会工作服务站的建立催生了一批新兴社会组织，这些组织缺乏社会工作项目运作经验，对专业社会工作服务的认识不足。这导致一线社会工作者在提供服务时反而更加依赖乡镇（街道）的支持和指导。

"我们不是这个专业的，以前也不知道社会工作。来之后开始是跟着一起做，慢慢学习，大多数时间都是跟他们（民政部工作人员）去拜访老人，然后完成一些对老人和困难户的排查工作，他们让我们做什么我们就做什么，机构也跟我们交代要配合好镇里开展各项工作……"（社会工作服务站社会工作者访谈内容）

"很多时候督导都在培训大家，时间总共才一两个小时，我们也不好意思去提太多问题。机构当然会给予指导，但能够给予的支持太少了，我们有时候都不知道怎么去做，只能看到什么做什么。镇里有任务布置下来我们都会第一时间去完成……"（社会工作服务站社会工作者访谈内容）

"合同中入户只规定了100户，那我们的想法就是写到100户就好了，其他的部分就没有写成入户记录……有时候确实太忙了，临时有工作下来的话，我们一般会优先做上级交代的事……"（社会工作服务站社会工作者访谈内容）

乡镇（街道）对社会工作服务站认识不到位、社会组织管理缺位、社会工作者专业性不足等都是大量行政性事务被转嫁到社会工作服务站的原因。这种情况对社会工作者的影响很大，他们不再以专业服务为出发点，而是以完成行政任务指标为目标。因此，社会工作服务站在发展过程中逐渐呈现出重行政性社会工作的趋势。

2.2 基层行政性事务繁多的无奈

首先，必须要明确的是，行政事务属于社会工作服务站服务范畴，如《福建省乡镇（街道）社会工作服务站购买服务项目实施方案（试行）》就明确规定了社会工作服务站的服务内容在于做好各类困难群体的对象排查、家计调查、政策宣传、绩效评价，同时也对社会工作服务站参与养老服务、儿童服务和社区治理服务做出了相关规定。然而，在查看评估材料与对社会工作者进行访谈时，我们发现，社会工作者将大量时间用于办事大厅前台接待、核查数据、材料整理等行政性事务上。大量行政性事务不仅挤压了社会工作服务站的专业空间，也让社会工作者无暇思考如何发挥平台作用，整合乡镇（街道）资源，参与基层治理。这种现象在人力紧张、资源匮乏的乡镇（街道）更为普遍。

"我觉得他们人还是太少了，我们整个镇才一个社会工作服务站。社会工作服务站就三个人，很多时候事情忙不过来，基层服务离不开人员的支持，如果可以的话，希望能够增加人员……"（民政工作人员访谈内容）

"……有社会工作服务站后，减轻了很多工作压力。各种事务开展都离不开他们，像一直都有在做的对特困户、困难户的帮扶工作，以前只能做到掌握基础数据，但他们可以帮我们定期打电话，及时更新情况，对于我们的工作开展有很大的帮助……"（民政工作人员访谈内容）

相较于乡镇（街道）需要社会工作服务站来增强基层民生服务的专业性、精准性、公益性，社会工作服务站的建设与发展似乎更依赖乡镇（街道）的支持。乡镇（街道）提供支持时通常会对社会工作服务站有所要求，协助行政事务的开展就是支持社会工作服务站建设的其中一个条件。但细究之下，我们又发现，乡镇（街道）将社会工作服务站行政化也是一种无奈之举。

"我们这个口只有3个人，社工们来了能配合我们做很多事情，像上个月刚刚对困难户进行了普查，所有工作都由他们来负责，打电话、入户，这些都是他们独立完成的。也是因为他们做这部分的工作，我们才有精力做其他事情。"（街道工作人员访谈内容）

"社会工作者很多时候在配合我们民政部门，像社会救助综合服务平台都由社工负责登记。这些资料特别多，我们这些人都不年轻了，有时候操作起来很不方便，他们擅长电脑操作。我们可以减少很多事务，不然天天看电脑，我都快眼花了……"（民政工作人员访谈内容）

2.3 基层组织资源不足的选择

实际上，在社会工作服务站建设方面，福建省民政厅除了出台相关政策给予支持外，亦对购买金额做了明文规定，但由于政策出台时间较晚等，社会工作服务站建设仍然面临不少挑战。相比于经济发达地区尚能通过富余财政资金支持社会工作服务站建设，资源不足的乡镇（街道）为了完成任务指标，往往选择将民政救助协理员直接转化为社会工作服务站人员，或者将聘用民政救助协理员的资金用以建设社会工作服务站，导致大量民政事务被转移到社会工作服务站之中。换句话说，本属于民政救助协理员的行政性事务并未随其转岗而消失，而是以另一种形式出现。

"我们的社会工作者是之前的协理员转化而来，上手快，对于工作也很配合。日常的民政事务基本由他们负责，但他们也只能做到这个程度，要求太多短时间也做不到了……"（机构负责人访谈内容）

"你们别看这里不大，常住人口也有好几万呢，这么多人指望我们几个民

政人员确实有点困难。他们进来之后，很多事情我们做起来也从容些，因为多了很多的帮手……"（民政救助协理人员访谈内容）

"民政事务太过繁杂，生老病死都在我们这里，社会工作者在很多环节都能帮我们处理事情，像偶尔有特困户生病，（他们）会帮忙审查是否符合援助申请标准。社会工作者不仅加班加点完成工作，而且做得十分细致……"（民政救助协理人员访谈内容）

由社会工作服务站准备的材料以及对各方的访谈可以得知，实际上社会工作者的工作与民政救助协理员的工作相似。在日常工作中，社会工作者除了要做好民政服务对象的接待工作外，还需要及时准确地向上级民政部门报送各项数据和材料，并完成由民政部门交办的其他工作。即使是社会工作服务站提供的专业服务，如个案工作、小组工作和社区工作，也主要围绕着民政事务展开，缺乏专业性和针对性，同时无法解决居民深层次的需求。

结合实地考察，我们还发现，那些被吸纳到行政体系中的社会工作服务站所在的乡镇（街道）普遍存在资源不足情况。这些乡镇（街道）不仅无法为社会工作服务站建设提供充足的资金保障，甚至难以协调出社会工作者开展专业服务所需要的场地。

如果只看表面，乡镇（街道）将社会工作服务站纳入行政体系，无疑影响了社会工作服务站发挥其专业作用。但是，这背后还存在着深层次的原因，如乡镇资源匮乏、民政人员紧张、行政人员水平不足以及基层事务繁杂等隐性问题，这些也值得关注。

4 专业化的隐现：乡镇（街道）社会工作服务站的专业化构建路径

4.1 社会工作者：专业而不自知

社会工作者在乡镇（街道）社会工作服务站专业化构建中的作用是毋庸置疑的。然而，在对当地社会工作者综合访谈的过程中，我们发现其并不觉得自己具有专业性。

"我们不是这个专业的，以前也不知道社会工作者。来之后开始跟着一起做，慢慢学习。在这个过程中，机构会对我们开展督导与培训，但很多时候我们都不是特别能听懂，而且老师培训的内容也与实际有很大出入。所以大部分时间我们都根据镇里交代的工作去做。"（社会工作服务站社会工作者访谈内容）

社会工作服务站的社会工作者缺乏专业背景，对社会工作也缺乏了解，因此当谈及专业化时，他们并没有太大的自信。这也从侧面反映出乡镇当地社会工作者专业人才的匮乏。

"我们就想着给服务对象做些力所能及的事情……这之中还有很多志愿者帮忙呢，我们只是起到协调作用。"（社会工作服务站社工访谈内容）

从社会工作者的视角来看，他们对服务对象的服务与介入，是一种分内之事，也在其能力范围之内，谈不上专业化的体现。然而，在业务分管主管的眼里，当地社会工作者并非全无专业性；相反，他们所提供的服务具有很强的专业性。

"实际上，在一年多的服务中，很多社会工作服务站做了很多事，但现在有个问题，社会工作服务站没办法很好地呈现出来。他们现在还停留在讲故事的阶段，能够讲出来自己做了什么，但写出来的东西专业性不强。这点就很可惜，因为你讲故事只能给一般的听众或者老百姓，但如果要得到专家们的认可，你就需要提升自己的专业书写能力……"（民政局工作人员访谈内容）

由上述访谈可见，社会工作服务站的社会工作者有很多可以讲的服务"故事"，其能讲好"故事"，却写不好"故事"。对此，社会工作者也认同。

"其实我们做了很多服务，但没有体现出来，像老师之前说的整合资源，我们做了很多工作，联系了十几家单位，募集了上万元资金，但忘记整理出来……"（社会工作服务站社会工作者访谈内容）

"我们很清楚社工做了什么，社工们基本上每天都在做各种入户、心理辅导工作，帮忙整理各种资料。但他们只是去做了，很少对做的事进行整理，这点就很可惜。我们也不希望他们做了那么多却被说没做事。"（社会工作服务站分管领导访谈内容）

4.2　救助对象：兜底保障中的个案管理

如何发挥社会工作的专业优势，打通兜底民生保障政策实践的"最后一米"，成为社会工作专业实务必须突破的核心议题。兜底保障是民政工作的一项重要工作。在配合基层民政部门完成兜底保障工作的过程中，乡镇（街道）社会工作服务站的社工们展现出了一大重要的能力——链接资源。

"社工来了之后可以针对贫困户开展入户工作，并且帮忙开展法律咨询、低保申请、资质审查等工作……"（乡镇民政工作人员访谈内容）

可以发现，社会工作者不仅与基层民政工作人员在困难户入户这一项基础的救助工作中展现出了良好的配合，更重要的是，他们在此基础上实现了工作的延伸，在为困难户提供法律咨询、低保申请等服务的同时，也通过链接资源的方式为困难户提供物质、经济方面的支持。

乡镇（街道）社会工作服务站的社会工作者会对困难户的情况进行实时

更新，在完成更新后进一步链接物质资源。在此过程中，社会工作者初步通过扮演资源链接者的中介角色，在一定程度上实现了个案管理。

4.3 弱势人群：弱势帮扶中的专业思维

乡镇（街道）中存在一些弱势人群，如留守儿童、老人等。相比于其他居民来说，他们更应成为社会工作者的重点服务对象。而社会工作者们在帮扶弱势群体的过程中展现出了为基层政府工作人员所称赞的专业思维。

"他们入户的时候，跟之前（我们）不一样，会去详细了解老人、儿童们的需要……确实是挺专业的。"（基层政府工作人员访谈内容）

了解并评估服务对象的需要是社会工作者工作之始。社会工作者在入户的过程中，会同步了解弱势人群的需要，并以需要为基准为其提供相应的服务。

"也没什么，就是今年去拜访老人的时候，我们发现许多老人确实挺困难的，就想说给他们送点东西，后来联系了一些商家，商家就将商品捐赠给我们，我们就一户户给他们送……"（社会工作服务站社会工作者访谈内容）

"那个老人家里的楼梯是木质的，很多年之后都已经有点腐朽了，非常危险。我们家访时看到后，就联系了民政部门与老人的子女，后来大家一起帮老人修理了楼梯。"（社会工作服务站社会工作者访谈内容）

在分别针对民政工作人员和社会工作者的访谈中可知，社会工作者所开展的入户调查十分细致，在充分掌握服务对象情况的基础上对留守老人的需求进行分类评估，并对此开展有针对性的专业服务。

5 结论与建议

5.1 一般服务与专业服务并行，品牌打造为重

本研究发现，在乡镇（街道）社会工作服务站建设初期，受资金、场所等方面影响，社会工作服务站在进入乡镇（街道）过程中，必然要为行政性事务让渡一定的专业空间，用以换取乡镇（街道）的支持，这是本土的现实情境。有关机构需要对此有充分的预估，这也有助于社会工作者更好地开展服务，而非陷于"专业"与"行政"之争。必须指出的是，行政性事务还囊括了大量的一般性服务，如特殊人群的入户、民政服务人群数据管理等。社工在开展这些一般性服务时，应意识到这是进一步了解乡镇（街道）相关人群的重要机会，并有计划地通过一般性服务收集需求与进行资源汇总。因此，社会工作服务站的一般性服务和专业性服务同样重要，它们之间是相辅相成、互为补充的关系。在实际工作中，社会工作服务站需要根据服务对象的具体情况，结合服务需求，既提供一般性服务，又提供专业性服务，以达到最佳的服务效

果。社会工作服务站应该在实践中不断摸索、尝试，探索适合当地的服务模式，同时注重发掘当地的资源，在服务的开展中着重凸显本土化特色，提高服务质量，打造专属的品牌，推广创新的服务模式。

5.2 于实践中实现专业性提升

从研究中可以发现，社会工作服务站在建设过程中实际上已经有专业的隐现，不论是政府分管领导抑或是服务对象，都对社会工作者在开展服务过程中所体现出来的态度、灵活性、问题解决表达了认可。这都表明社会工作服务站现有的工作具备一定的专业性。考虑到这种专业性是基于实务实践，因此，各方对社会工作服务站的专业实践应具有更高的包容性。首先，乡镇（街道）作为社会工作服务站建设的重要支持力量。一方面，应该给予其充分的试错空间，让社会工作服务站敢于去做，探索具有当地特色的服务模式；另一方面，可以聘请行业专家对社会工作服务站进行指导，鼓励社会工作服务站从实践中进行总结、提炼，并对优秀做法进行表彰，调动社会工作服务站的积极性。其次，社会工作服务站可以加强对社会工作者的培训，以提高专业水平和服务质量，同时发挥专业人员在社会工作中的作用。最后，作为服务中坚力量的社会工作者，应该不断总结实践经验，并将经验应用于专业实践中，以此树立专业自信，改变"专业而不自知"的情况。

5.3 建立跨部门的协同机制

大量的研究和事实都表明，社会工作服务站的建设需要各方共同参与，方能体现出其最大的价值。特别是对于资金、资源缺乏的乡镇（街道）来说尤为如此。跨部门联动的价值在于，不仅能够最大限度地发挥出人力、资金、资源的价值，而且有助于引起各方对问题的重视，从而促进问题的解决。因此，社会工作服务站应积极与相关部门和社区组织等建立良好的协作关系，充分利用社会资源，形成合力，提高服务效益。

参考文献

[1] 樊慧凝. 社会工作服务站资源动员实务研究：以 M 县社工站为例 [J]. 集宁师范学院学报，2021（4）：105-109.

[2] 姜宏. 高质量发展社会工作 助力基层治理和服务 [J]. 中国社会工作，2021（31）：10-11.

[3] 李鸿，张鹏飞. 乡镇（街道）社会工作站建设依据与路径探索 [J]. 济南大学学报（社会科学版），2022（3）：121-128，190.

[4] 李文静. 社会工作在社区治理中的功能反思与优化路径 [J]. 探索，

2023（2）：152-162.

［5］刘战旗，史铁尔，赵兰，等.湖南乡镇社工站建设实践经验与启示
［J］.中国社会工作，2021（25）：41-44.

［6］童敏.情境动力：中国式的"助人自助"专业实践逻辑［J］.社会科
学辑刊，2023（2）：97-103，238.

［7］王思斌.坚持乡镇社工站建设的专业化和本地化［J］.中国社会工
作，2021（34）：7.

［8］杨宝，肖鹿俊.技术治理与制度匹配：社会工作本土化路径"双向趋
同"现象研究［J］.学习与实践，2021（10）：108-118.

［9］翟福利，李竹翠."外包式"社工站起步阶段怎么走：基于黑龙江省
乡镇（街道）社工站建设的调研［J］.中国社会工作，2022（6）：26-27.

［10］张和清，廖其能.发展型社会救助的中国社会工作实践探索：以广
东"双百"为例［J］.西北师大学报（社会科学版），2021（6）：78-88.

拆迁安置社区的空间治理转向
与实践进路

——基于重庆市 H 社区实证研究①

宋辉　张梦康

（西南大学）

摘要：城市空间的快速扩张推动了传统村落向城市社区的空间转移，剧烈的生活变迁与空间生产机制的演变导致拆迁安置社区成为空间失序的场域，面临着公共空间、文化空间、生计空间及社会空间的多重张力。权力、资本自上而下制度构想空间与居民自下而上生活实践空间对立，非均衡的空间生产机制造成了拆迁安置社区的治理困境。本文通过空间治理实践进路创新推动"利益联盟"从经营型主体转向"服务联盟"的服务型主体，将居民培育为空间实践主体，重新黏合破碎、悬浮的治理空间。

关键词：拆迁安置；空间生产；空间治理；转型社区

1　引言

拆迁安置社区是在快速城市化发展进程中，以土地效益为目标，由政府权力和市场资本主导，对村庄进行撤村并居、拆迁安置而形成的一类空间形态。作为从传统迈向现代的过渡型社区，拆迁安置社区既是城市边缘空间重构的重要表征，也承载着安置居民的日常生活实践，在政府、市场、社会多方主体的利益博弈中成为问题集中的场域。

目前，学界关于拆迁安置社区的研究主要表现在两个方向：一是聚焦拆迁安置后"上楼农民"所面临的具体问题，涉及权益保护[1]、市民身份认同[2]、文化转型[3]及集体资产处置[4]等。二是着眼于基层组织体系转型。从村民委员

---

①　本文系国家社会科学基金西部项目"新时代城市边缘社区空间重构与治理模式创新研究"（18XSH002）的阶段性成果。

会到居民委员会的变迁是组织结构、人员构成和职能范围上的全面转变，两套基层组织的更替面临着组织结构转换困难、职能范围调整不畅、集体资产处置不当等难题[5]，"双轨制"局面有待转向居民委员会统筹、村民委员会协助和居民参与的"嵌入式"治理结构[6]。原乡村治理体系中缺少的商业物管在拆迁安置社区难以实行，加以改造后的"政府协管""居民自管"模式也容易使社区工作陷于被动[7]。在各自的运行逻辑下，拆迁安置社区治理核心主体"三驾马车"分别呈现出居民委员会自治职能的淡化、物业市场职能的缺位，以及业主委员会服务职能的模糊[8]。

空间社会学理论根植于 20 世纪六七十年代西方学者对资本主义城市危机的批判性反思[9]。列斐伏尔（Henri Lefebvre）提出了"空间是社会产品"，认为空间本质上是社会关系与社会实践的总和。居于支配地位的抽象空间（财富与权力的中心）竭力去塑造所支配的空间（边缘空间），体现为一种政治性、战略性的权力支配手段。另外，社会也不是完全被动的，而是通过日常生活实践推动着空间的变革。空间的矛盾表达了利益方之间的冲突，使社会关系的矛盾得以运转[10]。空间视角既可以从整体上对拆迁安置社区居民的日常生活实践进行深入探究，也可以提炼出转型社区历时性内容的主要线索，其所具备的情境性和基于实践的复合性更契合于拆迁安置社区研究的需要[11]。随着这一视角的引入，"空间—治理"[12][13]的研究框架开始将社区治理与空间生产结合起来，探讨了空间功能变迁对社区治理的形塑。"空间—权力"[14]"空间—行动者"[15]的研究进路探索了空间生产过程中权力的博弈及各行动者之间的互动。现有研究仍有值得商榷之处：一是注重空间的工具属性，容易陷入"就空间而论空间"的陷阱，缺乏系统性的空间生产机理分析；二是忽略了权力变迁的过程，较少关注空间生产中的权力如何在社区治理中得以维系，对空间生产与社区治理的互构缺少关照[16]；三是缺少居民微观视角的剖析，将处于自发状态下的居民等同于"社会"，简化现实情境中空间权力与其施加对象之间的复杂关联。

本文以重庆市 H 拆迁安置社区为案例进行实地研究。H 社区是政府在规划建设高新技术产业园区的过程中形成的拆迁安置社区。2010 年，重庆市 S 镇被划归为 LJ 新区后撤镇改为 S 街道，原农村用地被征用于建设高新技术产业园。社区分两期建成，是 S 街道最早建成也是规模最大的拆迁安置社区，建筑面积 60 余万平方米，容纳 1.5 万人。现有拆迁安置居民 8 000 余人，囊括了原 S 镇 3 个村庄的村民，其中有近五分之一人员来自附近产业园区工作的外来流动人口。H 社区常住人口主要集中在 50 岁及以上的中老年群体，占人口总数的五分之三,年轻人口则多为外来务工人员。研究者于 2021 年 11 月和 2022 年 5—7 月在 H 社区进行实地调研,通过深度访谈、参与观察、调查问卷、查阅档案文献等方法收集了较丰富的研究材料,对 H 社区 16 名社区居民、9 名社区工作人员、网格员、物业工作人员展开了访谈。本文主要关注:拆迁安置前后社区空间形态有何变化,空间重构对居民意味着什么? 这一空间背后的生产逻辑是什么,其以何种机制制约着拆迁安置社区的治理?

2 空间重组:拆迁安置社区场域的时空转向

作为空间生产的结果与实践场域,拆迁安置社区空间变革瓦解了乡村空间稳定的社会结构,衍生出流动性和不确定性的生活时空情景,使得传统的社会关系和社会秩序发生了"时空转向"[17]。地理空间上的高度整合带来的是社会空间的分异,为拆迁安置社区治理探索赋予了较大的空间张力,而这些张力本质上是居民生活在公共空间、经济空间、社会空间、文化空间上失序的综合体现。

2.1 公共空间的"同质"与"弱化"

传统乡村聚落存在着形态各异、意义多元的公共空间,街巷井台、庙宇宗祠、田间地头等都是人们聚集的场所,不仅满足了村民的日常生活需求,促进彼此间信息交流、情感联结,最重要的是承载着源远流长的集体记忆和历史积淀。拆迁安置后,根植于特定地理环境与人文习俗的传统公共空间大多消失,取而代之的是土地集约化利用导向下的同质性规制空间,丧失了传统乡土社会日常生活的差异性。拆迁安置社区所配备的新型公共空间,如阅读室、老年活动中心、健身场所等对于"上楼农民"的现实需求与精神寄托均难以发挥应有的效能。调查发现,H 拆迁安置社区服务中心阅读室、健身室设备使用率并不高,社区广场上的健身器材与儿童游乐设施年久失修,居民们最常见的公共活动就是在广场凉亭处聊天、打牌。社区李大爷说道:"我们平时一般就在楼下坐起聊天,摆下龙门阵。广场上的健身器材坏了也没人修,你说的那些阅读室、健身室我们用不上,字都认不到。并且那些设备都在居委会里面,我们一般没事也不过去。"

拆迁安置社区公共空间的同质性致使无法像村落具有乡土社会的黏性,其功能的不适配也引发了居民对公共空间的"争夺"。在拆迁安置社区中,楼道堆物、违规搭建、占用绿地等都是常见的公共空间生活乱象。以楼道堆物为例,在乡村,村民们大多拥有宽敞的自建房,村落院子也往往扮演着"半公共空间"的角色,是村民们私人空间与公共空间的连接,用以存放农具或废旧杂物。相对而言,拆迁安置社区住房面积较为拥挤,楼道成为"杂物间"的替代空间。搬入社区后,空间连接的消失导致居民对楼道这一公共空间的所属难以适从。公共空间对于拆迁安置居民的多重意义致使不能简单地将"空间争夺"归结为居民的经济理性与道德低下。同质性的新型公共空间难以满足拆迁安置居民多样性的生活需求,诸多功能的不相适应弱化了乡土社会公共生活的活性。

2.2 文化空间的"衰落"与"失语"

居住空间变革的同时,拆迁安置社区居民也面临着从乡土文化向现代文明转型的过程。乡村不仅是村民的生产生活空间,也是敬畏的信仰空间,还是规范乡村秩序的道德空间。在乡土社会,村民的日常行为深受习俗文化的熏陶,独特的生活空间体验生成了特有的社会文化习惯。剧烈的空间变革并没有给传统农业文明衰弱、消逝带来充分的调适时间,"使得传统中国的消失呈现出神经质的跳跃式症候"[18]。空间的变革削弱了承载居民集体记忆的物质载体和历史文化符号,但又未建立起新的承载人们文化意向的空间,使社区文化空间悬置在传统与现代的过渡之中,本该拥有的人情味与乡土气大量"失语"。

当问到"您认为自己现在是农村人还是城里人"时,几乎所有居民认为自己是土生土长的农村人,不会因为住进了楼房就变成城里人。在居民自我角色认同尚未发生转变的同时,传统生活习惯、价值规范已经发生了较大的变迁,这种"落差"使居民成为悬置在城市边缘的"陌生人"。以婚丧嫁娶为例,乡村红白礼事的举办场所多为自家院子、家门口空地、村广场等,"吃喜饭""接亲"等形式多样的热闹习俗及开放的空间为村民提供了参与的便利。搬入拆迁安置社区后,酒店、殡仪馆等正式场所的标准化流程使传统习俗逐渐衰弱,居民们深感不适与惋惜。社区杨先生回忆道:"我们原先村头有一个很大的公社院子,红白喜事基本在那里办,也有在自家院子办的。村子里头搞这些很热闹,有空大家就都去帮忙,现在受场地限制,都简化了很多。"如同婚丧嫁娶习俗的消逝,众多根植于传统乡村生活节奏的娱乐休闲活动也都变了味道,拆迁安置社区的节事节庆、传统音乐、手工艺、传统体育民俗在市场经济的冲击下渐渐失传,从日常生活实践变为永久的乡愁记忆。问题的根源则是乡村原有价值规范体系在当下空间中被解构,资本逻辑空间的挤压又抑制了传统文化空间的内生性与自发性,新的适用于转型时期的价值规范尚未建立。

2.3 生计空间的"脆弱"与"剥离"

在"土地财政"的政策驱动下,扩张型城市化很大程度上提高了土地的集约化开发利用程度,但背后隐含的是现代性对乡村自然生活的破坏与替代。

传统乡村生产生活空间高度重合，"生于斯长于斯"的土地既是栖息之地，也是最主要的生计来源，提供了较为廉价的生活成本。年轻子女选择进城务工、经商，也不会轻易流转家乡的土地。中老年父母坚守土地的生计模式具有较强的韧性，子女进城打拼失败后仍可返回乡村依靠土地维生，即便举家进城的农户也只是"倾向于将土地非正规、无合同地私下流转给亲朋邻里耕种，以便随时返乡就能要回土地"[19]。这种"进可攻、退可守"的生计模式在农民市民化的进程中发挥着抗击风险的稳定过渡作用。

拆迁安置后，社区居住功能凸显，生产经营职能剥离，"失地农民"失去可持续的生计资本，面临着不确定性、不可持续性的生计风险。一方面，居民知识水平、技术能力和适应性等方面的缺乏难以应对用人市场的需求变化。另一面则是生活成本的大幅提高，从"不花啥钱"到"啥都要花钱"，几乎完全的市场化不可避免导致生活成本上升，过去种菜、养鸡自给自足的生活已不复存在，居民们从过去充满韧性的可持续生计空间中剥离出来，同时被正规化的就业空间排斥。面对这一困境，居民张大妈万分感慨："我和老伴没啥文化，都靠儿子在附近电子厂打工养活一家子。现在花销大得多。说句难听的，买小菜都买便宜的。原来在村头我们起码还有土地可以营生，到这里没地方要的嘛。"

2.4 社会空间的"断裂"与"区隔"

关于上楼农民，焦长权、周飞舟曾比喻："农民像一棵树苗被'连根拔起'之后'移栽'到了小区之中。"[20]这表明从传统乡村到现代化社区，村庄原有的社会关系网络发生了断裂，"树苗"不仅丧失了曾深深根植的一方水土，还被一圈圈标准的"混凝土树池"区隔开来。乡村社会中家家户户院落独立，扁平化、开放式的居住空间形态为村民间的社会交往提供了便利，面对面的互动维系着熟人关系。拆迁安置客观上改变了居民们原有的社会交往格局。安置后，立体封闭的居住单元区隔着面对面的直接互动，原先的亲戚邻居被迁移到了不同社区、不同楼栋，传统的乡村互助模式被小家庭替代，原有的邻里往来、人情熟络的交往格局被现代社区治理体系取代，居民变成一个个原子化的个体。居住空间形态由分散到紧凑的转变带来的是社会空间的反向运动。居民王女士说："拆迁后，与之前的邻居朋友联系少了，感情也没那么深了。以前房前屋后的串门，哪里碰到了都可以聊得起来，现在回到家都把大门关起，鞋子脏都不好意思进别人家里。还是觉得以前在农村大家关系好，有什么事相互喊一声就来了，现在不好意思麻烦别人了。"

除此之外，迁出前的乡村社会网络处于物质空间、社会空间、文化空间高度重叠状态，村民日常生产、生活、娱乐互动频次较高，而拆迁安置引发生计模式的变迁、熟人网络的消解以及空间界限由模糊到分明的变化，社会空间与其他空间缺乏有效互动，导致居民交往阻隔、社区共同体认同削弱。

3　空间生产：拆迁安置社区空间生成逻辑

拆迁安置社区空间重组的多元性和复杂性启示，要超越共时性的空间结构去探寻具体的、系统的空间生产机理，需要关注空间的历时性差异与权力变迁的过程。

3.1　伪双向驱动

非均衡的空间生产动力在拆迁安置社区空间的表征（空间生产的第一阶段）中，政府权力与市场资本结为"利益联盟"，经科学家、规划师等技术官僚自上而下地构建了维护统治阶级话语权和实现"资本增殖"的抽象化制度空间[14]。而表征的空间（第二阶段）是充满想象力、反抗、斗争与矛盾的场域，是安置居民"反规训"的空间。拆迁安置社区空间的表征与表征的空间彼此联系，两者在第三阶段可感知的空间实践中碰撞并部分地相互转化。

3.1.1　上层规划——"利益联盟"的制度构想空间

在西方社会语境中，列斐伏尔将空间生产的主要动机归结为逐利下的资本无序扩张。现代资本主义为了解决土地所有制对资本积累的阻碍，而将土地空间同质化、碎片化为可供买卖的商品，城市化成为资本主义进行剩余价值生产和消费的主要领域[21]。就拆迁安置社区而言，资本的目的是获取农民集中居住后腾出的土地，借助政府政策优惠进行房地产开发。为实现利益最大化，"最低标准"往往成为房地产商建设的尺度，房屋质量、资源配置等都和商品房社区存在较大差距。调查发现 H 社区普遍存在着房屋漏水、墙皮开裂、采光不足、没有电梯等问题，对房屋质量的不满致使社区居民不愿缴纳物业费用，无利可图的物业公司则进一步减少服务投入，资本逐利下的不良循环持续侵蚀着社区居民的生活空间。此外，拆迁安置社区往往处于城市边缘地带，社区周边基础设施欠缺。社区物业管理处主任王先生说："对于拆迁安置社区物业而言，搞公共收益很难，广告公司在我们这类社区达不到收益目的，一般都不来做业务。"以技术官僚为代表的国家权力也是城市化的主要推动者，拆迁安置社区的建设呈现出国家行政强力主导的特性，"城市规划一开始就体现了国家的空间开发逻辑"[22]。虽然我国行政主体主动对资本利益与民众需求之间进行平衡调控，并非像西方国家那样与资本主体具有同一性[23]，地方政府为促进经济发展、实现政绩目标，仍旧在与市场资本逻辑的相互博弈、相互交织中形构了拆迁安置社区的制度构想空间。具体实践中的政府政策文本较为笼统、单一，对拆迁安置程序标准、效果评估缺乏相应的监管，无法充分发挥制度调控与价值约束的应有效力。

自上而下的强力规制造就的高度同质化、碎片化的社区空间与安置居民的生活习惯存在巨大的张力。在 H 拆迁安置社区调研中发现，社区公共座椅数量与同体量城市社区相比并不少，但多数居民表示座椅不够，仅有的两个公厕也因位置偏远引起居民的不满。究其原因，习惯于乡村开放空间的安置居民在封闭的"单元格"中是坐不住的，不擅长使用通信媒介的他们依靠户外空间休闲娱乐维系着关系网络。这类差异化需求显然并未体现在空间规划与开发的制度文本中。拆迁安置社区的空间生成疏离了原先乡村人与空间持续紧密的关联，倾覆了"人"的逻辑与居民的主体性地位。空间成为权力与资本控制下维系利益再生产的实体资源，国家权力与资本增殖"隐藏在标准化的和'虚幻的透明的'城市形态本身"[21]。一方面，安置居民失去了原先的生活空间与空间自主性；另一方面，与市民的种种差异影响着新空间的参与和取用。技术官僚规划和商品逻辑支配着拆迁安置社区的空间表征维度，而拆迁安置居民作为真正的空间使用者，则被排除在这一制度空间外。

3.1.2 底层反馈——社区居民的生活实践空间

即便"利益联盟"具有空间规划与开发中的绝对话语权，但在具体的、可感知的生活空间中，社区居民自下而上的"反规训"空间实践同样不可忽视，两者之间的冲突、斗争与妥协时刻上演着。传统乡村社区是基于血缘、地缘而形成的相对封闭的熟人社会，村民的社会关系、行为习惯是村落生活共同语言交互的产物，日常生活空间的规划以村民多样化需求即空间使用价值为核心，基于村民与自治组织之间对话协商与非正式规则而生成。商品逻辑形塑的城市社区空间与安置居民原先的生活习惯存在剧烈冲突。为对抗自上而下的空间规训，居民们表现出对空间的违规改造和对社区事务的漠不关心，如拒缴物业费、毁绿种菜、违规搭建等，这些非正式的对抗方式即斯科特（James C. Scott）所言"潜隐剧本"[24]，是一种非直接捍卫空间权利的后台话语。"潜隐剧本"的出现恰是非均衡空间生产动力的具象体现，虽有其存在的必要性，却在安置居民短期利益的实现中消解了社区空间治理的合力。H 拆迁安置社区居民将家中的废旧沙发、座椅搬至楼栋入口走廊大厅，原先摆放两张金属长椅的开旷过道显得十分拥挤，还有部分居民在单元门外搭起简易篷子，摆放座椅、桌子，构造如路边常见的茶摊。经过居民改造的公共空间具有传统乡村中的"院坝"功能，促进了社区内人际交往与信息沟通。面对这类改造空间，

"利益联盟"反而开始溃散，在保证既得利益的前提下，双方都不愿付出更多的代价。当居民委员会与物业公司作为代理人对这些空间进行管制时，居民们则会拿房屋质量、补偿不足、差异化的制度方案等进行"反制"，居民委员会和物业公司为避免"对簿公堂"，往往采取宽松的治理策略，甚至互相推诿。正如社区物业管理处主任所言，"对于违规搭建，物业没有任何权利进行强制性拆除，因为物业只是一个服务型组织，我们的工作就是为业主服务。有时候社区认为物业有权力去拆除，反倒应该是他们去做居民的思想教育工作，物业能做的就是制止、劝阻、报告。"

3.2 代偿与转嫁：空间生产裂缝扩张

良性的空间生产是多方利益动态调整、相互渗透转换的过程。拆迁安置社区空间的表征与表征的空间之间存在的巨大张力预示着空间实践中的冲突。拆迁之初，开发商在与动迁居民个人或集体的多轮谈判中持续加大筹码，采取"以金钱换空间"的代偿机制，居民们空间权利意识的缺失使得暂时的金钱利益作为空间代偿成为可能。拆迁安置后，出于对房屋质量、补偿金额、差异化制度安排等的不满，居民们想要重启话语反馈通道，但开发商的"撤离"以及政府监管的缺位使得这些遗留问题"悬置"，现实需求无法得到回应。如 H 社区监控损坏问题，物业工作人员张先生解释道："当初社区是分了几期修建的，施工单位在第一期房屋修建结束时就将监控设备全部安装好了。后期房屋修建时，第一期安装的监控设备已经过了质保期，社区完全建好后，监控系统已经瘫痪了。后续维修费用是由大修基金承担还是园区承担，社区、居民和园区公司始终未能达成一致。"拆迁安置过程中空间生产的矛盾自然而然地转嫁为安置后社区空间治理的矛盾。

回到第二阶段表征的空间中，安置后居民们通过毁绿种菜、违规搭建等违规空间的生产以表达对上层规划的不满，同居民委员会、物业公司产生了场域中的空间需求矛盾。安置居民拒缴物业费导致物业公司减少服务投入，资本逐利下的不良循环进一步侵蚀社区生活空间。面对安置居民违规空间的产生，居民委员会、物业公司往往采取较为宽松的治理策略，甚至互相推诿，社区空间治理实践举步维艰。由此，拆迁安置社区空间冲突的本质在于空间生产中的话语权不对等，政府、市场自上而下制度空间建构与安置居民自下而上生活空间需求错位。在力量悬殊的非均衡空间生产中，安置居民大多采用"潜隐剧本"灵活性地表达空间诉求并争夺权益，而"利益联盟"的逃逸将空间矛盾转嫁给基层代理人居民委员会和物业公司，加剧了社区的空间冲突。

4　空间悬浮：拆迁安置社区治理困境

从政府和市场的视角看来，拆迁安置社区空间生产的过程随着农民搬入社区而终结，维持社区稳定、维护既得利益是当下首要目标，但作为空间的真正使用者，空间生产第一阶段即"政府规划—市场开发"时期的缺位意味着居民空间生产的过程才刚刚开始。面对居民提出的空间诉求，作为基层"代理人"的居民委员会和物业公司分别遵循技术治理与市场法则的运作轨迹，将上楼农民简单等同于市民。在拆迁安置社区现实情景及居民特殊身份属性作用下，居民委员会、物业公司、居民三方主体分道而行。

4.1　居民委员会："悬浮"的技术治理

不同于居民对美好生活空间及普遍公平感的追寻，维持社区的有序运行是地方政府的首要要义。因此，技术治理就成为社区治理和政策实践的主导逻辑，遵循标准化、机械化的事本主义原则，强调突发风险的严格控制。这一治理方式往往以剥夺居民日常生活体验为代价，挤压了多元主体参与社区治理的空间。加上拆迁安置社区普遍体量较大，社区工作人员在大量工作事务的负荷下，鲜有时间走进社区居民的真实生活空间，干群关系缺少情感连接。社区网格员黄女士谈道："社区工作人员太忙了，没有精力关注到居民的具体问题。说实话，很多事情基层工作者也没有能力去解决。"技术治理遵循"不出事"的碎片化治理逻辑，其内在的工具理性决定难以灵活、有效地回应社区居民的多样化需求。面对拆迁安置社区中多元利益主体建构出的复杂现实情景，追求简单化、标准化的治理模式难以被居民理解、认可和接纳，无法真正嵌入拆迁安置社区这一剧烈转型的空间场域，国家视角"过滤复杂性，铸造清晰性"的工具在灵活多变的生活空间中注定失效[25]。

技术化治理"悬浮"于拆迁安置社区居民生活空间的重要原因在于治理体系的快速转型。一方面，居民们不具备市民般承接技术化治理的能力，如在老年人居多的 H 拆迁安置社区通过微信发通知行不通，反倒喇叭损坏被居民们反复提及，担心漏掉重要信息。另一方面，居民的行为习惯短时间难以改变，与之相配套的传统乡土规约未得到有效继承发展。技术治理思维下的社区工作人员容易对居民的不当行为做出不当处理。技术化治理话语中的目标、政策，科层体制中的互动规则未能转化为居民们接纳并习以为常的日常生活语言和交往方式，现代化国家与乡土社会间缺失了人本的、温情的情感连接。拆迁安置社区治理在制度设计上并没有充分考虑原乡村治理对居民行为习惯及参与方式的深刻影响，本质在于安置社区没有很好地传承原乡村治理"制度遗产"[26]。村居两套治理体系的过渡转型缺少一个传承、渐进的过程，"坝坝会""情感治理"等重要的"制度遗产"未得到有效利用。

4.2 物业公司："碰壁"的市场法则

乡村社会事务主要由村集体协商与政府协助完成，生产资源、公共设施、环境卫生的管理与维护构成了村庄"物业"的主要内容。在这样一个住所毗邻、情感紧密的生活空间中，公共空间与私人空间没有明确的界限，村民们除了"各人自扫门前雪"之外，也会在道德习俗的规约下承担部分公共空间的维护责任，对于无法靠私人调解的公共问题则采取集体协商的方式解决。乡村中公共事务与个人的利益大都紧密相连，村民们参与协商治理的实践关乎着切身利益，在村干部、乡村能人等传统权威的协同下，经乡规民约、道德礼俗的维系与"润滑"，公共问题往往得到有效化解。而对于较大的公共工程、服务项目则由政府协助进行兜底。乡村公共事务的治理中有着不同于城市社区的独特逻辑，最显著的差异便是缺少市场的"一席之地"。而进入拆迁安置社区后，面对物业这一陌生的市场主体，居民们表现出无所适从，甚至消极态度，拒绝缴纳物业费并避免与物业公司直接对话。针对此类现象，物业工作人员张先生给出自己的看法。"居民们总认为是政府让他们搬过来的，物业费就不应该出。一是他们对土地赔付款不满意，没有达到预期；二是对抓阄选取的房屋不满意，经常因房屋质量产生纠纷，我们也和社区沟通联系承建单位来修缮房屋，但结果并不尽人意。"

乡村社会市场主体的长久缺席，村民们没有"花钱购买服务"的意识，也缺乏与物业公司打交道的实践经验，由村民变为居民的身份认同与生活观念转型需要较长时间过渡。此外，拆迁安置过程中的不公待遇与不适体验又为居民与物业公司之间增添了新的阻隔。作为市场"代理人"的物业在拆迁安置社区的"碰壁"有着多层次的复杂因素，将"上楼农民"的身份简单地等同于市民身份，忽视了农民属性，难以有效回应拆迁安置社区治理诉求，空间变革的过渡性阶段需要构建一种全新的物业治理模式[27]。

4.3 居民："潜隐"的空间抗争

列斐伏尔认为，"空间'用户们'的沉默的确是一个问题——且是全部的问题"，空间的生产者们始终按照其设计的某个表象行事，而空间的"使用者"们只能消极地体验这一强加给他们的空间[10]。经历空间变迁的"上楼农民"并不具备与政府、市场平等交涉的能力，市民意识淡薄、社会资本存量稀缺，在拆迁安置过程中被利益分割化的居民个体无法形成能够代表他们且真正拥有话语权的社会组织。但居民们的"沉默"并不意味着完全遵循这一自上而下的制度规训空间，对于空间的消极体验也催生出具有农民智慧的消极抗争手段，即斯科特所说的"潜隐剧本"。居民们避开居民委员会、物业公司的直接管理，通过对社区空间中允许什么、禁止什么的各种界限或底线进行持续不断的挤压和试探，在潜移默化的空间改造中争夺受损的利益。三种空间模式的社区认同特征对比见表1。

表1 三种空间模式的社区认同特征对比

社区类型	传统乡村社区	普通城市社区	拆迁安置社区
情感认同	高	低	低
功能认同	低	高	低

对比表1三种空间模式的社区认同特征，拆迁安置社区既丢失了传统乡村社区那样与社区的深厚情感联结，也因为空间资源的匮乏、空间需求的错位而不具备普通城市社区在满足生活需求等方面的社区功能认同[28][29]。一方面，拆迁安置社区空间形态的重构冲击了原有的血缘、地缘关系，淡化了村社集体的特殊情感。另一方面，边缘空间中的排斥与区隔难以满足安置居民日常生活需要。情感、功能的"双重失落"直接导致居民较低的社区参与行为与高度的组织依赖，体现出当行政逻辑与市场逻辑侵蚀社会逻辑后，居民们"凡事政府负责"的行动困境归咎[30]。在较低的社区认同下，本就不擅长以正式途径"发声"的居民采取了如违规空间生产、消极社区参与的"隐性"抗争。"创卫"期间，H拆迁安置社区居民委员会曾采取强制手段将楼道杂物统一收置起来，社区支部书记表示："本来计划'创卫'结束后让居民们过来认领自家杂物，借此机会再与居民们进行沟通劝诫，没想到几乎没人来认领。"对于社区内仍然存在的毁绿种菜行为，居民委员会与物业公司工作人员均表示在努力劝告后，对于态度十分强硬的居民也无可奈何。居民通过灵活多变的"潜隐剧本"在争取空间权益的同时，也消解了"共建共治共享"的社区治理合力，进一步加深了制度空间与生活空间之间的鸿沟。

5 空间黏合：拆迁安置社区治理路径重塑

拆迁安置社区空间生产机制表明，单纯依靠政府、市场与居民的自发调节是不现实的，需要通过互动模式的再造平衡三方主体力量，达成多元主体互构的社区治理共同体。依循党建弥合、物管创新、居民赋能等实践进路推动"利益联盟"的经营型主体转向"服务联盟"的服务型主体，将缺少空间话语权的居民培育为空间实践主体，重新黏合破碎、悬浮的治理空间。

5.1 党建弥合，迈向生活治理

拆迁安置社区空间转型的特殊性、利益纠纷的复杂性以及居民需求的多样性都要求破除技术治理迷思，转变政府"不出事"的治理思维。社区党组织在社区服务、人文关怀等方面有着独特的情感号召和领导魅力，高度人格化和具有个性化色彩的工作方式追寻制度化和人格化的统一[31]。由社区党组织进行统筹协调与服务补位可以有效连接政府和居民双方，弥合"治理—生活"的空间裂缝，促进拆迁安置社区治理的生活化、精细化转型。"社区党委—网格党支部—楼栋党小组"纵向组织网络的构建，有利于推动党员力量的下沉、渗透，在居民生活空间中以具有灵活性、针对性的方式解决各种人情事理。同时，作为连接居民与社区的桥梁，社区党组织可以在利益整合、信息联通中持续发力，对接自上而下的行政任务和自下而上的居民诉求，转变以往技术治理的单向路径。

此外，强化拆迁安置社区党组织政治引领、统筹协同功能，探索安置前后乡村与社区治理体系的有机传承与融合共生。如一些地区正在摸索社区党组织和原村级党组织并行运作、相互依存的"双轨制"党建模式，有效破解因城乡社会边界融合而产生居民空间不适、社区治理失序等一系列问题[33]。

5.2 物管创新，志愿服务补位

目前，拆迁安置社区物业管理主要存在"社区自管""政府协管"和"商业物管"三种模式[5]。前两种模式对于没有集体资产的拆迁安置社区而言，会带来沉重的财政负担，商业化的物管模式则因物业费收缴困境难以维系。首先，基层政府应在拆迁安置社区物业治理中发挥引导作用，履行物业服务兜底职能，与物业共同完成由空间生产"利益联盟"向空间治理"服务联盟"的转型。拆迁安置社区党组织负责牵头，依托多方联席会议与各层级网格，搭建起统筹协调、意见汇集、资源联通的协商议事平台，推行居民委员会、物业公司、业主委员会成员"双向进入、交叉任职"机制，定期协调、监督、考核物业服务工作。其次，针对物业费缴纳难题，社区可"退而求其次"引入"准物业"提供较低价格、非全套化的服务。同时，社区应培育内生服务力量以弥补专业化市场服务的不足。如：孵化培育居民骨干的公益志愿社会组织，有组织地承担楼道卫生、简易设施维护等工作量较小的物业事项，采取志愿服务"积分制"激发居民参与积极性；通过构建符合拆迁安置社区特质的物管模式促进社区居民服务自治，凝聚多主体力量，补齐物业服务短板。

5.3 空间营造，增强居民主体性

社会进步的根本标志是"参与互动的行动者援引的知识和策略的变化"。

社会中的弱者应从正式制度所赋予自身的"权利"中获取相应的"权力"，或以隐性的权力生产为契机促进自身"权利"的再生产并获取正式制度的承认[34]。对于拆迁安置社区而言，居民"潜隐剧本"式的空间抗争虽然在短时间内能够获取少量的空间利益，但在社区转型的现代化进程中消解了大量的治理精力。只有将空间的消极抗争者转化为积极行动者，将零散的利益个体集合为社区行动共同体，才能从根本上扭转这一局面，重新扭转空间的支配与取用。

社区营造强调规划下的社区空间与居民的良性互动，通过在社区空间中重建社区精神与社区共同体以实现社区真正的自治[35]。拆迁安置社区空间营造应满足居民独特的、差异化的空间需求，创建与居民行为习惯"共鸣"的生活空间，重塑生产实践主体地位，使安置居民真正成为社区空间生产的主导力量。一方面，社区应以"违规空间"问题的合理解决为契机，通过对安置居民自发改造的空间进行"再造"，将居民由隐性抗争带入正式制度层面的空间权利生产。社区应对安置居民"创造"的违规空间给予适度的包容与规范，在不侵害社区公共权益的前提培育居民空间治理自主性。如可将社区部分空地、围墙、绿化带等交由各楼栋认领并自行管理，基于居民意愿打造特色景观空间。另一方面，重拾乡土记忆为安置居民赋能。社区可打造邻里空间，增设户外活动场所，对房屋及公共设施进行适老化改造，对居民委员会、党群服务中心、物业管理中心等进行亲民化改造。社区通过挖掘原乡村干部、乡村能人等内生资源，并引入社会工作、公益组织等外部力量，依托营造后的生活空间开展"坝坝会""口述生活史"、传统民俗游戏等特色活动，唤起居民对过去生活场景的记忆共鸣，以时空的视野在现代性过程中重新构建乡土经验和乡土记忆，走向"乡土现代性"和"包容传统的现代性"[36]。

6 结论与讨论

乡村社会是遵循自然时空秩序的多层空间高度重合的场域，注重空间使用价值的基层协商共治逻辑，而拆迁安置通过强制规划与利益追逐颠覆了空间的使用价值和交换价值，造成了"上楼农民"的空间失序。在拆迁安置社区治理中，居民们将空间重构的不适与空间生产的不满归结为对政府、市场的基层代理人即居民委员会、物业公司社区治理主体的"不承认"，导致了空间困境的行动归咎。从根本上看，空间异化的代价潜移默化地全部转移为拆迁安置社区治理的承重，"上楼农民"也因不具备市民力量及维权无门转而选择"潜隐剧本"来争夺空间权益，进一步压缩了各主体间正面沟通的空间，形成了不均衡、不协调的社区治理结构。

空间生产的逻辑提醒我们，不能仅仅将拆迁安置社区视作城市发展的过渡阶段，而要以解决现阶段暴露出的治理困境为抓手，坚守空间正义这一准则，更加遵循"人"的逻辑，践行"以人为中心"的新型城市化发展理念。如何在拆迁安置社区空间生产之初落实安置居民"空间用户"的主体地位，保障其空间参与、空间取用的城市权利，如何发挥好政府政策、价值标准对资本逻辑的限制与调控，如何引入外部社会力量确保空间生产的全过程人民民主等，都是中国式现代化进程中需要面对的议题。

参考文献

[1] 吕璟，潘知常. 再造居民：社会空间视角下拆迁安置房社区失地农民问题研究 [J]. 南京社会科学，2018 (4)：7.

[2] 毛丹. 赋权，互动与认同：角色视角中的城郊农民市民化问题 [J]. 社会学研究，2009 (4)：33.

[3] 蒋福明."村改居"社区文化及其困境探讨 [J]. 北京行政学院学报，2013 (3)：87-90.

[4] 杨贵华. 集体资产改制背景下"村改居"社区股份合作组织研究 [J]. 社会科学，2014 (8)：59-60.

[5] 吴莹. 村委会"变形记"：农村回迁社区的基层组织建设研究 [J]. 社会发展研究，2014 (3)：118-138.

[6] 张丹丹. 双轨制到嵌入式："村改居"社区基层组织转型研究：基于绍兴市 S 社区的治理实践 [J]. 农村经济，2022 (5)：79-80.

[7] 吴莹."村改居"社区物业管理的主要类型与存在问题 [J]. 城市观察，2016 (1)：96-104. [8] 宋辉. 新型城镇化推进中城市拆迁安置社区治理体系重构研究 [J]. 中国软科学，2019 (1)：62-71.

[9] 钟晓华. 社会空间和社会变迁：转型期城市研究的"社会-空间"转向 [J]. 国外社会科学，2013 (2)：14-21.

[10] 列斐伏尔. 空间的生产 [M]. 刘怀玉，译. 北京：商务印书馆，2021.

[11] 崔宝琛，彭华民. 空间重构视角下"村改居"社区治理 [J]. 甘肃社会科学，2020 (3)：76-83.

[12] 李艳丽，游楚楚. 空间转移与空间再造：拆迁安置社区治理困境及路径分析——以福建省龙岩市 S 安置小区为例的研究 [J]. 云南行政学院学

报，2018（2）：109-116.

[13] 张勇，何艳玲. 论城市社区治理的空间面向 [J]. 新视野，2017（4）：84-91.

[14] 杨菁，陈雨. 拆迁安置社区权力、资本与行动的空间生产逻辑：基于成都市 S 社区的个案研究 [J]. 中国行政管理，2020（11）：67-75.

[15] 付建军. 在国家-社会和空间-行动者之间：当代中国城市社区建设的路径演变与理论因应 [J]. 社会主义研究，2019（1）：104-111.

[16] 茹婧. 空间、治理与生活世界：一个理解社区转型的分析框架 [J]. 内蒙古社会科学（汉文版），2019（2）：146-152.

[17] 管其平. 空间治理：过渡型社区治理的"空间转向" [J]. 内蒙古社会科学（汉文版），2021，42（6）：30-37.

[18] 姚新勇. 加速农村城市化：风险高于机遇 [J]. 探索与争鸣，2011（2）：24-26.

[19] 贺雪峰. 农民组织化与再造村社集体 [J]. 开放时代，2019（3）：186-196.

[20] 焦长权，周飞舟. "资本下乡"与村庄的再造 [J]. 中国社会科学，2016（1）：27-34.

[21] 鲁宝. 空间生产的知识：列斐伏尔晚期思想研究 [M]. 北京：北京师范大学出版社，2021.

[22] 吴莹. 空间变革下的治理策略："村改居"社区基层治理转型研究 [J]. 社会学研究，2017（6）：94-121.

[23] 陈志丹，郑銮娟. 空间正义视角下的乡村空间发展：问题、归因及其治理 [J]. 韩山师范学院学报，2022（4）：46-54.

[24] 斯科特. 支配与抵抗的艺术：潜隐剧本 [M]. 王佳鹏，译. 南京：南京大学出版社，2021.

[25] 斯科特. 国家的视角：那些试图改善人类状况的项目是如何失败的 [M]. 王晓毅，译. 北京：社会科学文献出版社，2019.

[26] 陈光普. 城镇拆迁安置社区治理的现实困境及其破解路径：基于上海市金山区的经验分析 [J]. 中州学刊，2020（12）：68-73.

[27] 沈迁. 村改居社区物业治理共同体：逻辑理路、实践形态与优化路径 [J]. 西北民族大学学报（哲学社会科学版），2022（3）：99-109.

[28] 王艺璇. 空间资本差异视角下的城市居住秩序和空间区隔：基于两类社区的比较研究 [J]. 城市问题，2020（3）：13-19，94.

[29] 周骥腾. 住房产权差异与社区认同分化：基于"中国城市居民生活空间调查"数据的分析 [J]. 华东理工大学学报（社会科学版），2021（5）：31-45.

[30] 王春光. 城市化中的"撤并村庄"与行政社会的实践逻辑 [J]. 社会学研究，2013（3）：15-28.

[31] 熊万胜，刘炳辉. 乡村振兴视野下的中国乡村治理传统及其转型 [J]. 社会科学，2020（9）：85-94.

[32] 吴晓林. 党如何链接社会：城市社区党建的主体补位与社会建构 [J]. 学术月刊，2020（5）；72-86.

[33] 黄立丰. "村改居"社区"双轨制"党建模式的运行逻辑与实践启示 [J]. 中州学刊，2021（5）：15-19.

[34] 肖瑛. 从"国家与社会"到"制度与生活"：中国社会变迁研究的视角转换 [J]. 中国社会科学，2014（9）：88-104.

[35] 蔡静诚，熊琳. "营造"社会治理共同体：空间视角下的社区营造研究 [J]. 社会主义研究，2020（4）：103-110.

[36] 潘泽泉，王姿懿. 时空记忆与现代性适应：城镇化过程中失地农民发展问题研究 [J]. 发展研究，2019（5）：93-100.

"双重脱嵌"破局：
易地扶贫搬迁社区治理的经验启示

——以铜仁市万山区丹都街道为例

李莉　杜晨　练方芳　刘飞

（四川轻化工大学）

摘要： 易地扶贫搬迁后，如何有效地实现社区治理是巩固脱贫攻坚成果的重要后续工作。当前，易地扶贫搬迁社区治理面临着政治参与脱嵌、可持续生计脱嵌和社会关系网络脱嵌。"人、地、户"脱域与新域植入、关系网络破而后立制约着易地扶贫搬迁社区的创新治理的进程。本文以贵州省铜仁市万山区丹都街道社区治理实践历程为研究对象，研究其如何提高搬迁户对新社区的认同感和参与度，解决搬迁户的就业、上学和就医等民生问题，增强搬迁户与政府之间的联系，促进搬迁户关系的再生产和提高新社区的自主治理水平。

关键词： 易地扶贫搬迁；社区治理；双重脱嵌

1　引言

自 2013 年精准扶贫战略实施以来，易地扶贫搬迁对打赢脱贫攻坚战、如期实现脱贫目标具有重要作用，虽然易地扶贫搬迁是为解决生态脆弱区深度贫困问题而采取的重要手段，但实现易地扶贫搬迁人口的可持续发展才是亟需持续关注的焦点。2020 年，习近平总书记在决战决胜脱贫攻坚座谈会上强调"要加大易地扶贫搬迁后续扶持力度"。2022 年中央一号文件，指出"坚决守住不发生规模性返贫底线"。

学术界关于易地扶贫搬迁后续扶持的研究，普遍围绕社会生活空间改变对易地搬迁人口的影响以及如何重构易地搬迁人口的社会生活空间展开探讨。部分学者认为易地搬迁人口社会生活空间的改变会严重影响其社会、文化、生计、心理等多方面的融入状态，从而直接关乎其能否实现"稳得住""可融人""能致富"[1][2]。针对易地搬迁人口的社会融入困境，在意识层面，部分学者提出通过建构新安置社区共同体，增进搬迁人口对新安置社区的融入感、归属感和认同感，以重构搬迁人口的社会生活空间[3][4][5]。在实践层面，部分学者认为应从完善社区基础设施建设、壮大社区产业集群、强化就业培训、拓展就业渠道和健全社区公共服务等方面加大对易地搬迁人口的后续帮扶力度[6][7][8]。

既有关于易地扶贫搬迁后续扶持的研究主要聚焦于易地扶贫搬迁社区的治理现状并探讨其治理路径，基于具体理论并以易地扶贫搬迁社区为个案探讨其社区治理举措及成效的研究成果相对较少。鉴于此，本文在借用嵌入性理论解释框架厘清易地扶贫搬迁社区"双重脱嵌"的三维呈现和具体原因的基础之上，以贵州省铜仁市万山区丹都街道为例，探讨其应对"双重脱嵌"的优化措施及治理成效，并凝练其实现"双重脱嵌"有效治理的经验与启示，以期为其他易地扶贫搬迁社区应对"双重脱嵌"提供参考借鉴。

2 实践困境：易地扶贫搬迁社区"双重脱嵌"的三维呈现

空间并非社会关系嬗变的静止"容器"，而是社会关系的产物。易地扶贫搬迁社区居民的物理空间场域转换必然与其政治参与脱节或融入、生计断裂或蜕变、社会关系网络隔绝或重构等息息相关。嵌入性理论分析认为，人类的一切活动都被嵌入社会结构、社会关系、社会文化和社会认知之中，因此易地扶贫搬迁社区居民由于面临原生社区脱离和新安置社区难以融入的"双重脱嵌"困局，不可避免会引发政治参与脱嵌、可持续生计脱嵌和社会关系网络脱嵌的三维呈现。

2.1 政治参与脱嵌

我国自 20 世纪 80 年代推行村民自治以来，由于农民政治在提高政府的行政管理能力等方面发挥了积极的促进作用[9]，因此其重要性日益凸显。但目前来看，部分易地扶贫搬迁社区居民对乡村公共事务的治理参与度不高，处于同所迁出村庄和迁入社区政治参与"双重脱嵌"的"失语"状态。一是受空间距离限制，迁入安置社区的社区居民很少专程回到原村庄参与换届选举投票、村民代表大会以及村民议事会和道德评议会等正式或非正式的政治活动。二是新安置社区居民的政治参与机制不健全，导致社区居民的政治参与缺位。

2.2 可持续生计脱嵌

生计系统包括个体或家庭拥有技能、教育和健康条件等方面的能力、有形和无形资产的可得性，及其可从事的经济活动[10]。解决贫困户的生计问题是实施易地扶贫搬迁的主要目的，实现生计的可持续性是保障易地搬迁贫困户持续稳定脱贫的关键。但在易地扶贫搬迁的过程中，部分易地扶贫搬迁贫困户陷入生计系统"双重脱嵌"。一是土地资源层面，迁出原村庄的贫困户由于往返交通不便等，很少再回去耕作，且由于土地细碎化严重，难以找到合适的土地承包者，这导致原村庄的土地撂荒严重，而安置社区又普遍位于城镇，往往没有多余的土地用于农业生产，这就双重弱化了土地的农业生产功能对维持贫困户生计的作用。二是就业保障层面，中国农村的生计系统包括农业和手工业[11]，搬迁后的贫困户由于难以再从事农业和手工业生产，而安置社区又存在产业配套尚不合理、就业岗位数量有限等问题，导致搬迁贫困户面临就业岗位缩减与消费支出增加之间的矛盾。

2.3 社会关系网络脱嵌

传统乡村社区中的社会关系网络通常根据社区居民特定的地缘、血缘和业缘关系而建。这种基于熟人或半熟人社会建立起来的社会关系网络具有浓厚的乡土性，这种乡土性形塑了社区居民之间频繁的日常交往行为，为社区居民之间互相利用社会资本促进自身减贫提供了可能性，也对深化社区价值认同以维持社区内部秩序稳定具有重要作用，但易地扶贫搬迁会对这种乡土性产生冲击。首先，尽管易地扶贫搬迁通常是将社区内的贫困户全部搬迁，但并非将所有贫困户整体搬入同一安置社区，因此生活空间的变化不可避免会引起易地扶贫搬迁贫困户的地缘、血缘和亲缘关系的变化。其次，由于新安置社区的居民来自不同村庄，空间环境和人际关系的陌生感会极大地降低易地搬迁贫困户对新安置社区的融入感。因此，易地扶贫搬迁贫困户面临原生村庄社会关系脱节与新安置社区融入困难的社会关系网络"双重脱嵌"困境。

3 原因分析：易地扶贫搬迁社区"双重脱嵌"的缘由探究

3.1 "人、地、户"脱域与新域植入

"人、地、户"脱域与新域植入直接导致易地搬迁社会成员"双重脱嵌"困境的形成。易地扶贫搬迁就是在打破原有社会关系网络的基础上，将原生社会关系中的社会成员剥离出来，根据资源有效配置的原则，促使社会成员在特定城镇中聚集，实现社会关系再重塑的过程。然而，易地扶贫搬迁容易使得原生社会关系网络中的贫困户陷入"双重脱嵌"的困境——"脱离原生空间与融入安置社区"。部分易地扶贫搬迁社区的社会成员虽然在政策的保护下选择"自愿"移入搬迁地，且户籍可以转入搬迁后的安置社区，但大多数安置社区中呈现出的现状仍然是"人"的移入、"户口"与"土地"仍然归属于"人"

的原生空间，导致搬迁后的社会成员呈现出"人、地、户"的剥离状态：①易地扶贫搬迁社区"人"与"地"的脱离导致了可持续生计的脱嵌。虽然社会成员已经从原生空间搬离到新安置社区，但由于其维持持续生计的土地仍然归属于原生空间范畴，新安置社区中具有使用权的"土地"缺失，导致社会成员在没有获得新的收入来源途径之前，难以在新安置社区中获取维持其生产生活的途径。这导致了新安置社区中，贫困户可持续生计的脱嵌。②易地扶贫搬迁社区"人"与"户"的剥离造成了社会成员政治参与的脱嵌。由于多数社会成员认为户口属性的变迁意味着土地承包经营权的剥离，因此许多易地搬迁社会成员虽已完成安置区的移入，却将户口留在原生空间中，并未由农村户口转移为城镇户口。由此，易地搬迁社会成员不能参与城镇社区的选举，造成其政治参与机会的丧失。③易地扶贫搬迁社区"人""地""户"的脱离直接导致社会关系网络的脱嵌。虽然土地与户籍仍归属于社会成员的原生空间，但是社会成员的生存空间已经发生了偏移，这意味着原生空间中的社会关系网络已经破裂，而新安置社区中社会关系网络的构建仍需假以时日，因而易地搬迁社会成员处于一种"两难"境地。

3.2 关系网络破而后立

社会关系网络即个体成员之间因互动而形成的相对稳定的体系，农村社会就是相互交错或平行的不同社会网络构成的一个大系统。易地搬迁政策是以城镇化为导向进行规模化的集中安置。虽然易地搬迁解决了区域性农村贫困问题，但易地搬迁社会成员必然面临着原生空间中社会关系网络的破裂与新安置社区中社会关系网络重塑的困境。①集中安置的困境。规模化集中安置在打破贫困户原有社会关系网络的基础上改变了农村社会成员自给自足的生产方式。对于部分生产适应能力较弱的易地搬迁社会成员而言，规模化的集中安置并不意味着"生活富裕"的实现，反而造成其生计脆弱性的加剧，影响农户的可持续生计，加剧了社会关系重塑的压力。②文化融合的困境。农村文化作为农村社会关系构建的重要一环，呈现出区域性差异的特征。即不同农村有不同乡土文化。易地搬迁打破社会成员原有的社会关系网络，将不同区域的农户重新聚集到新安置社区中。乡土文化间的差异性导致易地搬迁社会成员难以融入新安置区，进而诱发重塑社会关系网络的困境。③心理困境。易地搬迁将不同区域的贫困户汇集到集中安置点。受生活环境变化的影响，易地搬迁社会成员容易产生心理应激反应，进而出现对新安置社区生活的排斥的现象，甚至拒绝参与安置社区社会活动。

4 突破路径：易地扶贫搬迁社区"双重脱嵌"的措施优化

4.1 案例简介

丹都街道是贵州省铜仁市万山区下辖的一个行政区划单位，于 2018 年 11 月 14 日经铜仁市人民政府批准同意正式成立。该街道由原属于万山区仁山街道和鱼塘乡的部分行政区域划分而成。该街道现管辖 6 个易地扶贫搬迁小区，其中有 2 个小区迁入人口超过 1 万人。2019 年，铜仁市万山区丹都街道开展了易地扶贫搬迁工作，将原居住在偏远山区的贫困户搬迁到临近的新安置点。新安置点环境优美、交通便利、公共设施完善，让搬迁户实现了从"山上"到"山下"的转变。在搬迁过程中，当地政府提供了相应的帮助和支持，包括提供住房、教育、就业等方面的扶持。政府还积极协调各方资源，组织实施基础设施建设、公共服务设施建设等项目，为搬迁户提供更好的生活条件和就业机会。同时，政府还引导搬迁户积极融入新社区，加强社会组织建设和社区文化建设，促进社区和谐稳定发展。经过几年的发展，搬迁户的生活条件得到明显改善，不少人实现了增收致富。同时，新社区的建设也进一步推动了当地经济社会的发展，带动了周边群众的脱贫致富[13][14]。铜仁市万山区丹都街道易地扶贫搬迁工作取得的成效，为其他地区的易地扶贫搬迁工作提供了有益的经验和启示。

4.2 治理举措

4.2.1 物理空间："移出"与"融入"双管齐下

物理空间指的是我们身处的实际环境，是我们日常生活和工作所依赖的基本物质条件。铜仁市万山区丹都街道的易地扶贫搬迁通过"移出"和"融入"双重措施，优化物理空间，提高移民生活品质和融入能力，促进社会经济发展，达成脱贫目标。移民搬迁前，土地是他们主要的生产资源和生产空间，但受限于土地资源匮乏和自然环境恶劣，其生产方式难以改善，生产和生活水平受限。搬迁后，移民不仅获得了新的住房和生活设施，还获得了更加宽敞的生产空间，可以发展新的产业和扩大生产规模。移民可以通过在新址养殖特色蛙类、种植优质水稻等方式提高生产效益，增加收入来源。丹都街道采取了多种措施促进移民融入社区。首先，在基础设施方面，丹都街道充分利用移民搬迁后留下的土地，建设了现代化的公路、桥梁等基础设施，方便移民的交通和物流需求。其次，在生活服务方面，丹都街道增加了对文化、教育、医疗等公共服务的投入，以满足移民的生活需求。此外，丹都街道还充分利用信息技术，建立了移民信息化管理系统，方便管理和服务移民群体。这些措施不仅提高了移民的融入能力和生活质量，也为街道的经济社会发展做出了积极贡献。

4.2.2　生产空间："输血"与"造血"同步进行

生产空间是指搬迁家庭的劳动力从事创收活动所需的空间场所。丹都街道在易地扶贫搬迁过程中，通过对移民的生产空间采取"输血"和"造血"同步进行的措施，取得了明显的成效。首先，"输血"措施主要体现在三个方面：一是政府财政资金支持方面，通过制定有针对性的扶贫政策和项目，街道设立了易地扶贫搬迁专项资金，用于补贴移民的住房建设、基础设施建设等费用，同时提供就业培训和创业扶持，帮助移民增加收入来源；二是物资援助方面，丹都街道向移民提供种子、化肥、农具等生产资料和日常生活用品的补贴和支持，以缓解移民的生活压力和生产资金不足的情况；三是专业技术培训，通过专业技术培训等方式，丹都街道帮助移民提高技能水平和知识水平，促进其创业和就业。其次，"造血"措施主要体现在以下几个方面：一方面，丹都街道积极引导移民发展乡村旅游、种植优质水果等特色产业，通过提供产业扶持、技术指导和市场对接等服务，帮助移民打造产业品牌，提高产品附加值和竞争力；另一方面，丹都街道也注重招商引资，引进优质企业和项目，为移民提供更多就业机会和创业平台，促进产业集聚和升级，实现经济增长的良性循环。此外，丹都街道还积极推动科技创新，为移民提供数字化、智能化的生产工具和技术支持，促进传统产业向现代化转型升级，提高产业效率和竞争力。

4.2.3　心灵空间："沟通"与"交流"同向而行

心灵空间是指满足移民心理需求的空间和环境。丹都街道在易地扶贫搬迁工作中，注重打造心灵空间，为移民提供相应的心理疏导和交流支持。在沟通方面，首先，丹都街道在易地搬迁前，积极组织了多次走访、座谈等活动，通过听取移民家庭的意见和建议，了解他们的需求和问题，为后续搬迁和安置工作提供了重要参考和指导。其次，丹都街道特别注重加强对移民家庭的关注和帮助，设立了专门的搬迁服务中心，提供全方位的服务支持，包括心理疏导、法律援助、就业指导等，让移民家庭在搬迁过程中感受到社区的关怀和温暖。最后，社区组织定期举办交流会，邀请当地移民代表与社区居民代表进行交流。移民代表和当地居民可以分享彼此的生活习惯和民俗文化，促进相互理解和融合。在交流方面，一方面，当地政府对移民家庭进行定期的走访和座谈，听取他们的意见和建议，及时解决他们在搬迁过程中遇到的各种问题，加强了政府和移民之间的沟通与联系。另一方面，丹都街道定期组织文化交流活动，如文化体验、文艺演出等，以增进不同文化背景下的移民和当地居民之间的相互交流和了解。同时，社区也鼓励移民之间互相交流、学习和帮助，形成良好的互助机制和社区文化。

5 借鉴意义：应对易地扶贫搬迁社区"双重脱嵌"的经验启示

5.1 社区基层：打造社区治理"示范点"

易地扶贫搬迁是一项涉及面广、内容复杂、时间长和任务繁重的工作，需要充分发挥社区基层组织的作用。首先，提升基础设施建设水平。丹都街道建立了易地扶贫搬迁服务站，为居民提供日常生活、医疗、就业等所需服务，完善社区交通、供水、供电等基础设施，改善居民的生活条件。同时加强信息化建设，提高社区管理和服务的效率；并建立了社区管理信息系统，实现了社区数据共享和信息化管理。其次，加强社区服务和管理能力。丹都街道通过建立健全社区治理机制，如成立居民委员会和社区志愿服务队，组织志愿者开展文明创建、环境整治等活动，增强社区凝聚力。最后，营造和谐社区氛围。丹都街道通过举办文艺晚会、文化节、义工活动等加强社区居民之间的交流，增加社区居民之间的联系，促进社区文化交流和社区凝聚力的提升。

5.2 党建引领：打通社区治理"连接线"

党建引领作为一种有效的治理模式，可以促进易地扶贫搬迁社区的组织建设、居民自治和社会稳定，进而实现易地扶贫搬迁的长期可持续发展。其一，建立健全基层党组织，配强组织力量。丹都街道一方面成立易地扶贫搬迁党支部，建立党员先锋模范队伍，开展党员带头脱贫、党员带头移民等活动；另一方面加强对易地扶贫搬迁安置点的党组织建设，建立健全"党建引领、自治共治、法治保障"三位一体的治理体系。其二，加强对党员干部的监督和管理。丹都街道加强对党员干部的监督和管理，建立健全党员干部考核评价机制，加强反腐败工作，提升社区治理水平，促进社区稳定和谐。其三，持续加强党员队伍建设。丹都街道在易地扶贫搬迁后续发展中，不断加强对党员队伍的培训和教育，以提高党员的素质和履职能力，保证党员队伍始终站在社区治理的前沿。

5.3 多元主体：打开社区治理"新局面"

人是社区治理的行为主体，其思想观念和行为活动对社区治理成效具有关键性导向作用。充分调动各行为主体参与社区公共事务治理的积极性是易地扶贫搬迁社区应对"双重脱嵌"困境的有力杠杆。丹都街道作为安置易地扶贫搬迁人口的新设街道，在社区治理过程中，积极探索"党员+社工+居民"的社区治理新模式，形成了以"党群联席共议会"为交流平台，"社工站"提供综合服务，社区党员、社会组织代表和社区居民代表等多元主体共商共议社区服务需求和发展策略的社区治理新局面。多元治理主体的积极参与既增进了社区居民之间的亲近感和熟悉感，从而提高了社区居民对新安置社区的融入感和认同感；也拓宽了社区居民的政治参与渠道，促进了社区公共事务的有效治理。因此，易地扶贫搬迁社区应对社区居民"双重脱嵌"的困境，应致力于不断探索能够充分调动和发挥参与主体积极性的多元治理新模式。

5.4 互惠包容：搭建社区治理"联合体"

加强沟通、交流，在尊重乡土文化中重塑心灵空间，以"互惠包容"搭建社区治理"联合体"。易地搬迁社会成员从原有生活空间中剥离，从不同区域汇聚于安置社区，必然面临着文化间的冲突。丹都街道通过加强易地搬迁社会成员之间的沟通与交流，重塑了易地搬迁社会成员的心灵空间，促进其快速融入安置社区，实现了社区治理的有效性。搭建社区治理"联合体"需要政府、搬迁户、安置社区"三位一体"，以搬迁户为主体，以促进易地搬迁社会成员融入安置社区为抓手，以实现有效社区治理的目标，共筑易地搬迁社区治理"联合体"，深刻认识易地扶贫搬迁不能以牺牲乡土文化、破坏农民的主体性为代价一蹴而就，易地搬迁社区治理应当以乡土文化的保护与传承重，在再造社会团结和关系网络中砥砺前行。社区应通过引导易地搬迁社会成员之间的互动，加强邻里间的沟通，激活易地搬迁社会成员的文化主体性，营造其对安置社区的归属感，促进安置社区的社会团结；推进重新融入安置社区的成员不受排斥，让易地扶贫搬迁社会成员从被动脱贫走向主动致富，实现长效脱贫。

6 结束语

易地扶贫搬迁致力于摆脱农村区域性贫困，帮助搬迁成员快速脱贫，为促进共同富裕的实现打下了坚实的基础。然而，易地扶贫搬迁后续治理存在着"双重脱嵌"的现状，本文以贵州省铜仁市万山区丹都街道对易地扶贫搬迁社区的治理为研究对象，提炼了应对措施，得出相应的经验启示，以便为其他地区提供现实经验，具体结论如下：

首先，本文探讨了易地扶贫搬迁社区治理"双重脱嵌"的三维呈现：①政治参与层面上，受空间搬迁即参与机制的影响，易地扶贫搬迁社会成员在原住社区地与搬迁地的政治生活缺失。②可持续生计层面上，土地与就业机会的限制，造成了易地扶贫搬迁社会成员既无法在安置社区从事农业生产活动，也无法及时获取就业机会的现状。③社会关系网络层面上，生活空间的搬离与植入，易地扶贫搬迁社会成员面临原生空间社会关系网络的破裂与安置空间中社会关系网络重塑的矛盾。

其次，本文分析了造成易地扶贫搬迁社区治理"双重脱嵌"的因素：
①"人、地、户"脱域，造成易地搬迁社会成员在生产生活、政治参与以及社会关系网络层面的困境。②受集中安置、文化融合以及心理变化三方面的影响，易地扶贫搬迁社会成员面临在安置区的社会关系网络重塑的困境。

再次，本文以丹都街道的案例为研究对象，探讨了其在应对"双重脱嵌"困境的措施。①物理空间层面，丹都街道通过完善基础设施、提供生活服务以及建设信息管理系统提高了易地扶贫搬迁社会成员的融入能力与生活质量。②生产空间层面，丹都街道提供合理利用政府资金、物质援助以及技术培训的途径，提高了易地扶贫搬迁社会成员的生活能力与生产技术能力；同时，利用特色产业扶贫、吸收外界资本以及先进科学技术的手段，提高了产业效率与竞争力。③心灵空间层面，丹都街道通过走访、建立搬迁服务中心、举办交流会以及举办文化交流活动的方式，在沟通与交流层面拉近了易地扶贫搬迁社会成员在新兴安置区中的关系，为重塑易地扶贫搬迁社会成员的关系网络做出了重要贡献。

最后，本文得出应对易地扶贫搬迁社区治理"双重脱嵌"困境的经验启示：①通过提升基础设施建设水平、加强社区服务与管理以及营造和谐社区氛围的途径，打造社区治理的"示范点"。②建立健全基层党组织、加强党员干部监督以及党员队伍建设的途径，打通社区治理的"连接线"。③充分调动各方参与，增进社区居民的凝聚力，打开社区治理的"新局面"。④政府和社区应当深刻认识到易地扶贫搬迁不是以牺牲乡土文化为代价的一蹴而就，而是通过引导易地扶贫搬迁社会成员的互动，营造归属氛围，促进政府、搬迁户、社区三位一体，搭建社区治理的"联合体"。

参考文献

［1］李文钢.后搬迁时代易地扶贫搬迁社区内部碎片化的表现形式与原因分析：以贵州F社区为例［J］.求实，2022（4）：69-81，111.

［2］尤伟琼，孙丽芳.空间生产视域下边疆地区易地扶贫搬迁：成效与问题：以云南为例［J］.昆明学院学报，2023（1）：72-82.

［3］郑娜娜，许佳君.易地搬迁移民社区的空间再造与社会融入：基于陕西省西乡县的田野考察［J］.南京农业大学学报（社会科学版），2019（1）：58-68，165.

［4］王蒙.后搬迁时代易地扶贫搬迁如何实现长效减贫？——基于社区营造视角［J］.西北农林科技大学学报（社会科学版），2019（6）：44-51.

[5] 丁波. 新主体陌生人社区: 民族地区易地扶贫搬迁社区的空间重构 [J]. 广西民族研究, 2020 (1): 56-62.

[6] 田鹏. 嵌入性视角下易地扶贫搬迁后续扶持的实践逻辑及反思 [J]. 贵州大学学报 (社会科学版), 2023 (2): 57-67.

[7] 蓝迎曦. 易地扶贫搬迁的后续扶持路径研究 [D]. 南宁: 广西民族大学, 2021.

[8] 龚英. 贵州易地扶贫搬迁新市民就业质量提升路径研究 [J]. 贵州开放大学学报, 2023 (1): 63-68.

[9] 蒲岛郁夫. 政治参与 [M]. 解莉莉, 译. 北京: 经济日报出版社, 1989.

[10] 唐丽霞, 李小云, 左停. 社会排斥、脆弱性和可持续生计: 贫困的三种分析框架及比较 [J]. 贵州社会科学, 2010 (12): 4-10.

[11] 费孝通. 中国绅士 [M]. 北京: 中国社会科学出版社, 2006.

[12] 贵州长安网. 贵州铜仁万山区丹都街道旺家社区 "163" 工作模式做好易地扶贫搬迁社区治理 "后半篇" 文章 [EB/OL]. (2021-07-27) [2023-05-03]. http://www.mzyfz.com/html/1099/2021-07-27/content-1501908.html.

[13] 夏明凡. 以万山为例, 看铜仁易地搬迁 "跨" 千年之困 [EB/OL]. (2020-10-30) [2023-05-03]. https://www.sohu.com/a/428617462_161016.